"双高"建设校企合作双…
高等职业教育交通运输类…

铁路线路养护与维修

主　编　孙进强　王志博　韩科营
副主编　钟光容　芦玉强　关金东

西南交通大学出版社
·成都·

内容简介

本书是高等职业院校铁道工程技术专业核心课程教材，以"项目导向、任务驱动"为架构，以完成典型工作任务为目标，以任务、设备、案例、现场作业为载体，基于满足铁道工程技术专业高级技能型人才需求，按新形态教材理念进行编写，通过对铁路线路工工作岗位的分析，提取典型工作任务，加工处理后转化为活页式工作手册。

本书分为"基础知识"和"普速铁路工务线路作业"两部分，主要内容包括铁路养护与维修概述、铁路养护与维修作业安全、线路设备检查、基本作业、钢轨作业、道岔作业、无缝线路作业、联结零件作业、动基础作业、巡道故障处理及线路设备验收等方面的知识和能力训练。全书由校企合作双元开发，任务内容和现场实际工作紧密结合，针对知识点配备微课、动画等丰富的教学资源，并融入课程思政元素，具有内容新、实用性强的特点。

本书可用作高等职业院校铁道工程技术等相关专业教材，也可作为铁路工务系统培养技能型人才的参考书。

图书在版编目（CIP）数据

铁路线路养护与维修 / 孙进强，王志博，韩科营主编. -- 成都：西南交通大学出版社，2025.3.
（"双高"建设校企合作双元开发新形态信息化教材）（高等职业教育交通运输类技能型人才培养实用教材）.
ISBN 978-7-5774-0278-9

Ⅰ．U216.42

中国国家版本馆 CIP 数据核字第 2025VQ3632 号

"双高"建设校企合作双元开发新形态信息化教材
高等职业教育交通运输类技能型人才培养实用教材
Tielu Xianlu Yanghu yu Weixiu

铁路线路养护与维修

主　编／孙进强　王志博　韩科营	策划编辑／罗在伟
	责任编辑／姜锡伟
	封面设计／GT 工作室

西南交通大学出版社出版发行
（四川省成都市金牛区二环路北一段 111 号西南交通大学创新大厦 21 楼　610031）
营销部电话：028-87600564　　028-87600533
网址：https://www.xnjdcbs.com
印刷：四川煤田地质制图印务有限责任公司

成品尺寸　185 mm×260 mm
印张　16　字数　401 千
版次　2025 年 3 月第 1 版　印次　2025 年 3 月第 1 次
书号　ISBN 978-7-5774-0278-9
定价　48.00 元

课件咨询电话：028-81435775
图书如有印装质量问题　本社负责退换
版权所有　盗版必究　举报电话：028-87600562

前言
PREFACE

党的二十大报告指出：坚持把发展经济的着力点放在实体经济上，推进新型工业化，加快建设制造强国、质量强国、航天强国、交通强国、网络强国、数字中国。实施产业基础再造工程和重大技术装备攻关工程，支持专精特新企业发展，推动制造业高端化、智能化、绿色化发展。

铁路是综合交通运输体系的骨干，是建设现代化经济体系的重要支撑，是全面建设社会主义现代化国家的先行领域。

"十四五"时期是开启全面建设社会主义现代化国家新征程的第一个五年期，也是加快建设科技强国、交通强国的关键攻坚期。

随着我国科技的高速发展，铁路以其环保、高效、安全等其他交通方式无法比拟的优越性成为目前解决交通运输问题的一把钥匙。

铁路轨道长期工作在裸露的自然环境中，经受着风霜雨雪的侵蚀，再加上机车车辆的动力作用等，其线路设备会因为运行时间的增加、超负荷的工作量而出现钢轨磨耗、路基变形、道床板结、轨枕伤损、轨道几何尺寸改变等问题，所以在日常运行过程中需要专业的技术人员进行维护、保养、故障处理等。目前，这一领域的高级技能型人才缺口较大，因此，培养生产一线的高级应用型技能人才成为高等职业教育的目标。为了适应目前的高职院校"三教改革"对教材的需求，本新形态信息化教材应运而生。

本教材以技能训练工单的形式编写，对铁路养护与维修进行了较全面、系统的描述，内容包括铁路养护与维修的基础知识、普速铁路工务线路作业两大部分，共10个学习项目、30个子工作任务，配套大量数字化资源，其内容涵盖目前常见铁路作业内容，包括病害判识、作业防护、线路设备检查、普速铁路基本作业、各类表单填写等。本教材旨在体现职业知识与技术训练相结合，具有针对性和操作性；案例及实操训练的引入在实现了培养学生技术技能及职业能力的同时，进一步提升了学生对吃苦耐劳、精益求精等工匠精神的认识。

本书由重庆交通职业学院路桥与建筑学院孙进强、王志博、韩科营担任主编；由重庆交通职业学院路桥与建筑学院钟光容、芦玉强，中国铁路沈阳局集团有限公司通化工务段关金东担任副主编。王志博负责模块一项目一、项目二及模块二项目二的编写，钟光容负责模块二项目一、项目五的编写，芦玉强负责模块二项目三、项目四的编写，孙进强负责模块一项目三及模块二项目六、项目七的编写。全书由孙进强负责统稿，由韩科营、关金东负责任务评价标准的制定与全书的审核。

在修订过程中，编者参阅了大量的文献资料，在此向书末参考文献及有关参考资料的作者致以诚挚的敬意。

由于编者学术水平和实践经验有限，书中难免存在疏漏及不妥之处，恳请广大读者和同行朋友提出宝贵的意见并批评指正。

编 者

2025 年 1 月

目录 CONTENTS

模块一　基础知识

项目一　铁路养护与维修概述 ········· 002
　　任务一　铁路养护与维修目的和意义 ········· 003
　　任务二　线路设备维修工作内容及组织 ········· 007

项目二　铁路养护与维修作业安全 ········· 016
　　任务一　铁路工务信号及防护 ········· 017
　　任务二　作业避车安全 ········· 033

项目三　线路设备检查 ········· 041
　　任务一　钢轨检查 ········· 042
　　任务二　直线线路检查 ········· 049
　　任务三　曲线检查 ········· 056
　　任务四　道岔检查 ········· 063
　　任务五　无缝线路检查 ········· 070

模块二　普速铁路工务线路作业

项目一　基本作业 ········· 082
　　任务一　起　道 ········· 083
　　任务二　拨　道 ········· 089
　　任务三　改　道 ········· 097
　　任务四　捣　固 ········· 103
　　任务五　垫板修正 ········· 110

项目二　钢轨作业 ·· 119

任务一　单根钢轨换轨 ······························ 120
任务二　调整轨缝 ····································· 127
任务三　钢轨打磨 ····································· 134
任务四　钢轨铝热焊焊接 ···························· 141

项目三　道岔作业 ·· 150

任务一　道岔综合整治 ······························ 151
任务二　更换道岔轨件 ······························ 156

项目四　无缝线路作业 ·································· 164

任务一　应力放散 ····································· 165
任务二　应力放散作业 ······························ 169
任务三　应力调整 ····································· 176

项目五　联结零件作业 ·································· 185

任务一　接头螺栓涂油 ······························ 186
任务二　更换接头夹板 ······························ 192

项目六　动基础作业 ···································· 200

任务一　单根更换轨枕 ······························ 201
任务二　线路清筛及换砟 ···························· 212
任务三　人工清挖翻浆 ······························ 218

项目七　巡道故障处理及线路设备验收 ············ 225

任务一　巡道故障处理 ······························ 226
任务二　线路设备验收 ······························ 230

附录一　作业词典 ·· 241

附录二　规范标准 ·· 247

参考文献 ·· 250

模块一　基础知识

项目一　铁路养护与维修概述

内容概要

铁路线路设备维修应坚持"预防为主、防治结合、修养并重、严检慎修"原则，根据线路设备变化规律，合理安排计划维修与临时补修，有效预防和整治线路病害，有计划地补偿线路设备损耗，保持线路设备完整和质量均衡，延长设备使用寿命，以取得较好的技术经济效益；推进道岔统型化、钢轨和道岔无缝化，加快薄弱和老化设备改造，提高轨道结构强度和可靠性；积极推广应用钢轨保护技术，改善轮轨关系，从源头上减少轮轨动力作用对轨道的影响，延长钢轨使用寿命和线路维修周期。

知识目标

（1）了解铁路运输改善措施。
（2）掌握铁路维修养护基础知识。
（3）了解计划维修和临时维修的分类及内容。
（4）了解设备大修内容。
（5）了解铁路线路维修养护的工作管理及组织要求。

能力目标

（1）能区分计划维修和临时维修的作业内容。
（2）能根据线路设备大修要求，调整维修内容。
（3）能合理编制施工组织和安全技术措施。

任务一　铁路养护与维修目的和意义

【作业认知】

任务描述

铁路运输是我国交通运输的主要方式。在其长期运行过程中,受自然条件以及火车车辆的动力作用,铁路轨道容易出现问题,从而导致铁路运输中断,严重影响铁路运输安全。因而,及时、按规定规范地对铁路轨道进行维修和养护是保证铁路列车安全、平稳运行的一个重要内容。

铁路线路维修作业

事例助益

××月××日20时48分,×××机务段重联机车入库,机车运行速度24 km/h,在×××车站V场机走7线K2+292.5处第二位机车HXD30587和第三位机车HXD30580第1、2、4、5左轮(运行方向左侧)脱轨,机车脱轨运行了92.5 m。司机采取紧急制动措施后,停于机走7线K2+385处。经救援于次日0时15分起复完毕,2时05分线路开通,构成了脱轨一般D类事故。事后调查发现原因为机走7线失检失修导致几何尺寸超限处所较多(13处)且严重。

课时计划

课时分配见表1-1-1-1。

表1-1-1-1　课时分配

序号	任务内容	参考课时 理论	参考课时 实践	参考课时 合计	教学重点
1	铁路养护与维修目的和意义	2	0	2	铁路养护与维修目的

【理论夯实】

任务内容

机车车辆不断作用于铁路线路,再加上铁路轨道长期处于恶劣的自然环境中,使得铁路线路的机械磨损逐渐加剧,道床、路基以及轨道的几何尺寸也在逐步发生变化,因此,对铁路线路进行维修与养护就显得尤为重要。尤其是列车在运行过程中对轨道结构等的破坏非常大,造成严重的铁路线路变形。对铁路病害进行定期维修和养护,可以保证火车轨道的质量和设备的完整性,使轨道设备的使用寿命得以延长。

随着我国铁路运输的不断发展,铁路行车时间间距不断缩短,行车密度不断增加,从而导致用于线路养护维修的作业时间也在不断减少,但对铁路的养护维修要求却越来越高。因此，为了更有效地进行铁路工务作业，除加强铁路养护维修作业之外，还需要改善维修养护方法、维修组织方式、养护设备质量控制等方面的问题。

一、改善措施

铁路线路发生结冻、不均匀下沉、线路横向位移、轨距缩小或扩大、线路纵向爬行等一系列在空间位置上的改变，以及钢轨出现疲劳或者磨损、道床脏污、轨枕损坏等病害，都会对铁路列车运行造成严重的威胁。铁路线路维修与养护的目的就在于通过系统检查铁路线路，发现病害和潜在的隐患，查清其原因，尽量消除或者缩小病害影响，以使铁路线路处于完好状态，能够让列车不间断地、安全地、平稳地运行。

但在工务作业时，容易出现组织方式不当、数据利用率低等问题。

组织方式不当会导致维修组织散、碎，设备、器具使用不当等问题，从而引发维修生产能力不足的后果，在维修过程中严重降低作业效率、作业质量和作业安全性。

相关单位在对轨道进行检查的过程中，通过动检车、轨检车等设备，采集到了大量的数据信息，但是并没有对这些信息进行有效分析，仅仅用来安排维修养护工作，这样容易导致数据利用率低，造成重复作业。

二、加强铁路维修养护

（一）加强全面检查

任何维修保养的计划都是根据定期检查的结果制定的，维修保养的基础就是对铁路进行定期检查。对铁路的检查必须和铁路现场的实际情况相符，并且要实现铁路轨道故障的早发现、早汇报，合理安排，周密计划。由于管理线段点多线长，为了保证检查过程中不遗漏任何点线，对于维修养护作业来说，在对轨道进行检查的阶段，就要结合临时检查和经常检查以及专项检查和定期检查进行。对于桥隧设备以及直接影响行车安全的钢梁明桥面、支座以及梁身等要做到经常检查；对于混合桥和其他重要的桥隧设备要做到每月检查；对于经常出现故障的部位要重点检查；在检查过程中还要做到认真记录。

（二）加强日常维修养护

（1）铁路维修和养护的目的是保证铁路轨道的几何尺寸。列车在运行过程中对轨道的冲击力非常大，容易引起铁路轨道的变形，因此，要想加强铁路的维修和养护，就必须加强对铁路轨道几何尺寸的调整。

（2）铁路轨道横跨不同的区域，受当地气温的影响，其连接处的缝隙会发生不同程度的变化。因此，必须每年对各零部件进行涂油，以保证其不被外界环境锈蚀。另外，由于冬夏气温温差较大，为了保证铁路轨道保持在一个合适的轨缝范围，在春、秋要对轨道进行两次复紧，以保证轨缝的零部件始终工作在标准扭力矩下。

（3）铁路路基是铁路轨道线路的重要组成部分，在其长期运行的过程中容易出现路基下沉等现象，严重影响铁路轨道的结构，所以在日常维修养护过程中要对路基边坡、浆砌骨架、护坡以及排水措施进行定期检查，以保证路基的稳定性。轨枕和钢轨是铁路轨道中的又一重要组成部分，在其运行过程中承受载荷较大。为了减小维修的工作量以及保证轨道的平顺性，必须及时更换失效的轨枕和钢轨。

【技能提升】

根据上述任务内容，分组讨论不同的施工作业环境下为什么要进行线路养护与维修，该如何加强线路养护维修作业。评分标准见表 1-1-1-2。

表 1-1-1-2 评分标准

序号	实训内容	配分	评分标准	扣分	得分
1	点名，作业人数	10	小组点名，根据考勤情况打分，缺勤个人得分为零。		
2	分组讨论并阐述观点	90	观点阐述无误，得分为观点正确率×90分基础分，计算结果保留至小数点后两位。		
			合计		

【综合评价】

小组互评表				
分组	评价项目	选项		得分
被评组____	操作过程	完全规范（3分）较规范（2分）规范（1分）不规范（0分）		
	存在问题			
被评组____	操作过程	完全规范（3分）较规范（2分）规范（1分）不规范（0分）		
	存在问题			
被评组____	操作过程	完全规范（3分）较规范（2分）规范（1分）不规范（0分）		
	存在问题			
被评组____	操作过程	完全规范（3分）较规范（2分）规范（1分）不规范（0分）		
	存在问题			
被评组____	操作过程	完全规范（3分）较规范（2分）规范（1分）不规范（0分）		
	存在问题			
本组自评	操作过程	完全规范（3分）较规范（2分）规范（1分）不规范（0分）		
	存在问题			
	解决措施			
		合计		

个人评价表

评价内容	课堂表现	选项	得分
参与状态	认真倾听老师讲课	认真（2分）一般（1分）不认真（0分）	
	认真倾听同学发言	认真（2分）一般（1分）不认真（0分）	
	大胆表达自己的想法	大胆（2分）一般（1分）不大胆（0分）	
交流状态	积极与同学交流、讨论	积极（2分）一般（1分）不愿意（0分）	
	注意听取同学的方法	认真（2分）一般（1分）不认真（0分）	
	愿意与同学合作解决问题	愿意（2分）一般（1分）不愿意（0分）	
思维状态	用不同的方法解决问题，能独立思考，有创造性	认真（2分）一般（1分）不认真（0分）	
	能对数据及图表进行分析，有条理地说出自己的想法	认真（2分）一般（1分）不认真（0分）	
	解决问题的过程很清楚	认真（2分）一般（1分）不认真（0分）	
实操状态	操作过程是否严谨有序	是（1分）否（0分）	
达成状态	对本任务的知识掌握情况	理解并掌握（2分）初步理解（1分）不明白（0分）	
	合计		

教师综合评价表

任务名称：		班级：	
课次：		组别：	

模块	评价内容	配分	得分
知识	轨道结构组成	10	
	铁路轨道病害认知	10	
技能	掌握铁路线路养护维修内容	10	
素质	数据分析能力	3	
	信息检索能力	3	
	综合分析能力	3	
	学习态度	3	
	专注力	3	
	动手能力	3	
	团队合作参与度	3	
	职业素养	3	

本任务综合评分	
前任务综合评分	
同比增值幅度/%	
备注	

任务二 线路设备维修工作内容及组织

【作业认知】

任务描述

铁路线路大修作业的概念及内容

为适应普速铁路的运营安全,保持线路设备的安全性、可靠性是线路作业的基本要求。因此,在进行铁路作业时,掌握线路设备维修作业内容及组织,按规定开展工务作业是必不可少的。

事例助益

××月××日8时31分,××工务段由重型轨道车和起重轨道车编组,在××线××站3道进行回收旧钢轨作业,在作业过程中吊臂碰撞接触网立柱,导致接触网立柱弯曲变形,横跨梁倾斜侵限,倒在了尾部重型轨道车上,造成该接触网上下行同时停电,影响列车运行直至10时08分,构成行车一般C类事故。主要原因为××工务段起重机操作手操作不规范,在轨道车转移作业工位过程中,未认真瞭望,违规提前移动起重机吊臂。

课时计划

课时分配见表1-1-2-1。

表 1-1-2-1 课时分配

| 序号 | 任务内容 | 参考课时 ||| 教学重点 |
		理论	实践	合计	
1	线路设备维修工作内容及组织	2	2	4	线路设备维修工作内容

【理论夯实】

任务内容

一、工作分类及内容

(一)线路设备维修

线路设备维修可分为计划维修与临时补修。

1. 计划维修

计划维修指根据线路及其各部件的变化规律,依据维修周期、结合设备状态评价,以大型养路机械为主要作业手段,全面调整和改善轨道空间线形线位,消除轨道结构病害,恢复道床弹性，更换失效轨枕和联结零件，调整轨道几何尺寸，消除钢轨轨头病害，达到钢轨目标廓形，以及修理其他各结构部件等的单项或多项作业，以恢复线路完好技术状态。

计划维修主要内容见表 1-1-2-2。

表 1-1-2-2　铁路线路计划维修内容

维修作业项目	作业内容
大型养路机械捣固维修	（1）对线路、道岔（调节器）平面和纵断面进行测设及优化，通过全面起道、拨道、改道、捣固、稳定，调整几何形位，改善道床弹性。混凝土枕地段，捣固前撤除所有调高垫板。 （2）调整道岔（调节器）各部尺寸，拨正曲线，调整超高。 （3）整治道床翻浆冒泥，清筛枕盒和边坡不洁道床，补充道砟，整理道床。 （4）更换、方正和修理轨枕。 （5）调整轨缝，整修、更换和补充轨道加强设备，整治爬行，锁定线路、道岔。 （6）矫直、焊补、打磨钢轨，综合整治接头病害。 （7）全面整修、更换和补充联结零件并除锈涂油。 （8）全面整修护轨。 （9）整平路肩，清理弃土，清除道床杂草和路肩大草。 （10）整修道口及其排水设备。 （11）补充、修理并刷新标志、标记，回收旧料。 （12）其他病害的预防和整治。
钢轨打磨列车打磨	钢轨（包括道岔和调节器）打磨分为预打磨、预防性打磨和修理性打磨。 （1）预打磨是对铺设上道后新钢轨的打磨，去除脱碳层，消除焊缝不平顺和运输、施工中产生的初始缺陷。 （2）预防性打磨是对钢轨进行的周期性打磨，按目标廓形打磨钢轨，消除已产生的表面裂纹，减缓曲线钢轨侧面磨耗，预防产生波磨、剥离掉块、肥边等病害，延缓滚动接触疲劳裂纹产生和发展。 （3）修理性打磨（或铣磨）是对已产生病害钢轨进行修理，减缓波磨，消除钢轨表面的擦伤、肥边和表面裂纹等病害。 打（铣）磨列车对成段钢轨或整组道岔（调节器）进行修理；小型钢轨打磨机对焊缝、道岔（调节器）打磨列车打磨受限区等进行打磨修理，并做好廓形平顺连接。
扣件维修	对扣件进行全面检查、整正、紧松补缺、除锈涂油、螺旋道钉改锚等。
有砟轨道精调整理	根据轨道动、静态几何尺寸检测数据，成段对有砟轨道几何尺寸进行调整。
无砟轨道精调整理	根据轨道动、静态几何尺寸检测数据，对无砟轨道进行全面、系统的调整，使轨道静态几何状态符合标准要求。
无砟道床维修	对无砟道床伤损进行修补和对道床结构损坏进行修复。

续表

维修作业项目	作业内容
其他维修作业	（1）整治绝缘接头病害。 （2）整治道床翻浆冒泥，均匀道砟，整理道床。 （3）调整轨缝，修理、补充轨道加强设备，锁定线路。 （4）焊补钢轨、高锰钢辙叉，采用小型养路机械打磨钢轨、焊缝、尖轨、辙叉，整治钢轨接头病害。 （5）无缝线路应力放散、调整、锁定。 （6）更换伤损钢轨、道岔（调节器）轨件，钢轨焊复。 （7）曲线上股钢轨侧面润滑及钢轨顶面摩擦控制。 （8）更换、修理轨枕。 （9）成段整修护轨。 （10）修补达到Ⅱ级及以上伤损的无砟道床。 （11）整修道口，清除道床杂草和路肩大草。 （12）补充、修理并刷新标志、标记。 （13）季节性工作及其他工作。

2. 临时补修

临时补修指以小型养路机械为主要作业手段，对轨道几何不平顺超过临时补修容许偏差管理值及其他不良处所进行的临时性整修，以保证行车安全和平稳。

临时补修主要内容包括：

（1）整修轨道几何不平顺超过临时补修容许偏差管理值的处所。

（2）更换或处理折断、重伤钢轨及焊缝。

（3）更换达到更换标准的伤损夹板，更换折断的接头螺栓、道岔护轨螺栓、可动心轨凸缘与接头铁联结螺栓、可动心轨咽喉和叉后间隔铁螺栓、长心轨与短心轨联结螺栓、钢枕立柱螺栓等。

（4）处理不良绝缘接头。

（5）调整严重不良轨缝。

（6）更换或整治失效无砟道床。

（7）整修严重不良的道口设备。

（8）处理线路其他故障。

（9）其他需要临时补修的工作。

（二）线路设备大修

线路设备大修是恢复或提高轨道结构强度的修理作业。根据线路设备各部件状态变化规律的不同，线路设备大修可分为：

1. 钢轨大修

（1）无缝线路或普通线路更换新轨、再用轨。

（2）更换失效轨枕、严重伤损混凝土枕。

（3）扣件涂油，混凝土枕螺旋道钉改锚。

（4）补充道砟，整修线路，恢复、安装轨道加强设备。

（5）整修道口。

（6）抬高因线路换轨大修需要抬高的道岔、桥上线路，加高挡砟墙（块）。

（7）补充、修理位移观测桩和观测标尺，刷新钢轨标记。

（8）回收旧料，清理场地，配置常备材料。

2. 道岔大修

（1）成组更换新道岔和新岔枕（含道岔道床清筛、更换道砟），成组更换道岔钢轨及联结零件，道岔无缝化改造。铺设无缝道岔时，含焊接或冻结钢轨、更换胶接绝缘钢轨（接头），按设计锁定轨温锁定道岔，埋设位移观测桩，设置观测标尺或标记。

（2）同步更换道岔前后引轨（含岔后连接曲线、道岔前后夹直线钢轨）、过渡轨枕。

（3）同步清筛道岔前后夹直线道床。

（4）整修道岔及其前后线路。

（5）补充、修理并刷新标志、标记。

（6）回收旧料，清理场地，配置常备材料。

3. 轨枕大修

（1）成段更换轨枕及扣件，成段增加轨枕配置及扣件，成段更换再用轨枕及扣件。

（2）更换失效轨枕和严重伤损混凝土枕。

（3）整修线路，安装轨道加强设备。

（4）整修道口。

（5）回收旧料，清理场地，配置常备材料。

4. 道床大修

（1）成段道床全断面清筛，补充道砟，改善道床断面，整治道床翻浆冒泥和超过 15 mm 的冻害，更换一级道砟。

（2）校正、改善线路纵断面和平面。

（3）整修或更换螺旋道钉和失效的联结零件。

（4）整修道口及其排水设备。

（5）抬高因道床大修需要抬高的道岔、桥上线路，加高挡砟墙（块）。

（6）补充、修理并刷新标志、标记。

（7）回收旧料，清理场地。

5. 线路中修

（1）道床边坡清筛，补充道砟。

（2）道岔及其夹直线道床全断面清筛或更换道砟。

（3）站线道床清筛或更换道砟。

（4）整治道床翻浆冒泥。

（5）更换失效轨枕和严重伤损混凝土枕。

（6）更换失效联结零件。

（7）整修、补充轨道加强设备。

（8）整修道口及其排水设备。
（9）补充、修理并刷新标志、标记。
（10）回收旧料，清理场地。

6. 扣件大修

（1）成段更换状态不良、锈蚀伤损严重的扣件，扣件涂油等。
（2）成段混凝土枕螺旋道钉改锚。
（3）调整线路几何尺寸。

7. 道口大修

（1）整修道口平台。
（2）更换道口铺面、护轨。
（3）清筛道床或更换道砟，更换失效及严重伤损轨枕、扣件，整修线路及其排水设备。
（4）补充、更新、修理、刷新防护设施。
（5）回收旧料，清理场地。

8. 其他大修（以上未涵盖的线路设备大修项目列其他大修）

铺设无缝线路时，应做好无缝线路前期工程，道床、轨枕等应满足无缝线路铺设条件。因线路设备大修引起其他设备变动时，应由铁路局集团公司在相应的大修计划中统一安排。

二、工作管理及组织

（一）线路设备大修的设施准备

大修施工单位应具备如下设施：
（1）铁路局集团公司应根据近、远期规划，统筹安排，修建必要的大修基地。大修基地应有足够的配线和场地，具备必要的生产和生活设施，交通便利。
（2）配备与大修施工任务相适应的施工机械、交通运输工具、通信设备和相应的检修设施。
（3）配备宿营车辆等必要的流动生活设施。

（二）线路设备大修的内容

线路设备大修施工单位应依据设计文件进行现场调查和施工测量，研究制订施工方案；按工程件名及批准的施工计划编制施工组织和安全技术措施。其主要内容如下：
（1）编制依据及设备现状。
（2）施工技术条件和技术标准。
（3）施工计划和施工进度安排。
（4）工程数量及材料供应。
（5）施工方法、劳动组织、机具使用和施工配合。
（6）施工作业程序。
（7）施工安全、质量和进度控制措施。
（8）施工临时设施。

（三）线路设备大修制度

线路设备大修施工必须认真贯彻执行"安全第一、预防为主"的方针，严格执行各项施工作业标准，科学组织施工，确保施工安全、质量和进度。施工单位必须建立以下制度：

（1）施工三检制——在每次开工前、施工中和线路开通前，施工负责人应组织有关人员分别按分工地段对施工准备、施工作业方法、线路设备状态和线路开通条件进行检查。

（2）巡查养护制——施工现场应设置巡养人员，对施工地段进行巡查和养护，发现并及时消除危及行车安全的处所。

（3）工序交接制——前一工序应给后一工序打好基础，在前一工序完成后，应由施工负责人组织工序负责人进行交接。

（4）隐蔽工程分阶段施工制度——每阶段完成后，施工单位应会同接管单位共同检查，并填写记录，确认符合设计要求，方准开始下一阶段施工。

（5）岗前培训制度——职工上岗前必须经过安全教育和技能培训，经考核合格，并取得岗位培训合格证书后，方可上岗；采用新工艺、使用新设备时，必须制定安全保证措施和操作规程，并对职工培训后方准进行操作和调试。

（6）安全检查分析制度——施工安全工作应抓早、抓小、抓苗头、抓薄弱环节。应定期加强检查，重点加强季节性、节假日和工地转移前后的检查，及时消除隐患；应组织开展事故预想活动，预防事故的发生；对事故苗头和事故应及时分析、处理，吸取教训。

（四）线路设备维修组织

线路设备维修实行检养修分开制度。检养修分开的基本原则是实行独立检查以及专业化、机械化集中修理。

（1）安全生产调度指挥中心负责指挥和监控全段日常生产，掌握作业和设备安全信息；汇总分析设备检查、监控数据，跟踪设备病害和缺陷的调查、复核及处理情况；掌握全段日作业计划，对日作业计划进行审核、协调和过程监控；跟踪掌握工电自轮运转特种设备、专用车辆运行状态和路料运输情况；指挥、处理突发情况等。

（2）线路车间作为组织维修生产的主体，组织制订车间年、月生产计划，天窗维修周计划以及日作业计划；组织设备检查、维护、验收；定期分析评价设备质量，跟踪考核维修、日常保持状态等。

（3）重点维修车间作为实施机械化修理和专业修理的主体，负责配合大型养路机械作业、集中修作业，钢轨和道岔焊接等工作。

（4）综合机修车间负责养路机械维修保养，工具修理及线路配件修理，轨道车的运行及管理等工作。

（5）探伤车间负责钢轨探伤工作。

（6）线路工区负责线路巡查、临时补修、应急值守等。

（7）维修工区负责采用小型养路机械进行线路成段和道岔成组维修、配合大型养路机械作业、轨道伤损部件更换、道床翻浆整治、线路和道岔钢轨打磨、道口翻修及季节性重点工作等。

（8）检查工区负责线路的周期性设备静态检查、设备质量分析、作业验收和重点病害的调查、复核等。

【技能提升】

根据上述的任务内容,分组讨论不同的施工作业环境有哪些维修项目。抽选施工场景,根据讨论合理选择维修项目并完成相关组织,进行一次模拟维修。评分标准见表1-1-2-3。

表 1-1-2-3 评分标准

序号	实训内容	配分	评分标准	扣分	得分
1	点名,作业人数	10	小组点名,根据考勤情况打分。缺勤个人得分为零。		
2	根据作业场景选择维修内容,并设置相应组织关系	90	能正确地选择维修内容和组织,得分为设置准确率×90分基础分,计算结果保留至小数点后两位。		
合计					

【综合评价】

小组互评表					
分组	评价项目	选项			得分
被评组_____	操作过程	完全规范(3分)较规范(2分)规范(1分)不规范(0分)			
	存在问题				
被评组_____	操作过程	完全规范(3分)较规范(2分)规范(1分)不规范(0分)			
	存在问题				
被评组_____	操作过程	完全规范(3分)较规范(2分)规范(1分)不规范(0分)			
	存在问题				
被评组_____	操作过程	完全规范(3分)较规范(2分)规范(1分)不规范(0分)			
	存在问题				
被评组_____	操作过程	完全规范(3分)较规范(2分)规范(1分)不规范(0分)			
	存在问题				
本组自评	操作过程	完全规范(3分)较规范(2分)规范(1分)不规范(0分)			
	存在问题				
	解决措施				
合计					

个人评价表

评价内容	课堂表现	选项	得分
参与状态	认真倾听老师讲课	认真（2分）一般（1分）不认真（0分）	
	认真倾听同学发言	认真（2分）一般（1分）不认真（0分）	
	大胆表达自己的想法	大胆（2分）一般（1分）不大胆（0分）	
交流状态	积极与同学交流、讨论	积极（2分）一般（1分）不愿意（0分）	
	注意听取同学的方法	认真（2分）一般（1分）不认真（0分）	
	愿意与同学合作解决问题	愿意（2分）一般（1分）不愿意（0分）	
思维状态	用不同的方法解决问题，能独立思考，有创造性	认真（2分）一般（1分）不认真（0分）	
	能对数据及图表进行分析，有条理地说出自己的想法	认真（2分）一般（1分）不认真（0分）	
	解决问题的过程很清楚	认真（2分）一般（1分）不认真（0分）	
实操状态	操作过程是否严谨有序	是（1分）否（0分）	
达成状态	对本任务的知识掌握情况	理解并掌握（2分）初步理解（1分）不明白（0分）	
合计			

教师综合评价表

任务名称：		班级：	
课次：		组别：	

模块	评价内容	配分	得分
知识	轨道维修施工要求	10	
	轨道维修项目对应作业内容	10	
技能	能根据作业场景确定维修作业内容	15	
素质	数据分析能力	3	
	信息检索能力	3	
	综合分析能力	3	
	学习态度	3	
	专注力	3	
	动手能力	3	
	团队合作参与度	3	
	职业素养	3	

本任务综合评分	
前任务综合评分	
同比增值幅度/%	
备注	

榜样力量

人物档案

杨阳，中共党员，中国铁路沈阳局集团有限公司长春高铁基础设施段蛟河西高铁综合维修车间接触网工，曾获全路优秀共产党员、全路技术能手、沈阳局集团公司"技术状元"、先进生产者等荣誉。

事迹介绍

杨阳的故事生动地展现了一位铁路接触网工如何从行业新手成长为技术领军人物的奋斗历程。1988年出生的他，于2007年加入中国共产党，并在2009年踏入铁路行业的大门。从那时起，杨阳便将自己投身于铁路技术的学习与实践中，凭借着不懈的努力，最终成为了接触网领域的一名杰出专家。

面对接触网工作的高空作业挑战，杨阳勇敢地克服了内心的恐惧，成为了训练场上最常见的身影之一。无论是炎炎夏日还是寒冷冬夜，他都坚持在距离地面7 m高的接触网杆上反复练习攀爬技巧，同时还利用空闲时间研读专业书籍，深入理解设备构造与维修要点。特别是对于接触网腕臂的拆装，他更是达到了炉火纯青的地步，能够精准掌握每个部件的扭矩值，总能从容应对技术难题时。

2014年，当长珲高铁项目启动时，杨阳毫不犹豫地投入到了紧张的施工准备工作中。白天，他在现场参与施工；夜晚，则沉浸在技术资料的研究中。这样的生活模式持续了两个多月，极大地提高了他的技术水平。正是由于这种对技术的不懈追求，杨阳最终获得了沈阳局集团公司"技术状元"的荣誉。

多年来，杨阳的脚步遍及长达139 km的铁路线，对沿线每一处接触网设施的情况都了如指掌。为了提高长珲高铁接触网设备的维护效率，他精心整理并核实了6 237根接触网支柱的数据信息，为每一根支柱建立了详细的档案记录，如同为它们颁发了"身份证"。

"保证列车的安全平稳运行是我们不变的使命，任何环节都不能有丝毫懈怠。"这是杨阳常常挂在嘴边的话。"选择一个行业，就要全身心投入到这个行业之中，唯有不断提高设备的质量，才能确保乘客的生命财产安全。"随着沈佳高铁白敦段的正式通车，杨阳又迎来了新的挑战。面对日益密集的铁路网络和技术的快速进步，他为自己设定了更加远大的目标——让中国高寒地区的高铁运行更加高效、稳定，展现出"中国速度"的魅力。

杨阳的故事激励着每一位铁路工作者，提醒他们即使面对艰难险阻，也要勇往直前，通过不断的学习和实践提升自我，共同为中国铁路事业的发展贡献自己的力量。

精神之光

干一行、钻一行，**精雕细琢方为器，千锤百炼始成钢**，杨阳在平凡岗位上深耕，在实践锻炼中成长，守护高铁列车安全驰骋在东北大地上。

项目二　铁路养护与维修作业安全

内容概要

铁路线路维护的工作处于列车运行的环境之中，工作人员的人身安全不仅与生产安全管理有关，还与线路设备状况和机车车辆的运行情况相联系。线路作业安全是确保行车和人身安全的一项重要工作。

知识目标

（1）掌握铁路信号标记类别及作用。
（2）掌握铁路防护信号标志设置方法。
（3）掌握线路作业防护信号及标志设置要求。
（4）掌握线路上作业设置或撤除移动停车信号防护的程序要求。
（5）掌握作业人员下道避车的规定。
（6）了解普速铁路和高速铁路并行地段避车要求。

能力目标

（1）能熟练掌握铁路防护信号标志设置要求并应用。
（2）能根据实际情况进行作业防护标志的设置。
（3）能正确地进行作业设置或撤除移动停车信号防护。
（4）能正确下道避车。

任务一　铁路工务信号及防护

【作业认知】

任务描述

铁路信号标记认识

防护作业是确保铁路工务作业正常安全的关键环节。在当前铁路运输越加繁忙的环境下,长时间封锁区间进行工务作业是很难实现的,如果防护作业不到位,就会严重威胁工务作业安全和铁路运输安全,造成严重事故和损失。因此,在进行铁路作业时,按规范合理设置安全信号及防护是必不可少的。

事例助益

"7·16"××局错放响墩在邻线被客车碾压事故。7月16日8时42分,××铁路局××线A站—B站之间下行线K388+546处施工,因防护人员错误将响墩放在上行线,被K974次列车轧上,紧急停车,造成事故。

课时计划

课时分配见表1-2-1-1。

表1-2-1-1　课时分配

序号	任务内容	参考课时 理论	参考课时 实践	参考课时 合计	教学重点
1	铁路工务防护及信号	2	2	4	铁路工务防护办法

【理论夯实】

任务内容

一、铁路信号标记

铁路信号主要是指示列车运行及调车的命令,相关行车人员必须遵守信号指示,严格执行。铁路信号主要分为听觉信号和视觉信号。

听觉信号主要为口笛、号角、响墩发出的音响以及车辆、特种设备发出的鸣笛声。

视觉信号可分为昼间信号、夜间信号和昼夜通用信号。如果在昼间遇到大雾、暴风雨雪及其他特殊情况,导致信号显示距离不足1 000 m,注意、减速信号显示距离不足400 m,调车信号显示距离不足200 m时,应使用夜间信号。隧道内只使用夜间信号或昼夜通用信号。

（一）移动信号

不同信号颜色代表不同的要求。铁路移动信号基本要求颜色如下：

1. 停车信号（红色）

（1）昼间：表面有反光的红色方牌，如图 1-2-1-1。
（2）夜间：杆柱上的红色灯光，如图 1-2-1-2。

图 1-2-1-1　移动停车信号牌

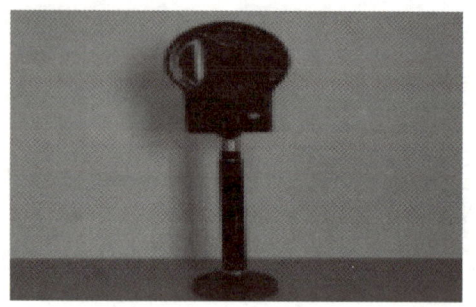
图 1-2-1-2　移动停车信号灯

2. 减速信号（黄色）

减速信号主要为表面有反光的黄底黑字圆牌，数字表明列车限制速度，如图 1-2-1-3。在允许速度为 120～200 km/h 之间的线路，施工及限速路段还会在减速信号牌外增加"T"字移动减速信号牌，其在昼夜间均为表面有反光的黄底黑"T"圆牌，如图 1-2-1-4。

3. 按规定速度运行信号（绿色）

按规定速度运行信号昼夜间均为表面有反光的绿色圆牌，一般作为减速防护地段的终端信号，如图 1-2-1-5。在单线区段，应以线路右侧减速信号牌背面的绿色圆牌为准。

图 1-2-1-3　移动减速信号

图 1-2-1-4　"T"字圆牌

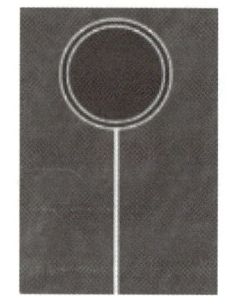
图 1-2-1-5　规定速度运行信号牌

（二）防护信号标志

除以上几种移动信号外，在工务作业时，还需使用作业标和减速地点标，具体设置位置及作用如下：

1. 作业标

作业标设置在施工线路及邻线距施工位置两端 500~1 000 m 处,列车司机监测到标志后需提高警惕,长鸣铃笛示意。作业标样式如图 1-2-1-6。

2. 减速地点标

减速地点标设置在需要减速的地点两端各 20 m 处。正面表示列车可以按规定速度通行此地段起始点,背面表示列车可以按规定速度通行此地段终点。减速地点标样式如图 1-2-1-7、图 1-2-1-8。

正面　　　　　　　　　　反面

图 1-2-1-6　作业标　　　　图 1-2-1-7　减速地点标一　　　图 1-2-1-8　减速地点标二

二、施工防护条件

（一）施工作业列车放行条件

《普速铁路工务安全规则》(TG/GW 101—2014)第 2.1.17 条规定,施工天窗结束后放行列车条件按表 1-2-1-2 执行。表 1-2-1-2 所列项目以外的影响行车安全的较复杂施工,列车或单机运行速度按设计文件执行。

表 1-2-1-2　施工作业列车放行条件

项目		施工条件	作业方式	放行列车条件
一、影响道床路基稳定的施工作业	（1）破底清筛。 （2）更换道床石砟。 （3）成段更换轨枕（板）。 （4）成组更换道岔。 （5）基床换填。 （6）一次起道量或拨道量超过 40 mm 的成段起道或拨道。 （7）利用小型爆破开挖侧沟或基坑（限于影响路基稳定范围）。	封锁施工	大型养路机械捣固、稳定车作业	（1）两捣一稳作业后开通,第一列 35 km/h,第二列 45 km/h,自第三列起限速 60 km/h；至次日捣固后第一列限速 60 km/h,第二列起限速 80 km/h；至第三日捣固后第一列限速 80 km/h,第二列限速 120 km/h；至第四日捣固后恢复常速。 （2）三捣两稳作业后开通,第一列 45 km/h,第二列 60 km/h,自第三列起限速 80 km/h；至次日捣固后第一列限速 80 km/h,第二列起限速 120 km/h；至第三日捣固后恢复常速。 （3）道岔施工后直向、侧向按此标准分别阶梯提速。 （4）未达到上述捣固、稳定遍数的,应相应降低列车放行速度。

续表

项目		施工条件	作业方式	放行列车条件
一、影响道床路基稳定的施工作业	（1）破底清筛。 （2）更换道床石砟。 （3）成段更换轨枕（板）。 （4）成组更换道岔。 （5）基床换填。 （6）一次起道量或拨道量超过 40 mm 的成段起道或拨道。 （7）利用小型爆破开挖侧沟或基坑（限于影响路基稳定范围）。	封锁施工	小型养路机械捣固	开通后第一列 35 km/h，第二列 45 km/h，不少于 4 h，之后限速 60 km/h；至次日捣固后第一列限速 60 km/h，第二列起限速 80 km/h；至第三日捣固后第一列限速 80 km/h，第二列限速 120 km/h；至第四日捣固后恢复常速。
			人工捣固	（1）施工期间当日第一列 15 km/h，第二列 25 km/h，第三列 45 km/h，不少于 4 h，之后限速 60 km/h 至下次封锁前。 （2）施工结束，开通后第一列 15 km/h，第二列 25 km/h，第三列 45 km/h，不少于 4 h，之后按 60 km/h、80 km/h、120 km/h 各不少于 24 h 捣固后阶梯提速，其后正常。
二、不影响道床稳定的施工作业	（1）成段更换钢轨。 （2）无缝线路应力放散。 （3）成段调整轨缝，拆开接头并插入短轨头。 （4）成段修整轨底坡。	封锁施工		开通后第一列 45 km/h，第二列 60 km/h，第三列 120 km/h，其后恢复常速。
	（1）使用冻害垫板一次总厚度超过 40 mm。 （2）长大隧道宽轨枕垫砟。 （3）道口大修（若影响道床稳定，比照第一大项办理）。	封锁施工		开通后第一列 35 km/h，第二列 45 km/h，第三列 60 km/h，其后恢复常速。
三、桥隧涵施工作业	（1）更换或拨正钢梁、混凝土梁。 （2）抬高或降低桥梁。 （3）拨正支座、更换桥梁支座、翻修支承垫石、垫砂浆厚度超过 50 mm。 （4）不拆除钢轨整孔更换明桥面桥枕。 （5）明桥面移动桥枕。 （6）翻修、加深隧道内排水沟。	封锁施工		（1）施工作业期间，封锁开通后限速 45 km/h 至下次天窗前。 （2）施工作业结束后，第一列限速 45 km/h，之后限速 60 km/h 不少于 24 h，再限速 80 km/h、120 km/h 各一列后恢复常速。
	（1）明桥面移动桥枕后，上盖板喷砂除锈涂装。 （2）架空施工中，安装、拆除纵横梁体系的横梁，安装 D 型便梁的横梁。 （3）修补或重新施作有砟轨道桥面、桥台顶面防水层。	慢行施工		施工作业期间，限速 45 km/h。

续表

项目		施工条件	作业方式	放行列车条件
三、桥隧涵施工作业	线路架空或加固后桥涵顶进	慢行施工		(1)施工作业期间,限速45 km/h。 (2)施工结束后,第一列限速45 km/h不少于12 h,之后限速60 km/h、80 km/h各不少于24 h,之后一列120 km/h后恢复常速。
	新建明、棚洞的基础施工	慢行施工		施工作业期间,本线限速45 km/h,邻线列车限速160 km/h;基础施工结束后恢复常速。
	(1)在线路上安装或拆除轨束梁、工字钢纵梁、D型便梁的纵梁、纵横梁体系的纵梁,拆除D型便梁的横梁。 (2)喷锚加固隧道衬砌。 (3)整治隧道仰拱破损及换填隧道铺底。 (4)隧道整体道床翻修。 (5)影响行车安全的其他复杂桥隧施工。	封锁施工		按经审查批准的施工作业设计文件所确定的列车放行条件。
	(1)路基注浆,挖孔桩、旋喷桩施工,路基降水。 (2)隧道内增设密井暗管施工。			按经审查批准的施工设计文件所确定的施工条件和列车放行条件执行。

(二)放行列车时的线路状态

《普速铁路工务安全规则》(TG/GW 101—2014)第2.1.18条规定:施工地段放行列车时,轨道静态几何尺寸偏差不得超过经常保养容许偏差管理值。列车速度 V_{max}>45 km/h 时,工务设备状态符合铁路线路、桥隧修理有关规定。列车限速 V_{max}≤45 km/h 时,线路状态应符合下列要求:

(1)轨枕盒内及轨枕头部道砟不少于1/3。
(2)枕底道砟串实。
(3)轨枕每隔6根可空1根。
(4)道钉或扣件:
① 钢轨接头两根轨枕和桥枕上道钉、扣件齐全、有效。
② 半径小于或等于800 m 曲线地段,混凝土轨枕可每隔1根拧紧3根,木枕可每隔1根钉紧6根。
③ 半径大于800 m 曲线及直线地段,混凝土轨枕可每隔2根拧紧1根,木枕可每隔1根钉紧1根。

（5）接头螺栓：每个接头至少拧紧4个（每端2个）。

（6）钩螺栓：每隔3根桥枕拧紧1根。

（7）起道（含垫砟）顺坡率不小于200倍。

（8）冻害垫板平台两端的顺坡率不小于200倍。

三、线路防护作业

（一）施工现场作业人员职责及要求

（1）施工和维修作业须设置驻站联络员、现场防护员，且不得临时调换。现场防护员应根据作业现场地形条件、列车运行特点、作业人员和机具布置等情况确定站位及移动路径，并做好自身防护。

（2）在区间线路、站内线路、站内道岔上维修时，现场防护人员应站在维修地点附近且瞭望条件较好的地点进行防护，在天窗内作业时，显示停车手信号。封锁或慢行施工作业应办理施工手续，设置移动停车或移动减速信号防护。凡影响行车、人身安全的施工和维修作业及发生线路故障地点，均应设置防护。

（3）作业负责人、驻站联络员、现场防护员，必须携带列车无线调度电话等通信设备。钢轨探伤作业防护员、道口看守员、巡检及看守人员，均应携带列车无线调度电话等通信设备，随时监听列车运行情况，发生异常情况时可直接通报车站值班员、机车乘务员。

（4）驻站联络员与车站值班员办理施工、维修登销记手续；向作业负责人传达调度命令；随时与现场防护员保持联系，通报列车运行情况。现场防护员在防护时，除掌握驻站联络员通报信息外，应以瞭望防护为主；如联系中断，现场防护员应立即通知作业负责人停止作业，必要时将线路恢复到准许放行列车的状态。作业负责人下达设置或撤除防护、开始或停止作业、下道避车等命令。

（二）线路作业防护信号及标志设置要求

（1）在区间线路上封锁施工时，使用移动停车信号的防护办法如下：

① 单线区间封锁施工时，如图1-2-1-9。

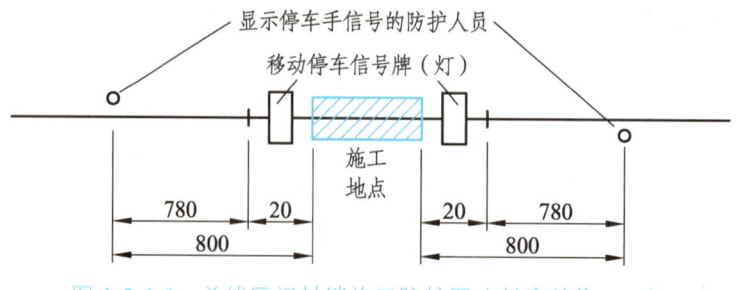

图1-2-1-9　单线区间封锁施工防护图（长度单位：m）

② 双线区间一条线路封锁施工时，如图1-2-1-10。

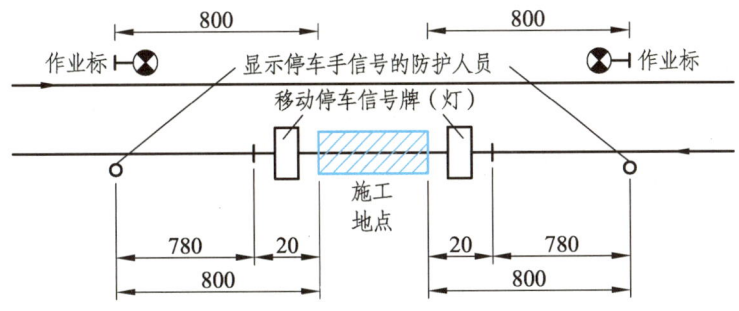

图 1-2-1-10　双线区间一条线路封锁施工防护图（长度单位：m）

③ 双线区间两条线路同时封锁施工时，如图 1-2-1-11。

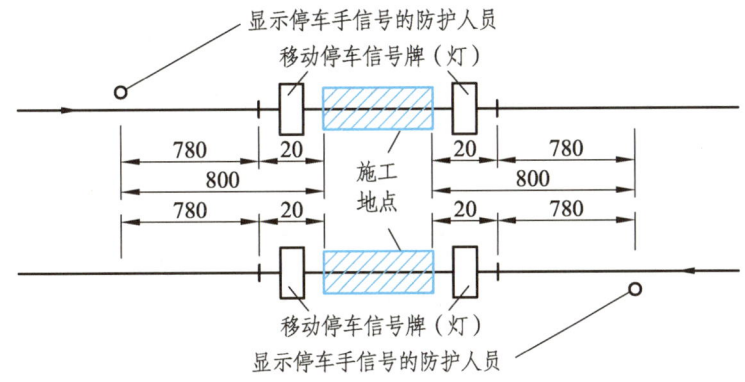

图 1-2-1-11　双线区间两条线路同时封锁施工防护图（长度单位：m）

④ 封锁施工地点在站外，距离进站信号机（反方向进站信号机）小于 820 m 时，如图 1-2-1-12。

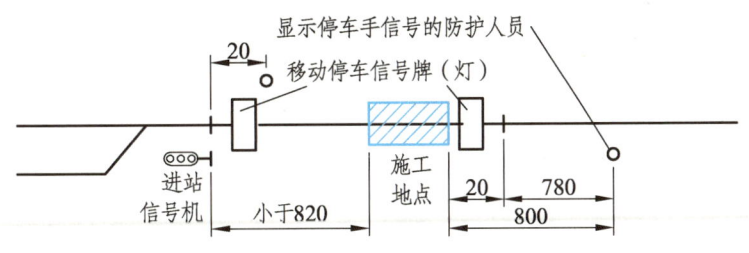

图 1-2-1-12　站外封锁施工防护图（长度单位：m）

现场防护人员应站在距施工地点 800 m 附近且瞭望条件较好的地点显示停车手信号；施工作业地点在站外，距离进站信号机（反方向进站信号机）小于 820 m 时，现场防护人员应站在距进站信号机（反方向进站信号机）20 m 附近；在尽头线上施工，施工负责人经与车站值班员联系确认尽头一端无列车、轨道车时，则尽头一端可不设防护。施工地点与防护人员间瞭望条件不良又无电话联系时，应增设中间防护人员。

凡用停车信号防护的施工地点，在停车信号撤除后，列车需减低速度通过施工地点时，应按减速信号防护办法防护。

（2）在站内线路或道岔上封锁施工，使用移动停车信号的防护办法如下：

① 在站内线路上封锁施工。

A. 将施工线路两端道岔扳向不能通往施工地点的位置，并加锁或紧固，可不设置移动停车信号牌（灯）。当施工线路两端道岔只能通往施工地点的位置时，在施工地点两端各 50 m 处线路上，设置移动停车信号牌（灯）防护，如图 1-2-1-13。

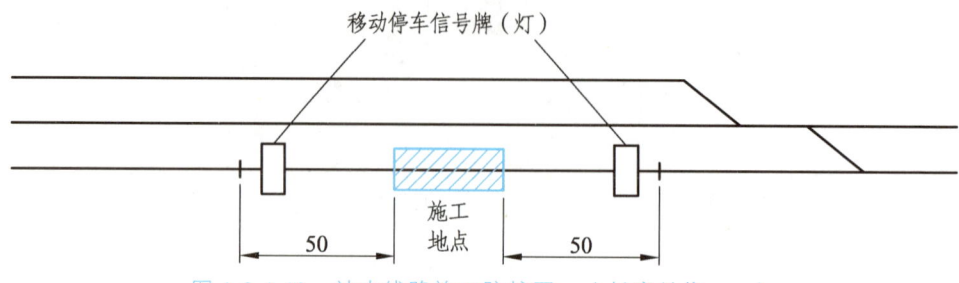

图 1-2-1-13　站内线路施工防护图一（长度单位：m）

B. 如施工地点距离道岔小于 50 m 时，在该端警冲标相对处线路上，设置移动停车信号牌（灯）防护，如图 1-2-1-14。

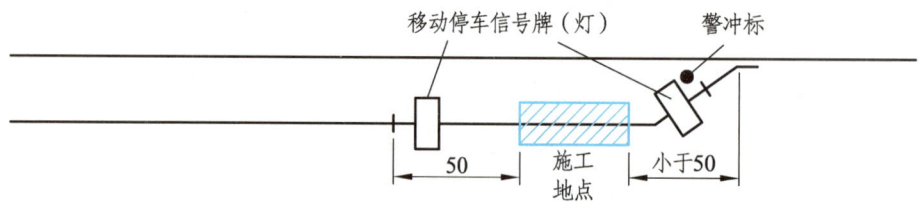

图 1-2-1-14　站内线路施工防护图二（长度单位：m）

C. 在进站道岔外方线路上封锁施工，对区间方向，以关闭的进站信号机防护；对车站方向，在进站道岔外方基本轨接头处（顺向道岔在警冲标相对处）线路中心，设置移动停车信号牌（灯），如图 1-2-1-15。

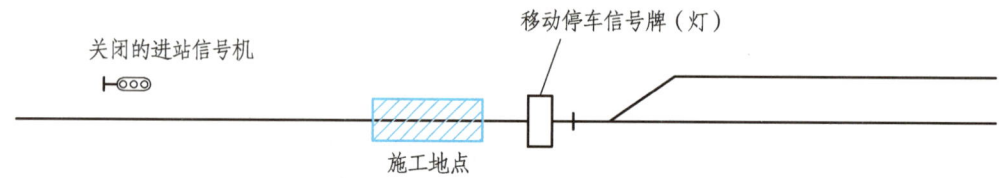

图 1-2-1-15　站内线路施工防护图三

D. 在双线区段，在反方向进站信号机至出站道岔的线路上施工，对区间方向，以关闭的反方向进站信号机防护；对车站方向，在出站道岔外方基本轨接头处（对向道岔在警冲标相对处）线路上，设置移动停车信号牌（灯）防护，如图 1-2-1-16。

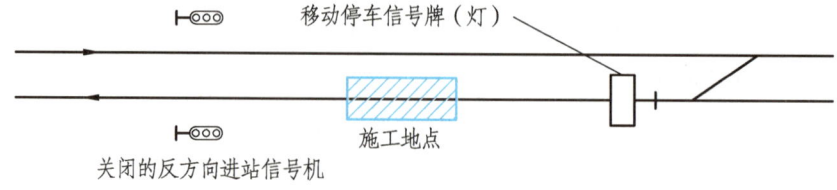

图 1-2-1-16　站内线路施工防护图四

② 在站内道岔上（含警冲标至道岔尾部线路、道岔间线路）施工时，使用移动停车信号防护，防护办法如下：

A. 在站内道岔上施工，一端距离施工地点 50 m，另一端两条线路距离施工地点 50 m（距出站信号机不足 50 m 时，为出站信号机处），分别在线路上设置移动停车信号牌（灯）防护，如图 1-2-1-17；如一端距离外方道岔小于 50 m 时，将有关道岔扳向不能通往施工地点的位置，并加锁或紧固。

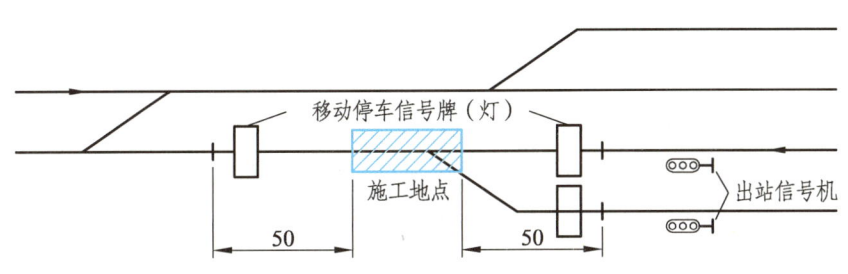

图 1-2-1-17　站内道岔施工防护图一（长度单位：m）

B. 在进站道岔上施工，对区间方向，以关闭的进站信号机防护；对车站方向，在距离施工地点 50 m 线路上，设置移动停车信号牌（灯）防护；距邻近道岔不足 50 m 时，在邻近道岔基本轨接头处设置移动停车信号牌（灯）防护，将有关道岔扳向不能通往施工地点的位置，并加锁或紧固。如图 1-2-1-18。

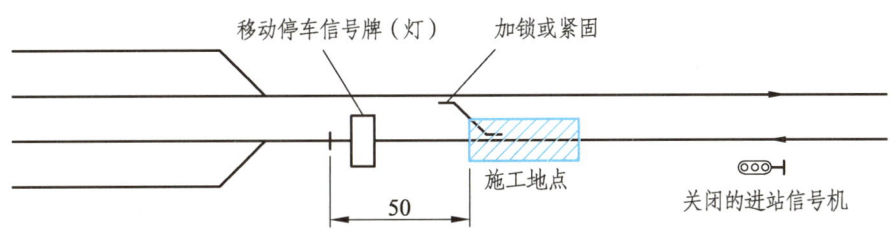

图 1-2-1-18　站内道岔施工防护图二（长度单位：m）

C. 在出站道岔上施工，对区间方向，以关闭的反方向进站信号机防护；对车站方向，在距离施工地段不少于 50 m 线路上，设置移动停车信号牌（灯）防护，如图 1-2-1-19；距邻近道岔不足 50 m 时，将有关道岔扳向不能通往施工地点的位置，并加锁或紧固。

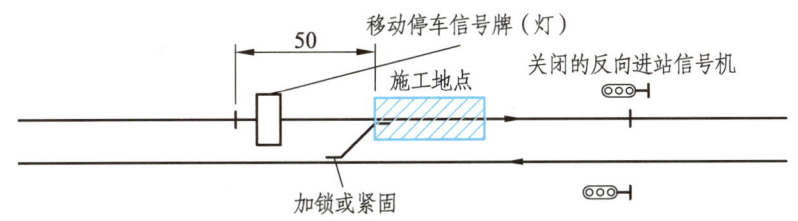

图 1-2-1-19　站内道岔施工防护图三（长度单位：m）

D. 在交分道岔上施工，将有关道岔扳向不能通往施工地点的位置，并加锁或紧固，在施工地点两端 50 m 处线路上，设置移动停车信号牌（灯）防护，如图 1-2-1-20。

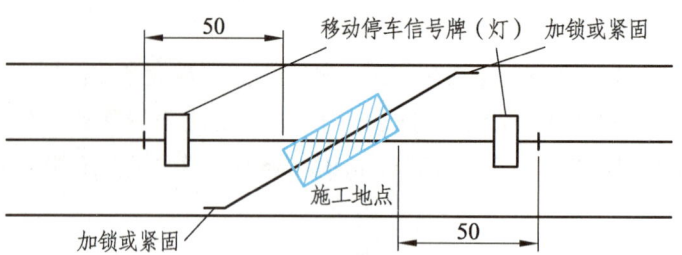

图 1-2-1-20　站内道岔施工防护图四（长度单位：m）

E. 在交叉渡线的一组道岔上施工，一端在菱形中轴相对处线路上，另一端在距离施工地点 50 m 处线路上，分别设置移动停车信号牌（灯）防护，将有关道岔扳向不能通往施工地点的位置，并加锁或紧固，如图 1-2-1-21。

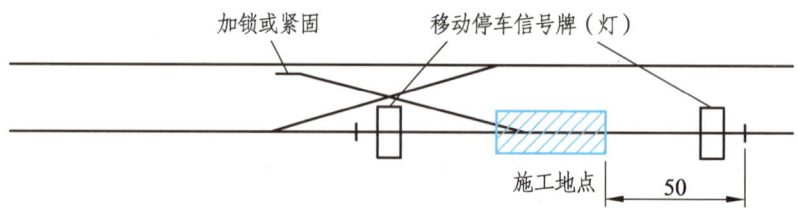

图 1-2-1-21　站内道岔施工防护图五（长度单位：m）

F. 在道岔上进行大型养路机械施工时，如延长移动停车信号牌（灯）防护距离后占用其他道岔时，对相关道岔应一并防护。

（3）在区间线路上，根据线路速度等级，使用移动减速信号（标明列车限制速度）防护办法如下：

① 单线区间施工时，设立位置如图 1-2-1-22。

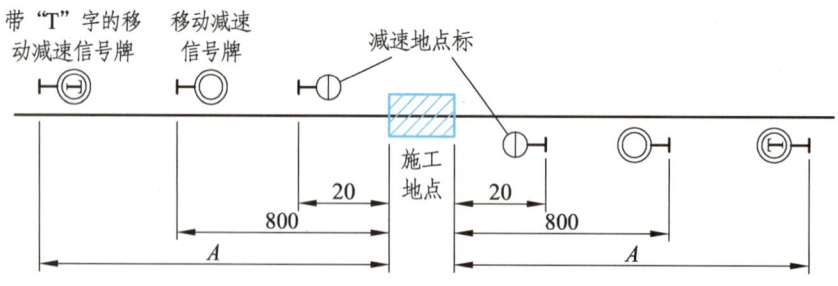

图 1-2-1-22　单线区间防护图（长度单位：m）

注：图中"A"为不同线路速度等级的列车紧急制动距离（下同），见表 1-2-1-3。允许速度 120 km/h<V<200 km/h 的线路，在移动减速信号牌外方增设带"T"字的移动减速信号牌，以下同。

表 1-2-1-3　列车紧急制动距离限值

列车类型	最高运行速度/（km/h）	紧急制动距离限值/m
旅客列车（动车组列车除外）	120	800
	140	1 100
	160	1 400
特快货物班列	160	1 400
快速货物班列	120	1 100
货物列车（货车轴重<25 t，快速货物班列除外）	90	800
	120	1 400
货物列车（货车轴重≥25 t）	100	1 400

② 双线区间在一条线路上施工时，如图 1-2-1-23。

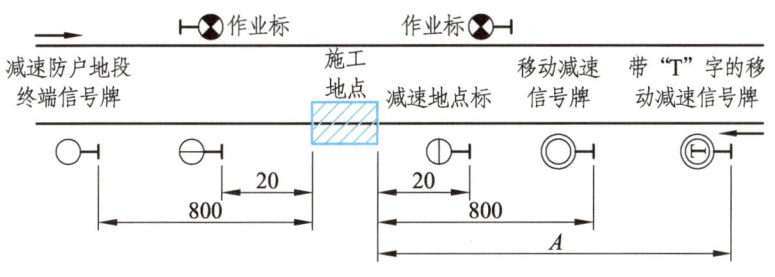

图 1-2-1-23　（长度单位：m）

注：限速地段无施工作业不设置作业标。

③ 双线区间两条线路同时施工时，如图 1-2-1-24。

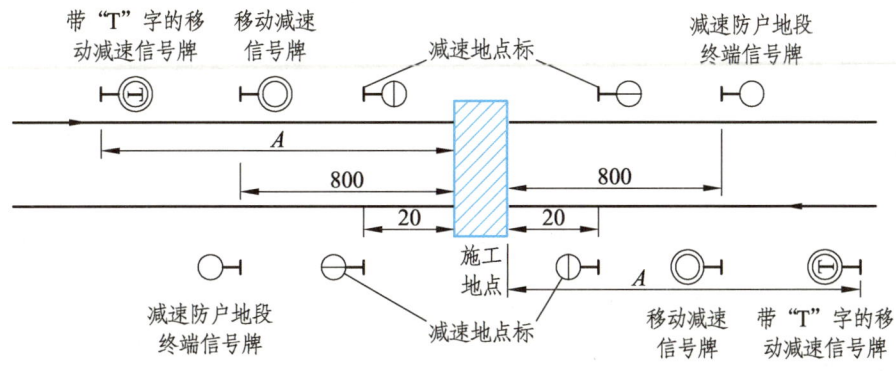

图 1-2-1-24　双线区间两条线路同时施工防护图（长度单位：m）

④ 施工地点距离进站信号机（或站界标）小于 800 m 时，设立位置如图 1-2-1-25。

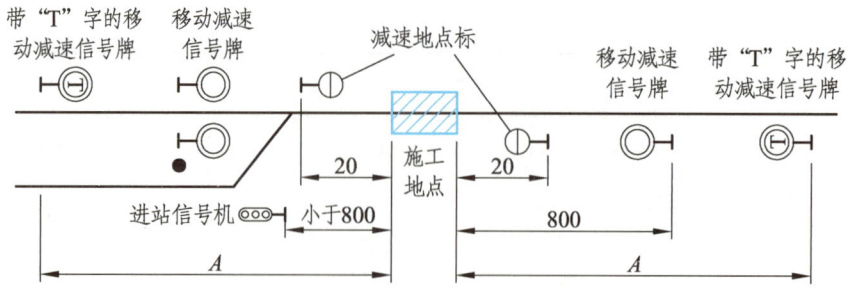

图 1-2-1-25　施工地点距离进站信号机（或站界标）小于 800 m 时防护图（长度单位：m）

注：当站内正线警冲标距离施工地点小于 800 m 时，按 800 m 设置移动减速信号牌；当站内正线警冲标距离施工地点大于或等于 A 时，不设置带"T"字的特殊移动减速信号牌。

（4）在站内线路或道岔上，根据线路速度等级，使用移动减速信号的防护办法如下：

① 在站内正线线路上施工，当施工地点距进站信号机大于或等于 800 m 时，单线设立位置如图 1-2-1-26，双线设立位置如图 1-2-1-27。

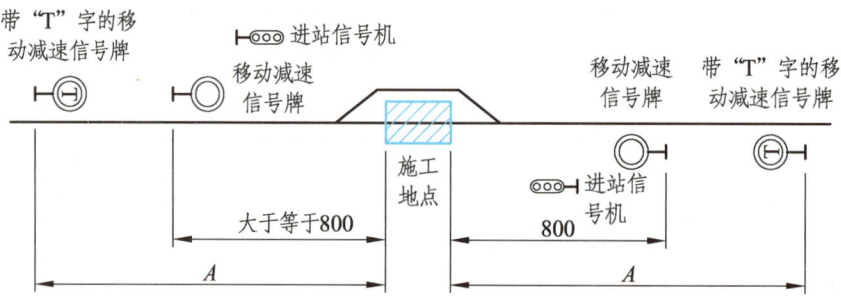

图 1-2-1-26　站内正线单线线路施工防护图（长度单位：m）

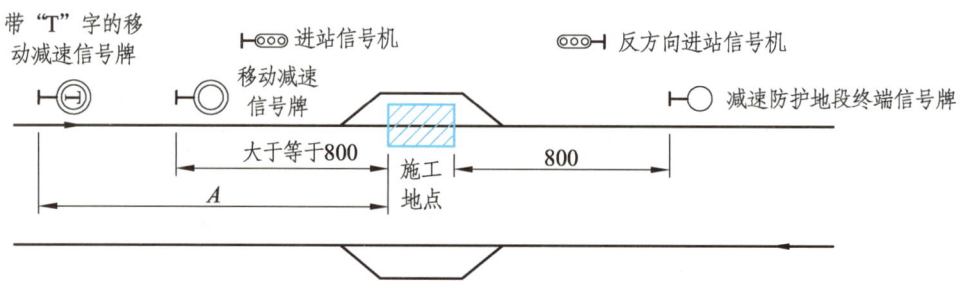

图 1-2-1-27　站内正线双线线路施工防护图（长度单位：m）

注：当施工地点距进站信号机不足 800 m 时，自施工地点起至 800 m 处区间线路列车运行方左侧，设移动减速信号牌防护；当施工地点距进站信号机大于或等于 A 时，不设置带"T"字的移动减速信号牌；当施工地点距反方向进站信号机不足 800 m 时，自施工地点起至 800 m 处区间线路列车运行方左侧，设减速防护地段终端信号牌；当施工地点距反方向进站信号机大于或等于 800 m 时，在反方向进站信号机处，设减速防护地段终端信号牌。

② 在站内正线道岔上施工，当施工地点距进站信号机大于或等于 800 m 时，单线设立位置如图 1-2-1-28，双线设立位置如图 1-2-1-29。

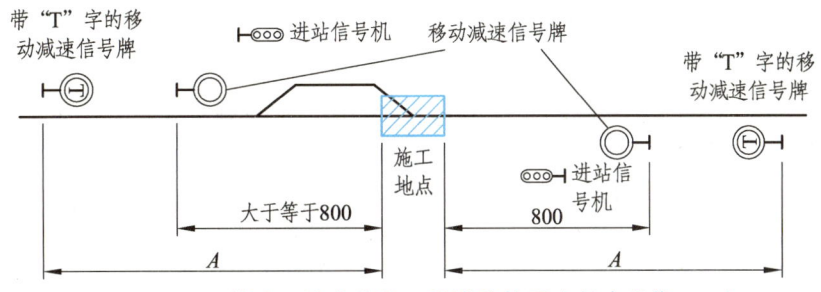

图 1-2-1-28　站内正线道岔施工单线防护图（长度单位：m）

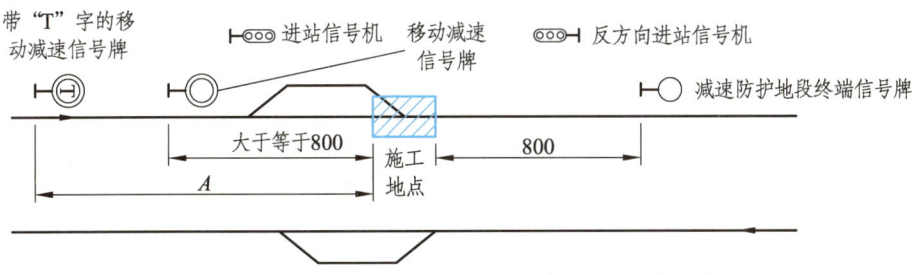

图 1-2-1-29　站内正线道岔施工双线防护图（长度单位：m）

注：当施工地点距进站信号机不足 800 m 时，自施工地点起至 800 m 处区间线路列车运行方左侧，设移动减速信号牌防护；当施工地点距进站信号机大于或等于 A 时，不设置带"T"字的移动减速信号牌；当施工地点距反方向进站信号机不足 800 m 时，自施工地点起至 800 m 处区间线路列车运行方左侧，设减速防护地段终端信号牌；当施工地点距反方向进站信号机大于或等于 800 m 时，在反方向进站信号机处，设减速防护地段终端信号牌。

③ 在站线线路上施工，设立位置如图 1-2-1-30。

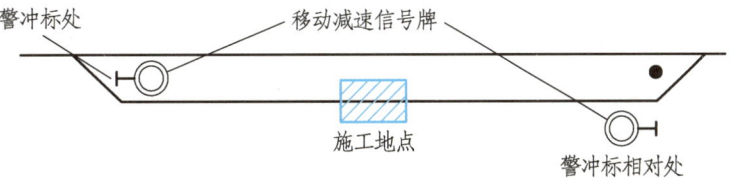

图 1-2-1-30　站线线路施工防护图

④ 在站线道岔上施工，该道岔中部线路旁，设置两面黄色的移动减速信号，设立位置如图 1-2-1-31。

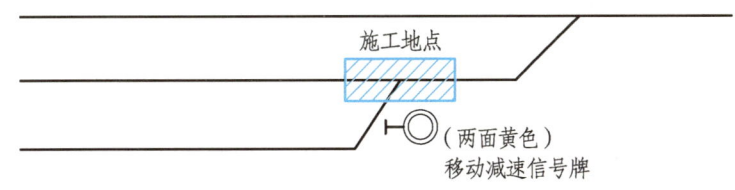

图 1-2-1-31　站线道岔施工防护图

凡线间距离不足规定时，应设置矮型（1 m 高）移动减速信号。
在移动减速信号牌上应注明规定的慢行速度。

（5）线路发生危及行车安全故障或自然灾害时的防护办法如下：
① 应立即使用列车无线调度通信设备通知车站值班员或列车司机紧急停车，同时在故

障或自然灾害影响地点设置停车信号。

② 当确知一端先来车时,应急速奔向列车,用手信号旗(灯)或徒手显示停车信号。

③ 如不知来车方向,应在故障或自然灾害影响地点注意倾听和瞭望,发现来车,应急速奔向列车,用手信号旗(灯)或徒手显示停车信号。

④ 设有固定信号机时,应先使其显示停车信号。

⑤ 站内线路、道岔发生故障或自然灾害时,<u>应立即通知车站值班员采取措施,防止机车、车辆通往该故障或自然灾害影响地点,同时按规定设置停车信号防护</u>。

(6)线路上作业设置或撤除移动停车信号防护的程序如下:

① 设置移动停车信号。

A. 驻站联络员抄录并确认作业封锁调度命令,通知作业负责人。

B. 作业负责人通知现场防护员按规定在作业地点设置移动停车信号。

C. 按规定设置好移动停车信号后作业负责人发出作业命令。

② 撤除移动停车信号。

A. 作业负责人检查确认线路已达到放行列车条件(外单位施工的还需设备管理单位监督检查人员共同检查确认)。

B. 通知现场防护员撤除作业地段的移动停车信号。

C. 通知车站开通线路。

(7)线(桥)车间、工区和巡道、巡守小组的防护信号备品数量,应按表 1-2-1-4 规定配备

表 1-2-1-4　防护信号备品表

名称	单位	单　　线			双　　线		
		车间	工区	巡道巡守	车间	工区	巡道巡守
作业标	个		4			6	
停车信号	个		2			4	
减速信号	个		2			4	
减速地点标	个		2			4	
双面信号灯	盏	1	4	1	1	6	1
喇　叭	个		6	1		6	1
红色信号旗	面	2	6	3	2	9	3
黄色信号旗	面	2	6	1	2	6	1
短路铜线(自动闭塞区间)	条		2	1		4	2
无线电话机	台	2	4	2	2	5	2
有线电话机	台	2	4	2	2	4	2
"T"字减速信号	个		4			4	

注:① 巡守人员多人值班时,喇叭、信号灯、信号旗应按实际需要相应增加。

② 施工单位需要的信号用品数量,可根据实际情况规定。

③ 单线有道岔的工区,停车信号应配备3个,并配备双面黄色减速信号2个。

④ 速度大于 120 km/h 区段的工区配置带"T"字减速信号。

⑤ 电气化区段工区,配备 70 mm^2 回流线,其数量与长度根据需要确定。

⑥ 无线电话机宜设有列车无线调度电话频点。

【技能提升】

根据上述的任务内容，分组讨论不同的施工作业该如何进行安全防护。抽选施工场景，根据讨论合理选择所需设备，完成一次模拟防护。评分标准见表1-2-1-5。

表1-2-1-5 评分标准

序号	实训内容	配分	评分标准	扣分	得分
1	点名，作业人数	10	小组点名，根据考勤情况打分，缺勤个人得分为零。		
2	根据作业场景选择信号设备	30	能合理选择信号设备。得分为正确选取设备数量/所需设备总数量×30分基础分，计算结果保留至小数点后两位。		
3	根据作业场景布置防护内容	60	能正确地布置防护内容，得分为防护准确率×60分基础分，计算结果保留至小数点后两位。		
			合计		

【综合评价】

小组互评表				
分组	评价项目	选项		得分
被评组————	操作过程	完全规范（3分）较规范（2分）规范（1分）不规范（0分）		
	存在问题			
被评组————	操作过程	完全规范（3分）较规范（2分）规范（1分）不规范（0分）		
	存在问题			
被评组————	操作过程	完全规范（3分）较规范（2分）规范（1分）不规范（0分）		
	存在问题			
被评组————	操作过程	完全规范（3分）较规范（2分）规范（1分）不规范（0分）		
	存在问题			
被评组————	操作过程	完全规范（3分）较规范（2分）规范（1分）不规范（0分）		
	存在问题			
本组自评	操作过程	完全规范（3分）较规范（2分）规范（1分）不规范（0分）		
	存在问题			
	解决措施			
		合计		

个人评价表

评价内容	课堂表现	选项	得分
参与状态	认真倾听老师讲课	认真（2分）一般（1分）不认真（0分）	
	认真倾听同学发言	认真（2分）一般（1分）不认真（0分）	
	大胆表达自己的想法	大胆（2分）一般（1分）不大胆（0分）	
交流状态	积极与同学交流、讨论	积极（2分）一般（1分）不愿意（0分）	
	注意听取同学的方法	认真（2分）一般（1分）不认真（0分）	
	愿意与同学合作解决问题	愿意（2分）一般（1分）不愿意（0分）	
思维状态	用不同的方法解决问题，能独立思考，有创造性	认真（2分）一般（1分）不认真（0分）	
	能对数据及图表进行分析，有条理地说出自己的想法	认真（2分）一般（1分）不认真（0分）	
	解决问题的过程很清楚	认真（2分）一般（1分）不认真（0分）	
实操状态	操作过程是否严谨有序	是（1分）否（0分）	
达成状态	对本任务的知识掌握情况	理解并掌握（2分）初步理解（1分）不明白（0分）	
合计			

教师综合评价表

任务名称：		班级：	
课次：		组别：	

模块	评价内容	配分	得分
知识	作业安全防护要求	10	
	防护信号种类及适用范围	10	
技能	能根据不同施工项目确定放行列车条件	15	
	能根据不同施工条件进行防护设置	15	
素质	数据分析能力	3	
	信息检索能力	3	
	综合分析能力	3	
	学习态度	3	
	专注力	3	
	动手能力	3	
	团队合作参与度	3	
	职业素养	3	

本任务综合评分	
前任务综合评分	
同比增值幅度/%	
备注	

任务二　作业避车安全

【作业认知】

任务描述

在当前铁路运输越加繁忙的环境下，长时间封锁区间进行工务作业是很难实现的，

列车运行图

天窗修制度及开设方式

大多数的工务作业都在天窗点完成，因此，在作业时不注意避车安全，就会严重威胁自身安全和工务作业安全，造成严重事故和损失。所以，在进行铁路作业时，按规范合理进行避车是必不可少的。

事例助益

××月××日7时33分，××铁路局某工务段班长带领本工区9名作业人员在××下行线 K912+880 m 处进行撤板捣固作业时，由于站在上行线一侧的防护员被上行线通过的11102次列车隔开，此时，下行线87021次货物列车驶近，作业人员失去防护，造成4名线路工来不及下道避车，被通过的87021次货物列车撞上，其中3名作业人员当场被撞身亡，1名作业人员重伤，造成人身伤亡较大事故。

课时计划

课时分配见表1-2-2-1。

表 1-2-2-1　课时分配

序号	任务内容	参考课时			教学重点
		理论	实践	合计	
1	作业避车安全要点	2	2	4	作业避车方法

【理论夯实】

任务内容

线路作业和巡检人员，必须熟悉管内的线桥设备情况、列车运行速度和密度以及各种信号显示方法，作业和巡检时应注意瞭望，及时下道避车。

一、作业人员下道避车规定

（1）距钢轨头部外侧距离不小于 2 m，设有避车台（洞）的桥梁（隧道）应进入避车台（洞）避车。

（2）本线来车按下列距离下道完毕：

① V_{max}≤60 km/h 时，不小于 500 m。

② 60 km/h<V_{max}≤120 km/h 时，不小于 800 m。

③ 120 km/h<V_{max}≤160 km/h 时，不小于 1 400 m。

④ 160 km/h<V_{max}<200 km/h 时，不小于 2 000 m。

（3）邻线（线间距小于 6.5 m）来车下道规定。

① 本线不封锁时：

A. 邻线速度 V_{max}≤60 km/h 时，本线可不下道。

B. 60 km/h<邻线 V_{max}≤120 km/h 时，来车可不下道，但本线必须停止作业。

C. 邻线 V_{max}>120 km/h 时，下道距离不小于 1 400 m。

D. 瞭望条件不良，邻线来车时本线必须下道。

② 本线封锁时：

A. 邻线 V_{max}≤120 km/h 时，本线可不下道。

B. 120 km/h<邻线 V_{max}≤160 km/h 时，本线可不下道，但本线必须停止作业。

C. 邻线 V_{max}>160 km/h 时，本线必须下道，距离不小于 200 m。

（4）在站内其他线路作业，躲避本线列车时，下道距离不少于 500 m，与本线相邻的正线来车时，按第（1）项和第（3）项办理，与本线相邻的其他站线来车时可不下道，但必须停止作业。列车进路不明时必须下道避车。

（5）速度小于 120 km/h 区段，瞭望条件大于 2 000 m 以上时，钢轨探伤仪、轨道检查仪作业，邻线来车可不下道。

（6）人员下道避车时应面向列车认真瞭望，防止列车上的抛落、坠落物或绳索伤人。

（7）人员下道避车的同时，必须将作业机具、材料移出线路，并放置、堆码牢固，不得侵入建筑限界；两线间距小于 6.5 m 时不得停留人员和放置机具、材料。

二、其他避车要求

（1）步行上下工时，区间应在路肩或路旁集中走行；在双线区间，应面迎列车方向走行；通过桥梁、道口或横越线路时，应"手比、眼看、口呼"，做到"一停、二看、三通过"，严禁来车时抢越。必须走道心时，应设置专人防护。进路信号辨认不清时，应及时下道避车。

（2）严禁作业人员跳车、钻车、扒车和由车底下、车钩上传递工具材料。休息时不准坐在钢轨、轨枕头及道床边坡上。绕行停留车辆时其距离应不少于 5 m，并注意车辆动态和邻线上驶来的列车。

（3）遇有降雾、暴风雨（雪）、扬沙等恶劣天气影响瞭望时，应停止线上作业和上道检查，必须作业时，应采取特殊安全措施，保证来车之前按规定的距离及时下道。

（4）线路 V_{max}>120 km/h 的区段，巡道、巡守人员应在路肩上行走，并注意察看线路状态。

三、普速铁路和高速铁路并行地段避车要求

（1）普速铁路和高速铁路并行地段，普速铁路作业、进出防护栅栏门必须严格执行高速铁路登销记制度。

（2）普速铁路和高速铁路并行，但未设物理隔离且天窗不同步地段，所有作业必须纳入天窗。普速铁路本线与相邻高速铁路线间距不足 6.5 m 地段，普速铁路作业而相邻高速铁路行车时，相邻高速铁路列车须限速 160 km/h 及以下，相邻高速铁路来车，本线可不下道。作业和避车严禁侵入高速铁路建筑限界。如作业需侵入高速铁路建筑限界，相邻高速铁路也必须同时封锁。

（3）普速铁路与高速铁路垂直天窗相同时段，在设好防护、确认高速铁路无路用列车通过时，可以跨越高速铁路进出，但要制定相应的安全措施，具体办法由铁路局集团公司规定。

四、列车运行图认识

（一）列车运行图的概念

列车运行图是铁路运输组织的基础，是表示列车在铁路区间运行及在车站到发或通过时刻的重要技术文件，如图 1-2-2-1 所示。

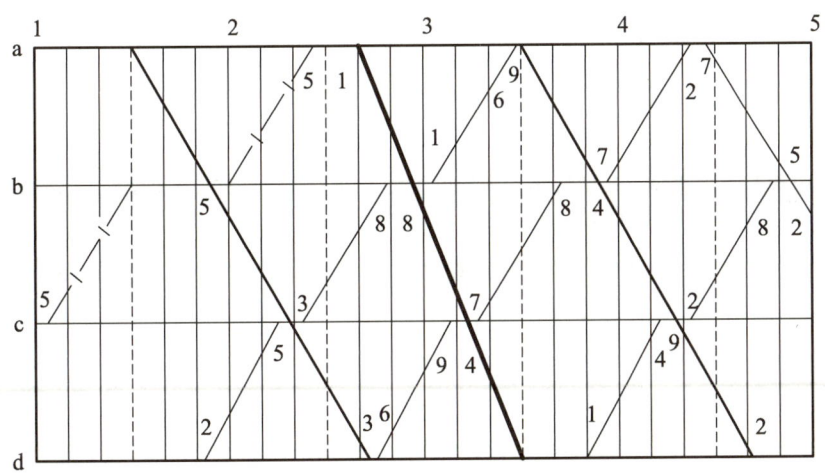

图 1-2-2-1 列车运行图

它规定了各车次列车占用区间的程序、列车在每个车站的到达和出发（或通过）时刻、列车在区间的运行时间、列车在车站的停站时间、机车交路、列车重量和长度等信息。

（二）列车运行图的基本原理

列车运行图采用坐标原理描述列车运行的时间和空间关系。其中，横坐标表示时间，纵坐标表示距离（各分界点或车站），斜线表示列车运行，水平线表示各车站的中心线。

（三）列车运行图的类型

根据时间坐标的不同，列车运行图可分为：2 分格运行图（垂直线每格表示 2 min）、10 分格运行图、小时格运行图。

（四）列车运行图在施工维修中的应用

列车运行图在施工维修中的应用主要有：根据天窗时间安排施工作业，合理利用列车间隔进行维修作业；根据列车运行图预判列车到达时间，制定合理的避车距离和时间。

五、天窗修制度

在铁路运营中，为了保障线路设备的正常维护与修理，同时兼顾列车的正常运行，我们采用了"天窗修"制度。天窗修是指在列车运行图中不铺画列车运行线或调整、抽减列车运行线，为营业线施工、维修作业预留的时间，按用途可分为施工天窗和维修天窗。这是在列车提速、重载、列车间隔密度不断加大的形势下，产生的一种行车设备修理制度。

（1）天窗修制度的重要意义：确保铁路线路、道岔、桥隧、通信信号及接触网等基础设施的正常养护与维修；使铁路设施保持良好的技术状态，实现安全畅通；实现一点多用、平行作业，提高作业效率和质量；保障人身和行车安全。

（2）天窗开设原则：由于线路的运营条件、运输组织、作业经济及作业进度质量等的要求，在线路能力允许和旅客列车开行时间允许的情况下，天窗应尽可能开设在白天，以方便施工人员进行施工，同时可减少相应的设备投资。

在繁忙干线和特殊困难地区实行预留天窗进行作业，利用预留天窗进行施工作业时，应保证行车及施工人员的安全。

在一般线路上，若线路能力富余，则利用列车间隔时间开设天窗进行维修作业。施工组织环节的严密性及连续性是保证天窗的兑现的前提条件。

（3）天窗开设方式：天窗开设方式主要有 V 形和垂直形两大类，其余各类由两者组合演变而来。

V 形天窗是指电气化双线铁路对上下行正线，按供电臂分别进行停电检修的天窗，运输组织方式为一线停电检修而另一线双向行车。其优点是保证列车不间断运行，便于跨线列车运行线的铺画和日常运行的调度调整。其缺点是一线维修一线行车时，对两条线路的作业都会产生干扰，且不能较好地解决渡线检修问题。

垂直形天窗是指在一定时段内，在运行图中安排一个形如矩形的空白段，确保上下行线均停电进行综合维修。其优点是综合维修时不会发生干扰，保证检修作业不受列车运行的影响，维修作业效率和安全度相对较高。其缺点是列车因等候天窗而影响运行，从而降低列车的旅行速度和区间通过能力。

其他组合天窗开设方式有垂直天窗与 V 形天窗混合、区段垂直形天窗组合等等。

采取何种形式的天窗开设方式，要根据具体线路的特点，结合客流组织需要，对各类天窗的适应性条件和实施的可行性进行比较后才能确定。

【技能提升】

根据上述的任务内容，分组讨论不同的施工作业环境该如何进行避车。抽选施工场景，根据讨论合理选择所需设备，完成一次模拟避车。评分标准见表1-2-2-2。

表1-2-2-2　评分标准

序号	实训内容	配分	评分标准	扣分	得分
1	点名，作业人数	10	小组点名，根据考勤情况打分。缺勤个人得分为零。		
2	根据作业场景选择避车方法	90	能正确地选择避车方法，得分为避车准确率×90分基础分，计算结果保留至小数点后两位。		
			合计		

【综合评价】

小组互评表					
分组	评价项目	选项				得分
被评组 ————	操作过程	完全规范（3分）较规范（2分） 规范（1分）不规范（0分）				
	存在问题					
被评组 ————	操作过程	完全规范（3分）较规范（2分） 规范（1分）不规范（0分）				
	存在问题					
被评组 ————	操作过程	完全规范（3分）较规范（2分） 规范（1分）不规范（0分）				
	存在问题					
被评组 ————	操作过程	完全规范（3分）较规范（2分） 规范（1分）不规范（0分）				
	存在问题					
被评组 ————	操作过程	完全规范（3分）较规范（2分） 规范（1分）不规范（0分）				
	存在问题					
本组自评	操作过程	完全规范（3分）较规范（2分） 规范（1分）不规范（0分）				
	存在问题					
	解决措施					
		合计				

个人评价表

评价内容	课堂表现	选项	得分
参与状态	认真倾听老师讲课	认真（2分）一般（1分）不认真（0分）	
	认真倾听同学发言	认真（2分）一般（1分）不认真（0分）	
	大胆表达自己的想法	大胆（2分）一般（1分）不大胆（0分）	
交流状态	积极与同学交流、讨论	积极（2分）一般（1分）不愿意（0分）	
	注意听取同学的方法	认真（2分）一般（1分）不认真（0分）	
	愿意与同学合作解决问题	愿意（2分）一般（1分）不愿意（0分）	
思维状态	用不同的方法解决问题，能独立思考，有创造性	认真（2分）一般（1分）不认真（0分）	
	能对数据及图表进行分析,有条理地说出自己的想法	认真（2分）一般（1分）不认真（0分）	
	解决问题的过程很清楚	认真（2分）一般（1分）不认真（0分）	
实操状态	操作过程是否严谨有序	是（1分）否（0分）	
达成状态	对本任务的知识掌握情况	理解并掌握（2分）初步理解（1分）不明白（0分）	
合计			

教师综合评价表

任务名称：		班级：	
课次：		组别：	

模块	评价内容	配分	得分
知识	作业人员下道避车要求	10	
	普速铁路和高速铁路并行地段避车要求	10	
技能	能根据作业场景合理选择作业避车方式	15	
素质	数据分析能力	3	
	信息检索能力	3	
	综合分析能力	3	
	学习态度	3	
	专注力	3	
	动手能力	3	
	团队合作参与度	3	
	职业素养	3	

本任务综合评分	
前任务综合评分	
同比增值幅度/%	
备注	

榜样力量

人物档案

刘洋，中共党员，中国铁路沈阳局集团有限公司大连供电段大连动力设备车间检修工区工长，曾获火车头奖章、全路技术能手、全路优秀共产党员、沈阳局集团公司"技术状元"、先进生产者标兵等荣誉。

事迹介绍

成功没有捷径，唯有勤学苦练。这不仅是刘洋——中国铁路沈阳局集团有限公司大连供电段大连动力设备车间检修工区工长的深刻体会，也是他从一名业务新手成长为技术精英的真实写照。自踏上工作岗位以来，刘洋始终秉持这一信念，执着钻研，追求业务上的"精益求精"、技术上的"死磕到底"。他将铁道线视为青春的起跑线，将驾驶室当作梦想的启航点，在接触网作业车的操作与维修领域不断追求卓越，最终走出了一条属于自己的"闪光之路"。

接触网作业车，这是一种特殊的"火车"，拥有明亮的黄色车身、数十米长的身躯以及近百吨的质量。在经验丰富的司机操控下，它能够平稳地行驶在铁轨上，于大型作业中扮演着不可或缺的角色。2014年，21岁的刘洋从吉林铁道职业技术学院毕业，加入了吉林供电段，成为一名接触网作业车乘务员。初次见到这庞然大物，刘洋心中充满了好奇与敬畏，他立下了志向，要迅速成长为一名出色的接触网作业车司机，驾驶着它穿梭于长长的铁道线上。

为了实现这个目标，刘洋付出了超乎常人的努力。无数个日夜，他沉浸在书海中，与那些陌生的术语和厚重的专业书籍为伴。每当跟随师傅出车实习时，他都表现得异常专注。回到工区后，他则会对着站场图细致地勾勒作业车的行走路线，标记信号机的位置，一遍又一遍地默记于心。有一次，刘洋在记忆某个复杂站场的路线时遇到了困难，那几天他几乎食不下咽、寝不安席，全身心地投入到对线路特点和规律的思考中，反复练习默画，直到完全掌握为止。那一刻的喜悦难以言表，兴奋的刘洋整晚未眠。

经过长时间的刻苦学习与实践，刘洋将《铁路技术管理规程》《铁路行车组织规则》等重要规章牢记于心，对站场上所有信号机的编号也能倒背如流。2015年，他顺利通过了接触网作业车乘务员的晋级考试，成为同批入职员工中首批晋升的学习司机之一。紧接着，2016年，刘洋再次突破自我，通过了实作考试，正式成为了一名接触网作业车司机。

2017年，刘洋因表现优异被调至大连供电段工作。面对新的环境，他依然保持初心，每天不是泡在学习室中就是忙碌于作业车上，深入了解车辆的工作状态。很快，刘洋便成为了团队中的核心力量。同年，在全路工电系统职业技能大赛中，他凭借扎实的理论基础和精湛的操作技能，取得了单项第七名的成绩。

然而，刘洋并没有满足于此。2019年，他又代表沈阳局集团公司参加了更高层次的职业技能竞赛。为了提高"一口清"的背诵速度，刘洋常常熬夜练习，最终将原本需要四分半的时间缩短至两分半左右。凭借不懈的努力，刘洋在比赛中再次脱颖而出，荣获"技术状元"的美誉。

刘洋的故事告诉我们，无论身处何方，只要怀揣梦想、勇于追梦，通过不懈的努力与坚持，就能够实现自我价值，创造属于自己的辉煌。

精神之光

心心在一艺，其艺必工，心心在一职，其职必举。刘洋就像一根挺拔的劲竹，坚韧扎根、砥砺成长，在奋斗中成就最好的自己。

项目三　线路设备检查

内容概要

不同于其他工程建设，铁路工程线路设备管理具有距离长、耗时长、工作量大、范围广、人员流动大等特点，必须严格细致，特别是在运输管理中，更要高度负责。线路设备出现问题，将导致严重的交通事故，并给人民生命财产造成巨大损失。本项目以钢轨、直线、曲线、道岔、无缝线路检查为主要内容，对铁路工程线路设备的检查进行介绍。

知识目标

（1）掌握钢轨、直线、曲线、道岔、无缝线路检查所使用机具的选用。
（2）掌握钢轨、直线、曲线、道岔、无缝线路检查的作业程序。
（3）掌握钢轨、直线、曲线、道岔、无缝线路检查的规范要求。
（4）掌握钢轨、直线、曲线、道岔、无缝线路检查的数据记录要求。
（5）掌握数据分析方法

能力目标

（1）能熟练掌握钢轨、直线、曲线、道岔、无缝线路检查作业程序。
（2）能够按作业安全要求，小组合作完成钢轨、直线、曲线、道岔、无缝线路检查任务。
（3）能正确填报检查记录表，按规定进行数据分析。

任务一　钢轨检查

钢轨检查方法

【作业认知】

任务描述

钢轨铺设在线路上,飞驰的火车车轮会对钢轨施加动荷载与冲击双重作用。钢轨如有较大的损伤,极易在列车经过时突然折断,造成脱线翻车的严重事故。因此,按规定对钢轨进行定期检查,有针对地做好预防工作,是铁路工务部门的重要工作。

事例助益

2013 年 1 月 14 日 6:46,××线上行××至××南区间 K530+350 m 处钢轨折断。折断钢轨为右股,断缝拉开 18 mm。经检查,钢轨断口为垂直折断,断轨处内侧轨底有一长 40 mm、宽 5 mm、深 1 mm 的机械伤损,轨底角有直径 11 mm 的核伤。断轨地段线路无翻浆、空吊,几何尺寸良好,扣压力符合规定,现场无爬行迹象。初步判断该处钢轨折断因机械伤损诱发轨底角核伤所致,并且近期昼夜温差较大(8:10 实测轨温为 −15 ℃),在列车的冲击下产生脆断。轨底角核伤是钢轨超声波探伤仪检查的盲区,断口处轨底机械伤损,因此,在钢轨探伤作业中,为了能够对钢轨进行更加全面的检查,需要仪器与手工检查相结合,才可以保证探伤作业质量。

课时计划

课时分配见表 1-3-1-1。

表 1-3-1-1　课时分配

序号	任务内容	参考课时 理论	参考课时 实践	参考课时 合计	教学重点
1	手工检查钢轨	2	2	4	手工检查钢轨的基本方法

【理论夯实】

工具准备

手工检查钢轨不但要求有熟练的技术,更重要的是要有高度的责任心,在检查之前,需将检查工具按照要求准备齐全。工具清单见表 1-3-1-2。

表 1-3-1-2　工具清单

序号	名称	单位	数量	用途	附注
1	对讲机	台	3	防护联络	
2	防护信号备品	套	3	作业时防护	
3	短路铜线	根	3	作业时防护	
4	检查锤	个	4	手工检查敲击	锤重 0.7~1.2 kg
5	检查镜子	面	4	手工检查用于反光	
6	伤损记录本	本	1	记录伤损	检查人本人签字
7	伤损资料	本	1	核对伤损有无发展	
8	白铅油、毛笔	瓶/支	1	伤损标记	
9	扳手	把	1	拆装夹板	
10	手电筒	个	1	查看螺栓孔	隧道需另配
11	钢卷尺	个	1	测量尺寸	

注：遇到恶劣天气，须携带火炬 1 根（复线 2 根）、防护员记录本 1 本。

任务内容

一、检测周期和要求

（1）手工钢轨检查工作必须严格执行《手工钢轨检查计划》（月计划）。

（2）遵循全面检查与重点检查相结合、定期检查与不定期检查相结合的原则，以便及时全面发现线路上的伤损钢轨。

二、检测方法

手工检查钢轨方法见表 1-3-1-3。

表 1-3-1-3　手工检查钢轨方法

	检测方法	检测要点
看	看轨面白光带是否扩大	钢轨内部有伤，则轨面白光向外扩大，白光扩大的长度与内部裂纹的长度大致相同，因此，若发现"白光"扩大，须进一步分析有无其他特征，如"白光"扩大处有颚部下垂、颚下透锈等现象可判为伤轨。
	看白光带中有无暗光或黑线	内部有垂直纵向裂纹时，扩大的白光中会出现暗光，裂纹发展至轨面，则表现为黑线。
	看轨头是否肥大	钢轨头部如发生裂纹，则该处轨头必然肥大，轨头肥大几毫米，它的裂纹也宽几毫米。如发现有轨头肥大，而该处轨面又有扩大现象或颚下有锈时，可判为伤轨。

续表

	检测方法	检测要点
看	看轨头是否下垂	轨头垂直纵向裂纹、水平纵向裂纹等伤损严重时，则该处会出现下垂。
	看轨头侧面有无锈线	白光扩大，其中含有黑线，应详查轨侧，如有锈线，则为伤轨。
	看腹部有无鼓包或变形	跪伏在轨道上，如发现腹部存在鼓包和变形，可用小重锤敲击该处，若铁皮剥落，鼓包消失则是重皮，是假鼓包不是内伤。如锤向外弹，证明腹部确有竖裂内伤。哪一面鼓出伤损就靠近哪一面，两面鼓出则伤在中间。一面鼓出，一面凹进是腹部扭曲伤损，该伤损易引起钢轨横向折断，应特别注意。
敲	眼看、耳听、手触法	小锤弹跳 2~3 次，起跳高度 2~3 mm 甚至不跳动，同时发音破浊不清，回音不长或突然终止，则为伤轨。
	砂砾实验法	检查中遇到不易判断的伤损，可将砂砾、硬币等放在踏面上，如果锤击时出现砂砾跳起、硬币掉落等现象，则为伤轨。
	手指感觉法	发现可疑伤轨难以判断时，可将手指放在锤击附近，如感觉到震动且手指感觉发麻时，则为伤轨。
	粉笔实验法	用粉笔涂满可疑轨面，列车经过后如留有痕迹，则为伤轨。
照		用于检查轨缝内钢轨腹部螺孔。检查时可将镜子放在轨底下，从轨缝向上反光；也可将小镜放在胸前迎着阳光借反射光观察轨缝或螺孔是否有裂纹。
卸		用看、敲、照方法检查后，仍不能判断接头处钢轨是否良好时，应卸下螺栓或打开夹板进行检查确认，确认后及时安装好夹板并拧紧螺栓。
钩		由于接头螺栓锈蚀严重，无法卸下，而又无法确认时，可用探伤钩在轨缝、轨腹或端面处缓缓滑动，根据钩尖是否有阻挠作用进行确认。

三、重点检测部位

（1）短轨地段的小腰、接头。
（2）长轨地段的铝焊头，及两侧 200 mm 范围内、站内超期服役钢轨。
（4）几何形状失格的钢轨（如垂、侧磨严重，轨头过薄、过窄）。
（5）道口前后及道口里的钢轨。
（6）锈蚀严重的钢轨。
（7）道岔中的基本轨、尖轨。
（8）钢轨踏面有污垢的钢轨。
（9）可能是探伤死角的钢轨。

【技能提升】

分组完成百米钢轨的检查，严格执行《普速铁路工务安全规则》（TG/GW 101—2014）、《营业线上线作业安全防护管理办法》各项要求，落实有效的防护措施。

【综合评价】

<table>
<tr><td colspan="5" align="center">小组互评表</td></tr>
<tr><td>分组</td><td>评价项目</td><td colspan="2" align="center">选项</td><td>得分</td></tr>
<tr><td rowspan="2">被评组
_____</td><td>操作过程</td><td colspan="2">完全规范（3分）较规范（2分）规范（1分）不规范（0分）</td><td></td></tr>
<tr><td>存在问题</td><td colspan="2"></td><td></td></tr>
<tr><td rowspan="2">被评组
_____</td><td>操作过程</td><td colspan="2">完全规范（3分）较规范（2分）规范（1分）不规范（0分）</td><td></td></tr>
<tr><td>存在问题</td><td colspan="2"></td><td></td></tr>
<tr><td rowspan="2">被评组
_____</td><td>操作过程</td><td colspan="2">完全规范（3分）较规范（2分）规范（1分）不规范（0分）</td><td></td></tr>
<tr><td>存在问题</td><td colspan="2"></td><td></td></tr>
<tr><td rowspan="2">被评组
_____</td><td>操作过程</td><td colspan="2">完全规范（3分）较规范（2分）规范（1分）不规范（0分）</td><td></td></tr>
<tr><td>存在问题</td><td colspan="2"></td><td></td></tr>
<tr><td rowspan="2">被评组
_____</td><td>操作过程</td><td colspan="2">完全规范（3分）较规范（2分）规范（1分）不规范（0分）</td><td></td></tr>
<tr><td>存在问题</td><td colspan="2"></td><td></td></tr>
<tr><td rowspan="3">本组自评</td><td>操作过程</td><td colspan="2">完全规范（3分）较规范（2分）规范（1分）不规范（0分）</td><td></td></tr>
<tr><td>存在问题</td><td colspan="2"></td><td></td></tr>
<tr><td>解决措施</td><td colspan="2"></td><td></td></tr>
<tr><td colspan="4" align="center">合计</td><td></td></tr>
</table>

<table>
<tr><td colspan="4" align="center">个人评价表</td></tr>
<tr><td>评价内容</td><td>课堂表现</td><td>选项</td><td>得分</td></tr>
<tr><td rowspan="3">参与状态</td><td>认真倾听老师讲课</td><td>认真（2分）一般（1分）不认真（0分）</td><td></td></tr>
<tr><td>认真倾听同学发言</td><td>认真（2分）一般（1分）不认真（0分）</td><td></td></tr>
<tr><td>大胆表达自己的想法</td><td>大胆（2分）一般（1分）不大胆（0分）</td><td></td></tr>
<tr><td rowspan="3">交流状态</td><td>积极与同学交流、讨论</td><td>积极（2分）一般（1分）不愿意（0分）</td><td></td></tr>
<tr><td>注意听取同学的方法</td><td>认真（2分）一般（1分）不认真（0分）</td><td></td></tr>
<tr><td>愿意与同学合作解决问题</td><td>愿意（2分）一般（1分）不愿意（0分）</td><td></td></tr>
<tr><td rowspan="3">思维状态</td><td>用不同的方法解决问题，能独立思考，有创造性</td><td>认真（2分）一般（1分）不认真（0分）</td><td></td></tr>
<tr><td>能对数据及图表进行分析，有条理地说出自己的想法</td><td>认真（2分）一般（1分）不认真（0分）</td><td></td></tr>
<tr><td>解决问题的过程很清楚</td><td>认真（2分）一般（1分）不认真（0分）</td><td></td></tr>
<tr><td>实操状态</td><td>操作过程是否严谨有序</td><td>是（1分）否（0分）</td><td></td></tr>
<tr><td>达成状态</td><td>对本任务的知识掌握情况</td><td>理解并掌握（2分）初步理解（1分）不明白（0分）</td><td></td></tr>
<tr><td colspan="3" align="center">合计</td><td></td></tr>
</table>

教师综合评价表

任务名称：		班级：	
课次：		组别：	
模块	评价内容	配分	得分
知识	手工检查钢轨的基本方法	10	
	手工检查钢轨的工具选用	10	
	钢轨的常见病害	10	
技能	准备工作	15	
	现场作业	15	
	验收总结	15	
素质	数据分析能力	3	
	信息检索能力	3	
	综合分析能力	3	
	学习态度	3	
	专注力	3	
	动手能力	3	
	团队合作参与度	3	
	职业素养	3	
本任务综合评分			
前任务综合评分			
同比增值幅度/%			
备注			

【知识拓展】

一、钢轨伤损标记

钢轨伤损标记见表1-3-1-4。

表1-3-1-4 钢轨伤损标记[《普速铁路线路修理规则》(TG/GW 102—2019)]

伤损种类	伤损范围及标记		说　　明
	连续伤损	一点伤损	
轻伤	|←△→|	↑△	用白色油漆作标记
重伤	|←△△△→|	↑△△△	用白色油漆作标记

二、钢轨伤损标准

钢轨伤损按程度分为轻伤、重伤和折断三类。

（一）钢轨轻伤和重伤标准

钢轨轻伤和重伤标准见表 1-3-1-5、表 1-3-1-6 和表 1-3-1-7。探伤人员、线路（检查）工长认为钢轨有伤损时，也可判为轻伤或重伤。

表 1-3-1-5 钢轨轻伤和重伤标准 [《普速铁路线路修理规则》（TG/GW 102—2019）]

伤损项目	轻伤 $V_{max}>$ 160 km/h	轻伤 160 km/h $\geq V_{max}$ >120 km/h	轻伤 $V_{max}\leq$ 120 km/h	重伤 $V_{max}>$ 160 km/h	重伤 160 km/h $\geq V_{max}$ >120 km/h	重伤 $V_{max}\leq$ 120 km/h	备注
钢轨头部磨耗	磨耗量超过表 1-3-1-6 所列限度之一者			磨耗量超过表 1-3-1-7 所列限度之一者			
轨端或轨顶面剥落掉块	长度超过 15 mm 且深度超过 3 mm	长度超过 15 mm 且深度超过 3 mm	长度超过 15 mm 且深度超过 4 mm	长度超过 25 mm 且深度超过 3 mm	长度超过 25 mm 且深度超过 3 mm	长度超过 30 mm 且深度超过 8 mm	
钢轨顶面擦伤	深度超过 0.5 mm	深度超过 0.5 mm	深度超过 1 mm	深度超过 1 mm	深度超过 1 mm	深度超过 2 mm	
钢轨低头	超过 1 mm	超过 1.5 mm	超过 3 mm	超过 1.5 mm	超过 2.5 mm	超过 3.5 mm	用 1 m 直尺测量最低矢度，包括轨端轨顶面压伤和磨耗在内
波浪形磨耗	谷深超过 0.3 mm	谷深超过 0.3 mm	谷深超过 0.5 mm	—	—	—	
钢轨表面裂纹	—	—	—	有	有	有	包括螺孔裂纹、轨头下颚水平裂纹（透锈）、轨腰水平裂纹、轨头纵向裂纹、轨底裂纹等（不含轮轨接触疲劳引起轨顶面表面或近表面的鱼鳞裂纹）
钢轨内部裂纹	—	—	—	有	有	有	包括核伤（黑核、白核）、钢轨纵向裂纹等
钢轨变形	—	—	—	有	有	有	轨头扩大、轨腰扭曲或鼓包等，经判断确认内部有暗裂
钢轨锈蚀	—	—	—	经除锈后，轨底厚度不足 8 mm 或轨腰厚度不足 14 mm	经除锈后，轨底厚度不足 5 mm 或轨腰厚度不足 8 mm		

表 1-3-1-6　钢轨头部磨耗轻伤标准 [《普速铁路线路修理规则》(TG/GW 102—2019)]

钢轨/ (kg/m)	总磨耗/mm $V_{max}>$160 km/h 正线	总磨耗/mm 160 km/h $\geq V_{max}$ >120 km/h 正线	总磨耗/mm $V_{max}\leq$ 120 km/h 正线及到发线	总磨耗/mm 其他站线	垂直磨耗/mm $V_{max}>$160 km/h 正线	垂直磨耗/mm 160 km/h $\geq V_{max}$ >120 km/h 正线	垂直磨耗/mm $V_{max}\leq$ 120 km/h 正线及到发线	垂直磨耗/mm 其他站线	侧面磨耗/mm $V_{max}>$160 km/h 正线	侧面磨耗/mm 160 km/h $\geq V_{max}$ >120 km/h 正线	侧面磨耗/mm $V_{max}\leq$ 120 km/h 正线及到发线	侧面磨耗/mm 其他站线
75	9	12	16	18	8	9	10	11	10	12	16	18
75 以下～60	9	12	14	16	8	9	9	10	10	12	14	16
60 以下～50	—	—	12	14	—	—	8	9	—	—	12	14
50 以下～43	—	—	10	12	—	—	7	8	—	—	10	12
43 以下	—	—	9	10	—	—	7	7	—	—	9	11

注：① 总磨耗 = 垂直磨耗 + 1/2 侧面磨耗。
② 垂直磨耗在钢轨顶面宽 1/3 处（距标准工作边）测量。
③ 侧面磨耗在钢轨踏面（按标准断面）下 16 mm 处测量。

表 1-3-1-7　钢轨头部磨耗重伤标准 [《普速铁路线路修理规则》(TG/GW 102—2019)]

钢轨/(kg/m)	垂直磨耗/mm $V_{max}>$160 km/h 正线	垂直磨耗/mm 160 km/h $\geq V_{max}$>120 km/h 正线	垂直磨耗/mm $V_{max}\leq$120 km/h 正线、到发线及其他站线	侧面磨耗/mm $V_{max}>$160 km/h 正线	侧面磨耗/mm 160 km/h $\geq V_{max}$>120 km/h 正线	侧面磨耗/mm $V_{max}\leq$120 km/h 正线、到发线及其他站线
75	10	11	12	12	16	21
75 以下～60	10	11	11	12	16	19
60 以下～50	—	—	10	—	—	17
50 以下～43	—	—	9	—	—	15
43 以下	—	—	8	—	—	13

（二）钢轨折断标准

钢轨折断是指发生下列情况之一者：
（1）钢轨全截面断裂。
（2）裂纹贯通整个轨头截面。
（3）裂纹贯通整个轨底截面。
（4）允许速度不大于 160 km/h 区段钢轨顶面上有长度大于 50 mm 且深度大于 10 mm 的掉块，允许速度大于 160 km/h 区段钢轨顶面上有长度大于 30 mm 且深度大于 5 mm 的掉块。

普通线路和无缝线路缓冲区的重伤和折断钢轨应及时更换。换下的重伤和折断钢轨应有明显的标记，防止再用。无缝线路钢轨重伤和折断，应按《普速铁路线路修理规则》(TG/GW 102—2019) 第 4.8.10 条的规定处理。

任务二 直线线路检查

【作业认知】

任务描述

作业人员要掌握轨道几何尺寸检查的步骤和方法，能够熟练地进行轨道几何尺寸的检查，从而获得线路设备状态信息，并掌握线路设备状态变化规律，为编制线路作业计划、分析设备病害提供依据。

直线线路静态检查要点

钢轨伤损状态描述

三角坑概念及判断

事例助益

"7·28"××局货物列车脱轨一般 A 类事故。7 月 28 日 14 时 30 分，10102 次货运列车运行至××局××上行××岭至××站间 K375+411 处，由于线路存在多处几何尺寸严重超限，多处钢轨掉块，且大机清筛后设备检查不到位，超限处所整修不及时，线路质量存在严重缺陷，导致尾部一辆罐车脱轨，脱轨车辆侵入下行线限界，与下行线交会的 X297 次列车发生侧面冲突，中断下行线 5 h 24 min、上行线 9 h 12 min。

课时计划

课时分配见表 1-3-2-1。

表 1-3-2-1　课时分配

序号	任务内容	参考课时			教学重点
		理论	实践	合计	
1	线路静态检查	1	1	2	直线线路几何尺寸检查

【理论夯实】

工具准备

驻站防护员、工地防护员与关门防护员准备通信工具，道尺，弦线（10 m 弦线、20 m 弦线和 40 m 弦线），直尺，钢卷尺，毛笔，石笔，油漆，踏尺，记录本等作业工具。

任务内容

一、作业流程

点名与分工—安全预想—工机具检查—设置防护。

二、检查周期

正线混凝土枕道岔、混凝土枕或明桥面调节器轨道结构及几何状态每月检查不少于 1 次，正线木枕道岔、有砟木枕调节器轨道结构及几何状态每月检查不少于 2 次。

三、线路静态检查

检查设备时，$V \leqslant 160$ km/h 的线路区段可在天窗点外作业，必须按规定设置好防护，来车时要及时下道；160 km/h$<V \leqslant 200$ km/h 的线路区段必须纳入天窗点内作业。防护人员 2 人，作业人员不少于 1 人；夜间作业不少于 3 人/组。直线线路静态检查要点见表 1-3-2-2。

表 1-3-2-2　直线线路静态检查要点

检查项目	检查要领	检查位置	备注
轨距	道尺必须与钢轨垂直，固定端紧靠一股钢轨内侧，另一端稍做移动，取最小读数。	每节钢轨长 12.5 m 及以下的线路，在接头和大腰处各检查一处；每节钢轨长 25 m 的线路，检查 4 处，即接头处、大小腰处；无缝线路长钢轨每公里检查 160 处。	万能轨距尺的轨距测量值应标准，水平正反两方向偏差不得大于 1 mm 且绝缘良好。
左右水平	先确定基准轨：直线区段取里程增大的左股；曲线地段取内股。读数时手应该离开握把，以减少误差。		
前后高低	在大腰处俯身目视找出不良处所，然后用弦线检查量值。	由工长全面目测，凭经验判断是否超过临时补修的容许偏差，再用弦线确定。	在检查高低时，要考虑弦线挠度，检查低时加 1 mm，检查高时减 1 mm。
轨向	跨一股钢轨俯身目视找出方向不良位置，然后用弦线检查量值。		

四、记录与分析

1. 记录簿填写

设备检查必须形成记录，要保证所记清晰整洁，不得在原有字迹上进行涂改，并严格按照下列格式将检测数据逐项检查填写至表 1-3-2-3 线路检查记录簿。

（1）轨距：记录实测值与标准值（1 435 mm）的差值。"+"、"-"表示轨距偏大或偏小（"+"可省略）。

（2）左右水平：基准轨高时为"+"、基准轨低时为"-"。

（3）轨向：不用记录"+"、"-"。

（4）前后高低：高为"+"、低为"-"。

（5）普通线路爬行量：

① 单线：向里程增大处爬行为"+"，反之为"-"。

② 双线：向行车运行方向爬行为"+"，反之为"-"。

表 1-3-2-3　线路检查记录簿（速度为 160 km/h，正线）

正线___km 至___km　　____站线　　____股道　曲线半径____　超高____　顺坡率____

检查日期	检查项目	钢轨编号							
		1		2		3		4	
		接头	中间	接头	中间	接头	中间	接头	中间
×年×月	轨距	1	0	0	4	7	4	0	−2
	水平	2	−1	−3	+1	−3	−2	+1	0
	轨向、高低及其他	1 号钢轨左股高低 −10 mm；3 号钢轨右股大腰轨向 12 mm，爬行量 +××mm							
	临时补修内容								
×年×月	轨距								
	水平								
	轨向、高低及其他								
	临时补修内容								

注：设备检查时，下列设备应在相应的轨号处用符号标明：
① 道口 "D"；② 绝缘接头 "I"；③ 异形接头 "Y"；④ 保安器 "P"；⑤ 曲线：直缓 "ZH"、缓圆 "HY"、圆缓 "YH"、缓直 "HZ"、直圆 "ZY"、圆直 "YZ"、桥头桥尾 "QTQW"；⑥ 渡线按照设备图编号填写；
⑦ 直线与曲线连接处基准数发生变化时 "B"。

2. 数据分析

（1）进行轨距、水平、三角坑分析时，要严格对照《普速铁路线路修理规则》TG/GW 102—2019 第 6.2.2 条判断其是否超限。

（2）轨距、左右水平误差超限处应在相应点号下注明（右下角画 "×"）；三角坑与水平同时超限时，则只分析三角坑。相邻点和隔点三角坑同时超限时，只分析较大的值，同一数据不得重复使用，三角坑超限，在两水平之间画 "]"。

【技能提升】

分组完成百米直线线路几何尺寸检查，并填写表 1-3-2-4，严格执行《普速铁路工务安全规则》(TG/GW 101—2014)、《营业线上线作业安全防护管理办法》各项要求，落实有效的防护措施。

表 1-3-2-4　线路检查记录簿

正线　　　　至　　　　站线　　　　股道　　　　曲线半径　　　　超高　　　　顺坡率

检查日期	检查项目	钢轨编号							
^	^	1		2		3		4	
^	^	接头	中间	接头	中间	接头	中间	接头	中间
×年×月	轨距								
^	水平								
^	轨向、高低及其他								
^	临时补修内容								
×年×月	轨距								
^	水平								
^	轨向、高低及其他								
^	临时补修内容								

【综合评价】

小组互评表				
分组	评价项目	选项		得分
被评组_____	操作过程	完全规范（3分）较规范（2分）规范（1分）不规范（0分）		
^	存在问题			
被评组_____	操作过程	完全规范（3分）较规范（2分）规范（1分）不规范（0分）		
^	存在问题			
被评组_____	操作过程	完全规范（3分）较规范（2分）规范（1分）不规范（0分）		
^	存在问题			
被评组_____	操作过程	完全规范（3分）较规范（2分）规范（1分）不规范（0分）		
^	存在问题			
被评组_____	操作过程	完全规范（3分）较规范（2分）规范（1分）不规范（0分）		
^	存在问题			
本组自评	操作过程	完全规范（3分）较规范（2分）规范（1分）不规范（0分）		
^	存在问题			
^	解决措施			
合计				

个人评价表

评价内容	课堂表现	选项	得分
参与状态	认真倾听老师讲课	认真（2分）一般（1分）不认真（0分）	
参与状态	认真倾听同学发言	认真（2分）一般（1分）不认真（0分）	
参与状态	大胆表达自己的想法	大胆（2分）一般（1分）不大胆（0分）	
交流状态	积极与同学交流、讨论	积极（2分）一般（1分）不愿意（0分）	
交流状态	注意听取同学的方法	认真（2分）一般（1分）不认真（0分）	
交流状态	愿意与同学合作解决问题	愿意（2分）一般（1分）不愿意（0分）	
思维状态	用不同的方法解决问题，能独立思考，有创造性	认真（2分）一般（1分）不认真（0分）	
思维状态	能对数据及图表进行分析，有条理地说出自己的想法	认真（2分）一般（1分）不认真（0分）	
思维状态	解决问题的过程很清楚	认真（2分）一般（1分）不认真（0分）	
实操状态	操作过程是否严谨有序	是（1分）否（0分）	
达成状态	对本任务的知识掌握情况	理解并掌握（2分）初步理解（1分）不明白（0分）	
合计			

教师综合评价表

任务名称：		班级：	
课次：		组别：	

模块	评价内容	配分	得分
知识	轨道的几何形位认知	10	
知识	直线线路静态检查项目	10	
知识	直线线路静态检查周期	10	
技能	准备工作	15	
技能	现场作业	15	
技能	验收总结	15	
素质	数据分析能力	3	
素质	信息检索能力	3	
素质	综合分析能力	3	
素质	学习态度	3	
素质	专注力	3	
素质	动手能力	3	
素质	团队合作参与度	3	
素质	职业素养	3	

本任务综合评分	
前任务综合评分	
同比增值幅度/%	
备注	

【知识拓展】

一、线路轨道静态几何不平顺容许偏差管理值

见附录二表1、附录二表2。

二、直线线路检测内容

（1）轨距——两股钢轨之间的水平距离，其检查位置如图1-3-2-1。

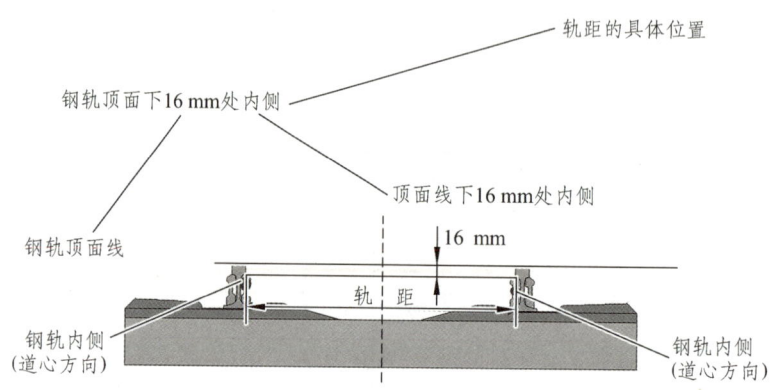

图1-3-2-1　轨距检查位置示意图

（2）水平——两股钢轨顶面的高低差，其检查位置如图1-3-2-2。

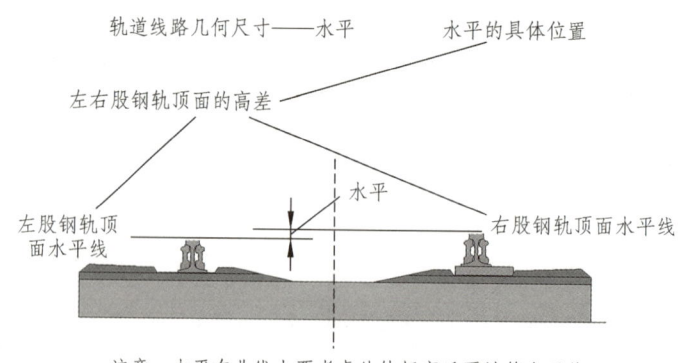

图1-3-2-2　水平检查位置示意图

（3）方向——钢轨在直线地段的直度或在曲线地段的圆顺度，其检查方法如图1-3-2-3。

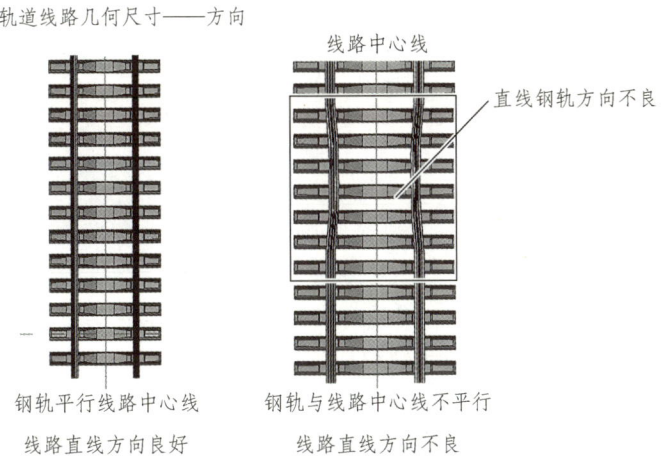

图 1-3-2-3　方向检查示意图

（4）高低——单股钢轨顶面的高低差；一般用 20 m 的弦线在钢轨顶面顺着前进方向套拉 10 m 的测点进行数据测量，若测点钢轨凸出时，需加木块进行测量。其检查方法如图 1-3-2-4。

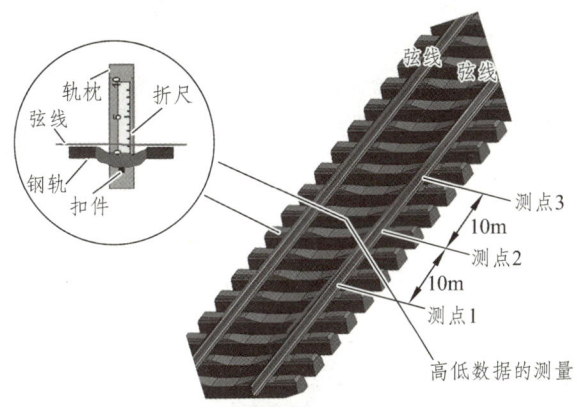

图 1-3-2-4　高低检查示意图

（5）轨底坡——钢轨底设置的向内侧倾斜的坡度，如图 1-3-2-5。

轨底坡是钢轨放置时轨底面上形成的斜坡，一般在预制混凝土轨枕时直接做在承轨槽上，斜坡坡度为 1∶40。

轨底坡是为了抵抗列车轮对锥面对钢轨产生的向外的推力，使列车轴重对钢轨面的压力与钢轨面对轮对的支持力在一条直线上。

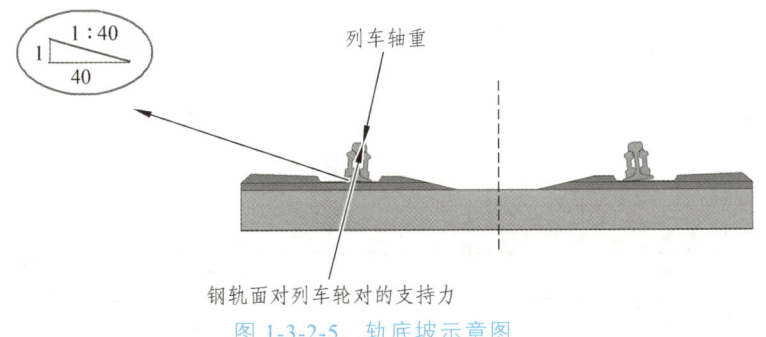

图 1-3-2-5　轨底坡示意图

任务三　曲线检查

曲线检测方法

【作业认知】

任务描述

在我国铁路上，曲线占很大比重，同时曲线又是线路薄弱环节之一。列车在曲线上行驶，由于轨道迫使车体转向，机车车辆对于轨道的冲击和磨损要远大于直线线路。不良的曲线方向又会加剧列车的摇摆，增大对轨道的破坏力，形成恶性循环。因此加强曲线养护维修管理，提高曲线的质量，对保证行车安全平稳、延长曲线轨道使用寿命具有重要的意义。

事例助益

"8.7"××集团列车脱轨较大事故。8月7日13时02分，××（集团）公司××线48617次货运列车运行至A站至B站间，由于线路日常养护严重不到位，扣件不密贴率达64%，最大离缝4 mm，轨距超线路临时补修允许标准，正矢超经常保养标准，钢轨侧磨达重伤标准，曲线不圆顺，线路框架强度不足，导致机后第14辆车辆左侧车轮漏轨，右轮挤压致使钢轨侧翻，造成机后14～28车辆脱轨颠覆，中断行车23 h。

课时计划

课时分配见表1-3-3-1。

表1-3-3-1　课时分配

序号	任务内容	参考课时			教学重点
		理论	实践	合计	
1	曲线线路正矢检查	1	1	2	曲线正矢检查方法和步骤

【理论夯实】

工具准备

工具清单见表1-3-3-2。

表1-3-3-2　工具清单

序号	名称	单位	数量	用途	附注
1	检查记录本	本	1	记录	
2	道尺	把	1	测量轨距、水平	
3	钢尺	个	1	测量尺寸	
4	木折尺	个	1	测量尺寸	
5	曲线正矢盒	个	2	测量正矢	20 m、10 m弦线

任务内容

一、测量周期

正线、到发线、客车进路曲线及岔后连接曲线正矢检查每季度不少于 1 次,其他线路曲线正矢检查每 6 个月不少于 1 次。

二、检测方法

检测方法见表 1-3-3-3。

表 1-3-3-3　检测方法

项目	检测要点
正矢	曲线两端直线轨向不良,应事先拨正;两曲线间直线段较短时,可与两曲线同时拨正。
	在外股钢轨上用钢尺丈量,每 10 m 设置 1 个测点(曲线头尾是否在测点上不限)。
	在风力较小条件下,拉绳测量每个测点的正矢,测量 3 次,取其平均值。
	弦线两端位置和量尺位置必须正确,有肥边应在肥边处测量,肥边大于 2 mm 应铲除。
	测量时,尺在下,弦在上,读数时视线、弦线量尺应保持垂直。
付矢	付矢点在两正矢测点中间处。
	沿曲线点号增加方向测量曲线时,同一弦先量测正矢,再量测点前方付矢。
	沿曲线点号减小方向测量曲线时,同一弦先量测点后方付矢,再量测正矢。
测量方法	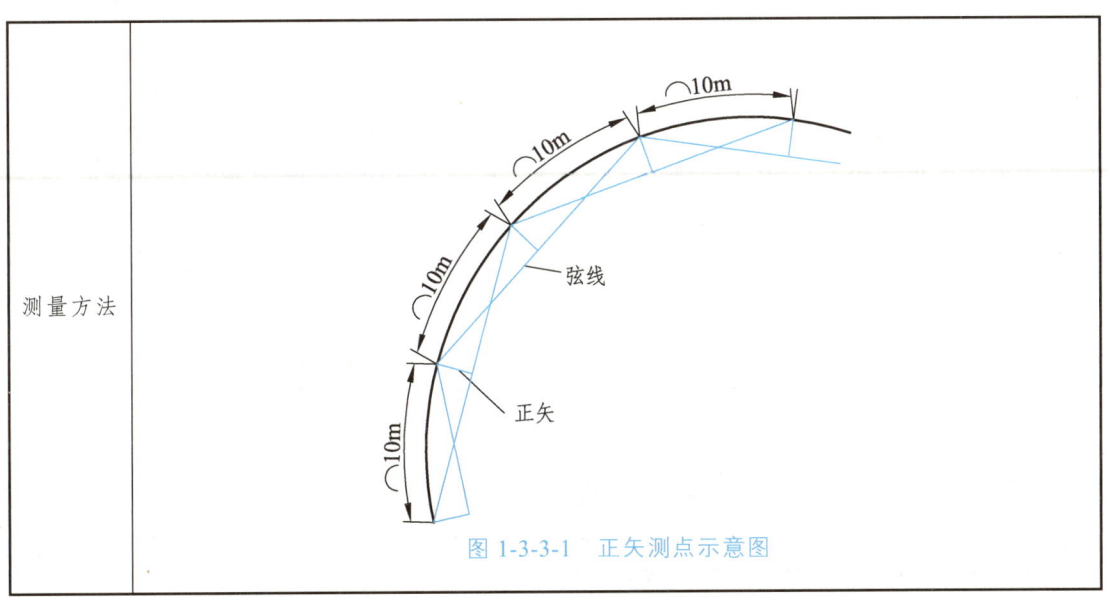 图 1-3-3-1　正矢测点示意图

| 测量方法 | 
图 1-3-3-2　正矢读数示意图 |

三、曲线标记

表 1-3-3-4　曲线标记

标记内容	标记位置	备注
曲线要素	曲线头尾挥着 HY、YH 附近外股钢轨内侧轨腰或轨枕。	
超高	内股钢轨内侧轨腰。	红底白字
轨距加宽（含顺坡）值		
正矢点	钢轨外侧非工作边；编号印在钢轨外侧轨腰上。	用白红两个边对应的等边三角形（15 mm）。
正矢点位置	曲线外股钢轨轨头外侧，并在轨腹内侧涂红底（曲线涂油则可在轨腹外侧），写白字。	正矢用 F 表示，如 $F_2=20$，圆曲线只写点号，不写数值，但与缓圆点及圆缓点相邻两点的计算正矢必须标明；付矢不标点号，用小写字母 f 表示，如 $f=4$。
付矢点位置		

四、记录填写

1. 填写要求

（1）曲线正矢与付矢填写实测量值。

（2）正线曲线与其他线路曲线检查应分开记录。

（3）缓和曲线的设计正（付）矢必须填全。

（4）圆曲线正矢点在三点及以下时，计算正矢应填全。

（5）圆曲线正矢点在三点以上时，只填写头尾第一个达到圆曲线计算正矢测点的正矢，圆曲线内其他点的计算正矢则不用写。

（6）若缓和曲线计算正矢和实测正矢之差超限，则在其超限点右下角画"×"。

（7）若圆曲线正矢连续差超限，则在超限两点间用"]"相连。

（8）若圆曲线最大与最小正矢差值超限，则在对应点下面画一条横线。

2. 记录单（表1-3-3-5）

表1-3-3-5 ××曲线检查记录（示例）

曲线位置：K4+100.124～K4+217.386　　　　　　曲线半径：1 000 m

直缓点位置：0号测点+5.624 m　　缓和曲线长：30 m　　曲线全长：217.262 m

缓直点位置：22号测点+2.866 m

测点号	计算正矢	年 月 日			年 月 日			备注
		现场正矢	拨道量	拨后正矢	现场正矢	拨道量	拨后正矢	
1	3	4			4			ZH
2	15	20 ×			16			
3	32	32			32			
4	47	47			46			HY
5	50	46]			47			
6	50	54]			51			
7	50	50			58			
……	……	……			……			

五、数据分析

（1）缓和曲线正（付）矢按实测正（付）矢与计划正（付）矢的偏差进行分析。

（2）圆曲线正矢分别对相邻点正矢连续差和圆曲线范围内最大、最小正矢值进行分析。

（3）无缓和曲线的单圆曲线头尾过渡段正矢按实测正矢和计算正矢偏差进行分析，执行对应半径的缓和曲线偏差标准。

【技能提升】

分组完曲线线路正矢检查，并填写表1-3-3-6，严格执行《普速铁路工务安全规则》（TG/GW 101—2014）、《营业线上线作业安全防护管理办法》各项要求，落实有效的防护措施。

表 1-3-3-6　××曲线检查记录

曲线位置：　　　　　　　　　　　　　　　　　　　　　曲线半径：
直缓点位置：　　　　　　　缓和曲线长：　　　　　　　　曲线全长：
缓直点位置：

测点号	计算正矢	年　月　日			年　月　日			备注
		现场正矢	拨道量	拨后正矢	现场正矢	拨道量	拨后正矢	

【综合评价】

小组互评表			
分组	评价项目	选项	得分
被评组_____	操作过程	完全规范（3分）较规范（2分）规范（1分）不规范（0分）	
	存在问题		
被评组_____	操作过程	完全规范（3分）较规范（2分）规范（1分）不规范（0分）	
	存在问题		
被评组_____	操作过程	完全规范（3分）较规范（2分）规范（1分）不规范（0分）	
	存在问题		
被评组_____	操作过程	完全规范（3分）较规范（2分）规范（1分）不规范（0分）	
	存在问题		
被评组_____	操作过程	完全规范（3分）较规范（2分）规范（1分）不规范（0分）	
	存在问题		
本组自评	操作过程	完全规范（3分）较规范（2分）规范（1分）不规范（0分）	
	存在问题		
	解决措施		
合计			

个人评价表

评价内容	课堂表现	选项	得分
参与状态	认真倾听老师讲课	认真（2分）一般（1分）不认真（0分）	
参与状态	认真倾听同学发言	认真（2分）一般（1分）不认真（0分）	
参与状态	大胆表达自己的想法	大胆（2分）一般（1分）不大胆（0分）	
交流状态	积极与同学交流、讨论	积极（2分）一般（1分）不愿意（0分）	
交流状态	注意听取同学的方法	认真（2分）一般（1分）不认真（0分）	
交流状态	愿意与同学合作解决问题	愿意（2分）一般（1分）不愿意（0分）	
思维状态	用不同的方法解决问题，能独立思考，有创造性	认真（2分）一般（1分）不认真（0分）	
思维状态	能对数据及图表进行分析，有条理地说出自己的想法	认真（2分）一般（1分）不认真（0分）	
思维状态	解决问题的过程很清楚	认真（2分）一般（1分）不认真（0分）	
实操状态	操作过程是否严谨有序	是（1分）否（0分）	
达成状态	对本任务的知识掌握情况	理解并掌握（2分）初步理解（1分）不明白（0分）	
合计			

教师综合评价表

任务名称：		班级：	
课次：		组别：	

模块	评价内容	配分	得分
知识	曲线要素	10	
知识	曲线检测周期	10	
知识	曲线检查-绳正法认知	10	
技能	准备工作	15	
技能	现场作业	15	
技能	验收总结	15	
素质	数据分析能力	3	
素质	信息检索能力	3	
素质	综合分析能力	3	
素质	学习态度	3	
素质	专注力	3	
素质	动手能力	3	
素质	团队合作参与度	3	
素质	职业素养	3	

本任务综合评分	
前任务综合评分	
同比增值幅度/%	
备注	

【知识拓展】

一、正矢布设方法

铁路曲线的缓和曲线长度一般为 10 m 的整倍数，但圆曲线一般不是 10 m 的整倍数。为了提高养护曲线的精度、便于计算以及方便现场对曲线拉绳测量，曲线正矢点按照曲线全长向上规整为 10 m 的整倍数对曲线的正矢点进行分中布设；对于缓和曲线不等长的曲线，应先对圆曲线正矢点进行分中布设，确保曲中位置正确。例如：曲线理论全长为 542.135 m，长度规整为 550 m。

二、现场正矢

通常采用绳正法检查曲线方向，将弦线两端放在测点上，拉紧并紧贴外股钢轨头部内侧轨面下 16 mm 处，在中间测点处量取弦线至钢轨的距离，即为该测点的现场正矢。

三、曲线正矢量容许偏差

（1）曲线应保持要素准确及圆顺，用 20 m 弦测量，曲线正矢作业验收容许偏差管理值如表 1-3-3-7 的规定，曲线正矢日常保持容许偏差管理值如表 1-3-3-8 的规定。

表 1-3-3-7　曲线正矢作业验收容许偏差管理值［《普速铁路线路修理规则》（TG/GW 102—2019）］

曲线半径 R /m		缓和曲线的正矢与计算正矢差/mm	圆曲线正矢连续差/mm	圆曲线正矢最大最小值差/mm
$R \leqslant 250$		6	12	18
$250 < R \leqslant 350$		5	10	15
$350 < R \leqslant 450$		4	8	12
$450 < R \leqslant 800$		3	6	9
$R > 800$	$V_{max} \leqslant 120$ km/h	3	6	9
	$V_{max} > 120$ km/h	2	4	6

注：曲线正矢用 20 m 弦在钢轨踏面下 16 mm 处测量。

表 1-3-3-8　曲线正矢日常保持容许偏差管理值［《普速铁路线路修理规则》（TG/GW 102—2019）］

曲线半径 R /m	缓和曲线的正矢与计算正矢差 /mm		圆曲线正矢连续差 /mm		圆曲线正矢最大最小值差 /mm	
	正线及到发线	其他站线	正线及到发线	其他站线	正线及到发线	其他站线
$R \leq 250$	7	8	14	16	21	24
$250 < R \leq 350$	6	7	12	14	18	21
$350 < R \leq 450$	5	6	10	12	15	18
$450 < R \leq 800$	4	5	8	10	12	15
$R > 800$	3	4	6	8	9	12

注：专用线按其他站线办理。

（2）在复曲线的大小半径连接处，正矢与计算正矢的容许差，按大半径曲线的缓和曲线规定办理，缓和曲线与直线连接处不得有反弯或"鹅头"。

（3）现场曲线的始终点、缓和曲线长度、曲线全长、曲线半径、实设超高均应与设备图表保持一致。

任务四　道岔检查

【作业认知】

任务描述

道岔是一种使机车车辆从一股道转入另一股道的线路连接设备，也是轨道的薄弱环节之一，通常在车站、编组站大量铺设。为了保证列车安全、平稳和不间断运行，必须通过检查全面掌握道岔设备现状，制订整治计划，及时消灭设备病害。

混凝土枕钢轨 12 号单开道岔检查内容及操作要点

事例助益

"7·14"广铁集团公司列车脱轨一般 A 类事故。7 月 14 日 7 时 24 分，广铁集团沪昆线 K492 次客运列车运行至辰溪站 2 号道岔处，机后第 7 辆餐车脱轨。事故初步调查发现岔后接头夹板松脱，养护维修存在问题。

课时计划

课时分配见表 1-3-4-1。

表 1-3-4-1　课时分配

序号	任务内容	参考课时 理论	参考课时 实践	参考课时 合计	教学重点
1	线路静态检查	1	1	2	60 kg/m 的 12 号混凝土枕单开道岔检查

【理论夯实】

工具准备

轨距尺、支距尺、木折尺、螺丝刀、塞尺、钢卷尺、石笔、弦线绳（盒）、钢板尺、检查锤、道岔检查记录本、记录笔。

任务内容

一、检查周期

正线混凝土枕道岔、混凝土枕或明桥面调节器轨道结构及几何状态每月检查不少于 1 次，正线木枕道岔、有砟木枕调节器轨道结构及几何状态每月检查不少于 2 次。其中到发线、客车进路道岔检查比照正线道岔检查周期，具体由铁路局集团公司规定。

二、检查方法

一般作业人数不少于 5 人，带班 1 人，负责全面检查并确定工作量，1 人配合检查，1 人记录，1 人现场防护，1 人驻站防护。混凝土枕 60 kg/m 钢轨 12 号单开道岔检查方法见表 1-3-4-2。

表 1-3-4-2　混凝土枕 60 kg/m 钢轨 12 号单开道岔检查方法

作业内容	操作要点	备注
校对量具	检查道尺：将道尺正常放置在两股钢轨轨面上，用石笔在道尺两端同一侧钢轨轨面画横线，调头放置在画线处，若两次量取轨距、水平在 ±1 mm 之内，则为正常。	
目视方向、高低	站在道岔外 30～50 m 处，面向道岔，先看方向，后看前后高低，然后用弦线检查量值。	
检查轨距、水平	按规定位置、顺序检查道岔轨距、水平、查照间隔、护背距离，先查轨距后查水平，焊缝查在焊缝上，接头要在距离轨缝前后 50～80 mm 处查两次，取最不利值。	检测位置见表 1-3-4-4
辙叉部位	量护轮轨轮缘槽宽度：护轨平直段处测量。	
辙叉部位	辙叉部位轮缘宽度：在对应检查查照间隔、护背距离及轨距处量取。	
辙叉部位	护轨开口端距离：护轨端部测量、距端部 150 mm 处测量。	
岔枕状况	检查接头岔枕无失效，其他处无连续失效。	
岔枕状况	轨枕位置偏斜、间距误差。	
岔枕状况	检查橡胶垫板无失效、位置无歪斜、外露。	

续表

作业内容	操作要点	备注
转辙部分	限位器是否居中。	
	量取开程：位置在尖轨刨切起点，并在刨切起点与尖轨跟之间量取最小值。	
	检查框架尺寸：基本轨作用边距离尖轨尖端 5 641 mm 处量取。	
	用塞尺检查尖轨和基本轨是否密贴、顶铁与基本轨腹部是否密贴、尖轨轨底与滑床板离缝。	
	量尖轨动程：将卷尺放在较低一股钢轨顶面上，量基本轨作用边与尖轨非作用边的距离（第一动程在距离尖轨尖端 380 mm 处量取第二动程在第二牵引点的拉杆中心处测量）。	
	尖轨与基本轨高差：尖轨顶面宽 50 mm 及以上断面处，尖轨顶面不能低于基本轨顶面 2 mm 及以上。	
	尖轨顶面宽 50 mm 及以下断面处，尖轨顶面不能高于基本轨顶面 2 mm 及以上。	
	检查是否有爬行：用方尺在基本轨接头前和尖轨尖端前分别检查基本轨和尖轨的直角相错量。	
支距检查	在直股支距检查点上用支距尺逐点量取直股工作边与导曲线上股工作边之间的支距值。	
检查道床、路基、标记	道床有否冒浆、暗坑、脏污，是否饱满、均匀；轨枕头有否外露；路肩排水有否外高内低和杂草；标志、标记是否正确、齐全、清晰。	
钢轨及接头状态	用 1 m 直钢尺和塞尺检查钢轨错牙、低头、硬弯、焊缝凹陷、马鞍型磨耗、波浪型磨耗。	量绝缘接头时不得搭接两端钢轨。
	用小钢尺量钢轨肥边、擦伤、剥落掉块磨耗有否超标及轨缝。	
警冲标	高度用弦线放在两股轨枕面上拉一条直线测量。	
岔后连接曲线	用 10 m 弦线和直钢尺检查连接曲线正矢。	
零配件	转辙部分联结零件不合格者画记号。	
	用扭力扳手查接头、扣件螺栓扭矩。	
	检查轨距块离缝：连续查看 25 个头，检查轨距块前、后离缝大于 2 mm，记录不良百分比。	
	检查螺栓是否有缺少、松动现象。	

三、记录填写

（1）道岔号数后填写"正""站"线，方便进行分析。

（2）除查照间隔和护背距离记录实测值之外，其余均记录差值。

（3）支距将差值填写在检查记录簿导曲线支距栏中，如有超限还应填写在检查记录簿的补修栏内，大于计划值为正，反之为负。

（4）如有超限或其他危及行车安全的病害，应填写在检查记录簿补修栏内。

四、数据分析

（1）轨距、水平误差超限处所在超限点右下角画"×"（叉号）。

（2）三角坑超限分析要考虑道岔设置凸台，道岔尖跟设凸台的客车进路，在检查正线和到发线的道岔水平时，必须填写实量值，同时分析水平和三角坑；在检查其他线道岔水平时，要扣除构造抬高值，填写偏差值，只分析水平，不分析三角坑；导曲部分设超高的客车进路，在检查正线和到发线道岔水平时，必须填写实量值，同时分析水平和三角坑，在检查其他线道岔水平时，要扣除构造超高值，填写偏差值，同时分析水平和三角坑。如三角坑超限，在两水平差之间画"⌊⌋"相连。

【技能提升】

分组完成实训基地道岔检查，并填写表 1-3-4-3，严格执行《普速铁路工务安全规则》（TG/GW 101—2014）、《营业线上线作业安全防护管理办法》各项要求，落实有效的防护措施。

表 1-3-4-3 ××曲线检查记录

曲线位置： 曲线半径：
直缓点位置： 缓和曲线长： 曲线全长：
缓直点位置：

测点号	计算正矢	年 月 日			年 月 日			备注
		现场正矢	拨道量	拨后正矢	现场正矢	拨道量	拨后正矢	

【综合评价】

小组互评表			
分组	评价项目	选项	得分
被评组____	操作过程	完全规范（3分）较规范（2分）规范（1分）不规范（0分）	
	存在问题		

被评组____	操作过程	完全规范（3分）较规范（2分）规范（1分）不规范（0分）	
	存在问题		
被评组____	操作过程	完全规范（3分）较规范（2分）规范（1分）不规范（0分）	
	存在问题		
被评组____	操作过程	完全规范（3分）较规范（2分）规范（1分）不规范（0分）	
	存在问题		
被评组____	操作过程	完全规范（3分）较规范（2分）规范（1分）不规范（0分）	
	存在问题		
本组自评	操作过程	完全规范（3分）较规范（2分）规范（1分）不规范（0分）	
	存在问题		
	解决措施		
		合计	

个人评价表

评价内容	课堂表现	选项	得分
参与状态	认真倾听老师讲课	认真（2分）一般（1分）不认真（0分）	
	认真倾听同学发言	认真（2分）一般（1分）不认真（0分）	
	大胆表达自己的想法	大胆（2分）一般（1分）不大胆（0分）	
交流状态	积极与同学交流、讨论	积极（2分）一般（1分）不愿意（0分）	
	注意听取同学的方法	认真（2分）一般（1分）不认真（0分）	
	愿意与同学合作解决问题	愿意（2分）一般（1分）不愿意（0分）	
思维状态	用不同的方法解决问题，能独立思考，有创造性	认真（2分）一般（1分）不认真（0分）	
	能对数据及图表进行分析，有条理地说出自己的想法	认真（2分）一般（1分）不认真（0分）	
	解决问题的过程很清楚	认真（2分）一般（1分）不认真（0分）	
实操状态	操作过程是否严谨有序	是（1分）否（0分）	
达成状态	对本任务的知识掌握情况	理解并掌握（2分）初步理解（1分）不明白（0分）	
		合计	

教师综合评价表				
任务名称：		班级：		
课次：		组别：		
模块	评价内容	配分		得分
知识	道岔结构认知	10		
	道岔检测周期	10		
	轨道尺、支距尺等工具使用方法	10		
技能	准备工作	15		
	现场作业	15		
	验收总结	15		
素质	数据分析能力	3		
	信息检索能力	3		
	综合分析能力	3		
	学习态度	3		
	专注力	3		
	动手能力	3		
	团队合作参与度	3		
	职业素养	3		
本任务综合评分				
前任务综合评分				
同比增值幅度/%				
备注				

【知识拓展】

一、检查位置

混凝土枕 60 kg/m 钢轨 12 号单开道岔（图号：SC330/CZ560）检查位置见表 1-3-4-4。

表 1-3-4-4　混凝土枕 60 kg/m 钢轨 12 号单开道岔（图号：SC330/CZ560）检查位置

序号	下尺部位	标准轨距（mm）	对应轨枕位置	备注
1	尖轨前顺坡终点	1 435	第 1 号枕	
2	尖轨尖端	1 437	第 6 号枕	
3	尖轨中前	1 435	第 11 号枕	距尖轨尖端 3 508 mm，侧向轨距 1 441.6 mm
4	尖轨中	1 435	第 15 号枕	距尖轨尖端 5 641 mm
5	尖轨中后	1 435	第 21 号枕	

续表

序号	下尺部位	标准轨距（mm）	对应轨枕位置	备注
6	尖轨跟端曲股	1 435	第 26 号枕	
7	尖轨跟端直股	1 435	同上	
8	导曲部分直股前部	1 435	第 32 号枕	
9	导曲部分曲股前部	1 435	同上	
10	导曲部分曲股中部	1 435	第 38 号枕	
11	导曲部分直股中部	1 435	同上	
12	导曲部分直股后部	1 435	第 46 号枕	
13	导曲部分曲股后部	1 435	同上	
14	辙叉曲股前	1 435	第 54 号枕	
15	辙叉曲股中	1 435	第 57 号与 58 号岔枕间	同时量取查照间隔及护背距离（心轨轨头宽 20~30 mm 处丈量）
16	辙叉曲股后	1 435	第 63 号枕	
17	辙叉直股后	1 435	同上	
18	辙叉直股中	1 435	第 57 号与 58 号岔枕间	同时量取查照间隔及护背距离（心轨轨头宽 20~30 mm 处丈量）
19	辙叉直股前	1 435	第 54 号枕	

二、道岔轨道静态几何不平顺容许偏差管理值

道岔轨道静态几何不平顺容许偏差管理值见附录二表 3。

三、技术标准

混凝土枕 60 kg/m 钢轨 12 号单开道岔技术标准见表 1-3-4-6。

表 1-3-4-6　混凝土枕 60 kg/m 钢轨 12 号单开道岔（图号：SC330/CZ560）

项目	位置		标准	允许偏差
轨距		尖轨尖	1 437 mm	参照《铁路线路修理规则》（TG/GW 102—2019）第 6.2.2 条
	直股	尖轨尖端后 5 641 mm	1 435 mm	
	曲股	尖轨尖端后 3 508 mm	1 441.6 mm	
		尖轨尖端后 5 641 mm	1 435 mm	
	其余各部		1 435 mm	
支距	尖轨跟端（第一点）		263 mm	
	中间各点（相邻间距 2 000 mm）		344 mm、437 mm、541 mm、657 mm、784 mm、923 mm、1 073 mm	
	最后一点（距前一支距点 1.868 m）		1 223 mm	

续表

项目	位置	标准	允许偏差
护轨开口	端部开口	80 mm	+3、-1 mm
	距端部 150 mm 处	65 mm	
	平直段 直护轨（起点距护轨端部 2 762 mm）	42 mm	
	平直段 曲护轨（起点距护轨端部 1 800 mm）	42 mm	
动程	尖轨一牵	180 mm	
	尖轨二牵	75 mm	
框架尺寸	尖轨尖端后 5 641 mm	1 506 mm	
辙叉轮缘槽	辙叉心尖端至辙叉心宽 50 mm 断面间	46 mm	+3、-1 mm
		12 mm	
尖轨非工作边与基本轨工作边最小距离		65 mm	-2 mm
岔枕间距	尖轨第二连杆处（10～11 位枕间）	607 mm	≤20 mm
	转辙机所在岔枕间距	650 mm	
	其余岔枕间距	600 mm	
尖轨与基本轨高差	尖轨顶面宽 50 mm 及以上断面处	尖轨高于基本轨顶面	不得低 2 mm 及以上
	尖轨顶面宽 50 mm 及以下断面处	尖轨低于基本轨顶面	不得高 2 mm 及以上
尖轨跟端轮缘槽宽度	直尖轨	191 mm	
	曲尖轨	190 mm	
联零配件	滑床板磨耗		≤3 mm
	轨撑与轨头下颚或与挡肩离缝		≤2 mm

任务五　无缝线路检查

【作业认知】

任务描述

无缝线路相对于普通线路，接头数量大大减少，由此不仅节省了线路接头零件，减少了线路维修工作量，而且还减轻了列车对钢轨的

无缝线路位移观测作业内容及操作要点

冲击震动，降低了噪声，使列车运行平稳。同时，延长了线路设备使用年限，是铁路现代化的主要内容之一。但是要充分发挥无缝线路的优越性，必须要满足其强度和稳定性。因此，工务部门必须加强对无缝线路的检查，并能有针对性地进行养护维修。

事例助益

4月12日14时29分，由A开往B的K7384次旅客列车运行至××省××市境内××线K158+691 m处××线路所3号道岔处，机车及机后第1至2辆车辆脱轨，并侵入××下行线，中断××线行车，无人员伤亡。经事故调查组现场勘察、调查取证、技术鉴定、综合分析和专家论证，造成该事故的直接原因是事故地段于2019年12月24日在低温(-16.1 ℃)环境下进行无缝线路锁定，4月12日事故发生时当地气温为20.2 ℃、轨温37 ℃，锁定轨温和实际轨温差达53.1 ℃，设备管理单位未按规定针对气温回升情况及时实施应力放散，轨道发生胀轨，造成3号道岔尖轨与基本轨离缝，导致K7384次旅客列车运行至此发生脱轨。

课时分配

课时分配见表1-3-5-1。

表1-3-5-1　课时分配

序号	任务内容	参考课时			教学重点
		理论	实践	合计	
1	线路静态检查	1	1	2	无缝线路位移观测分析

【理论夯实】

工具准备

测量仪器（准直仪、经纬仪等）及附属设备（含三脚架、测钎）、轨温表、无缝线路爬行观测记录本、钢轨板尺、钢丝刷子、棉丝、观测标尺。

任务内容

一、检测周期

每6个月不少于1次，原则上春、秋季各1次，进行影响无缝线路稳定的作业后，应及时进行观测。

二、检测方法

按照规定对无缝线路进行检查和监视，掌握钢轨锁定轨温和观测桩位移情况，并对轨温变化和温度力进行分析。一般作业人数不少于4人。无缝线路检查操作要点见表1-3-5-2。

表 1-3-5-2　操作要点

作业内容	操作要点	备注
准备	（1）确定观测周期。 （2）校准测量仪器及附属设备，确认其处于良好状态。 （3）确认轨温表处于良好状态。 （4）确认作业地点及工作量。 （5）准备好防爬桩台账，确定桩位。 （6）在记录本上预填作业日期、地点、天气等相关信息。	
登记	（1）驻站联络员按照规定进行登记。 （2）作业负责人确认命令无误后，通知现场防护员可以作业。	
确定观测桩	观测桩查找必须准确无误。	见拓展内容
测前准备	（1）正确读取现场轨温并记录清楚。 （2）损坏、不清晰的观测标尺要按照原"零位移"标记经打磨后粘贴恢复，此项作业需纳入天窗点内进行。	
准直仪测量	（1）确保准测量仪器处于水平状态。 （2）确保主副镜对正无偏差。 （3）读数正确，记录准确。 （4）随时复核仪器。	
量测轨缝	准确测量轨缝，并及时做好记录。	
作业回检	作业负责人对爬行观测记录进行检查及分析，发现问题及时回检。	

三、记录簿

记录簿见表 1-3-5-3、表 1-3-5-4。

四、温度力分析

通过位移观测桩观测钢轨的长度变化。计算出钢轨的实际锁定轨温，检验钢轨锁定轨温的变化情况，从而为无缝线路的养护维修提供依据。

钢轨长度变化引起锁定轨温变化的关系式：

$$\Delta t = \frac{\Delta l}{\alpha L}$$

（1-3-5-1）

式中：Δt 为锁定轨温变化值（℃）；

Δl 为钢轨长度变化量（mm）；

α 为钢轨的线膨胀系数，取值 0.011 8 mm/（m·℃）；

L 为钢轨原始长度（m）。

表 1-3-5-3 　　　线　　　行无缝线路长钢轨位移观测记录簿

轨节编号：　　　　起止里程：　　　　铺设长度：　　　　锁定轨温：　　　　左股　　右股

检查日期	检查时间	气温/°C	轨温/°C	左股/mm													右股/mm													位移异常原因分析
				始端轨缝	各观测点位移量												终端轨缝	始端轨缝	各观测点位移量												终端轨缝	
					1	2	3	4	5	6	7	8	9	10	11			1	2	3	4	5	6	7	8	9	10	11		
初始位移/mm																														
上年末位移																														

注：① 在单线上各测点顺计算里程方向编号，在双线上各测点顺列车运行方向编号。
② 顺编号方向位移为"＋"号，逆编号位移为"－"号。
③ 顺编号行车方向分左右股。
④ 此表由无缝线路位移观测组填记，负责观测车间留存。

表 1-3-5-4　无缝线路道岔位移观测记录簿

道岔单元编号：____　　起止里程：____　　铺设长度：____　　锁定轨温：____　　左股　右股

检查日期	检查时间	气温/°C	轨温/°C	左股/mm							右股/mm							尖轨相错量/mm	心轨、翼轨相错量/mm	限位器间隙/mm	胶结、冻结接头轨缝变化情况	异常爬行原因分析
				始端轨缝	各观测点位移量					终端轨缝	始端轨缝	各观测点位移量					终端轨缝			直 曲	直 曲	直 曲		
					岔前100m桩	岔首1#桩	限位器2#桩	岔尾3#桩	岔后100m桩			岔前100m桩	岔首1#桩	限位器2#桩	岔尾3#桩	岔后100m桩							
初始位移/mm																						
上年末位移																						

注：① 无缝道岔单元编号可按线名＋车站名准岔号的原则确认。
②　单线顺里程增加方向，双线顺行车方向位移为"＋"号，反之为"－"号。
③　从岔首面向岔尾确定左右股。
④　尖轨相错量指两尖轨直角错差。
⑤　限位器间隙按最小值填写。
⑥　应对范围内的胶结或冻结接头轨缝及接头螺栓情况全面检查。

【技能提升】

分组完成实训基地无缝线路位移观测，并填写表 1-3-5-3、表 1-3-5-4，严格执行《普速铁路工务安全规则》(TG/GW 101—2014)、《营业线上线作业安全防护管理办法》各项要求，落实有效的防护措施。

【综合评价】

<table>
<tr><td colspan="5" align="center">小组互评表</td></tr>
<tr><td>分组</td><td>评价项目</td><td colspan="2">选项</td><td>得分</td></tr>
<tr><td rowspan="2">被评组
_____</td><td>操作过程</td><td colspan="2">完全规范（3分）较规范（2分）
规范（1分）不规范（0分）</td><td rowspan="2"></td></tr>
<tr><td>存在问题</td><td colspan="2"></td></tr>
<tr><td rowspan="2">被评组
_____</td><td>操作过程</td><td colspan="2">完全规范（3分）较规范（2分）
规范（1分）不规范（0分）</td><td rowspan="2"></td></tr>
<tr><td>存在问题</td><td colspan="2"></td></tr>
<tr><td rowspan="2">被评组
_____</td><td>操作过程</td><td colspan="2">完全规范（3分）较规范（2分）
规范（1分）不规范（0分）</td><td rowspan="2"></td></tr>
<tr><td>存在问题</td><td colspan="2"></td></tr>
<tr><td rowspan="2">被评组
_____</td><td>操作过程</td><td colspan="2">完全规范（3分）较规范（2分）
规范（1分）不规范（0分）</td><td rowspan="2"></td></tr>
<tr><td>存在问题</td><td colspan="2"></td></tr>
<tr><td rowspan="2">被评组
_____</td><td>操作过程</td><td colspan="2">完全规范（3分）较规范（2分）
规范（1分）不规范（0分）</td><td rowspan="2"></td></tr>
<tr><td>存在问题</td><td colspan="2"></td></tr>
<tr><td rowspan="3">本组自评</td><td>操作过程</td><td colspan="2">完全规范（3分）较规范（2分）
规范（1分）不规范（0分）</td><td rowspan="3"></td></tr>
<tr><td>存在问题</td><td colspan="2"></td></tr>
<tr><td>解决措施</td><td colspan="2"></td></tr>
<tr><td colspan="4" align="center">合计</td><td></td></tr>
</table>

<table>
<tr><td colspan="4" align="center">个人评价表</td></tr>
<tr><td>评价内容</td><td>课堂表现</td><td>选项</td><td>得分</td></tr>
<tr><td rowspan="3">参与状态</td><td>认真倾听老师讲课</td><td>认真（2分）一般（1分）不认真（0分）</td><td></td></tr>
<tr><td>认真倾听同学发言</td><td>认真（2分）一般（1分）不认真（0分）</td><td></td></tr>
<tr><td>大胆表达自己的想法</td><td>大胆（2分）一般（1分）不大胆（0分）</td><td></td></tr>
<tr><td rowspan="3">交流状态</td><td>积极与同学交流、讨论</td><td>积极（2分）一般（1分）不愿意（0分）</td><td></td></tr>
<tr><td>注意听取同学的方法</td><td>认真（2分）一般（1分）不认真（0分）</td><td></td></tr>
<tr><td>愿意与同学合作解决问题</td><td>愿意（2分）一般（1分）不愿意（0分）</td><td></td></tr>
<tr><td rowspan="3">思维状态</td><td>用不同的方法解决问题，
能独立思考，有创造性</td><td>认真（2分）一般（1分）不认真（0分）</td><td></td></tr>
<tr><td>能对数据及图表进行分析，
有条理地说出自己的想法</td><td>认真（2分）一般（1分）不认真（0分）</td><td></td></tr>
<tr><td>解决问题的过程很清楚</td><td>认真（2分）一般（1分）不认真（0分）</td><td></td></tr>
<tr><td>实操状态</td><td>操作过程是否严谨有序</td><td>是（1分）否（0分）</td><td></td></tr>
<tr><td>达成状态</td><td>对本任务的知识掌握情况</td><td>理解并掌握（2分）初步理解（1分）
不明白（0分）</td><td></td></tr>
<tr><td colspan="3" align="center">合计</td><td></td></tr>
</table>

教师综合评价表			
任务名称:		班级:	
课次:		组别:	
模块	评价内容	配分	得分
知识	无缝线路位移观测方法	10	
	无缝线路检测周期	10	
	无缝线路位移观测桩设立原则	10	
技能	准备工作	15	
	现场作业	15	
	验收总结	15	
素质	数据分析能力	3	
	信息检索能力	3	
	综合分析能力	3	
	学习态度	3	
	专注力	3	
	动手能力	3	
	团队合作参与度	3	
	职业素养	3	
本任务综合评分			
前任务综合评分			
同比增值幅度/%			
备注			

【知识拓展】

一、观测桩位置 [《普速铁路线路修理规则》(TG/GW 102—2019)]

（1）跨区间无缝线路、区间无缝线路按单元轨节等距离设置位移观测桩，且桩间距离不宜大于 500 m。单元轨节位移观测桩可按图 1-3-5-1 设置，单元轨节长度不足 500 m 整倍数时，可适当调整桩间距离。

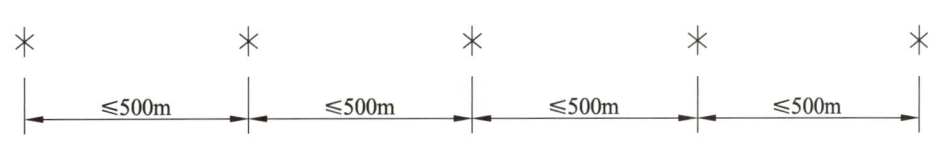

图 1-3-5-1　单元轨节位移观测桩布置

跨区间无缝线路、区间无缝线路在长轨条起点、终点及距起点、终点 100 m 处应分别设置一对位移观测桩。

（2）普通无缝线路的长轨条长度不大于 1 200 m 时，可按图 1-3-5-2 设置 5 对位移观测桩；长轨条长度大于 1 200 m 时，应适当增设位移观测桩且桩间距离不宜大于 500 m。

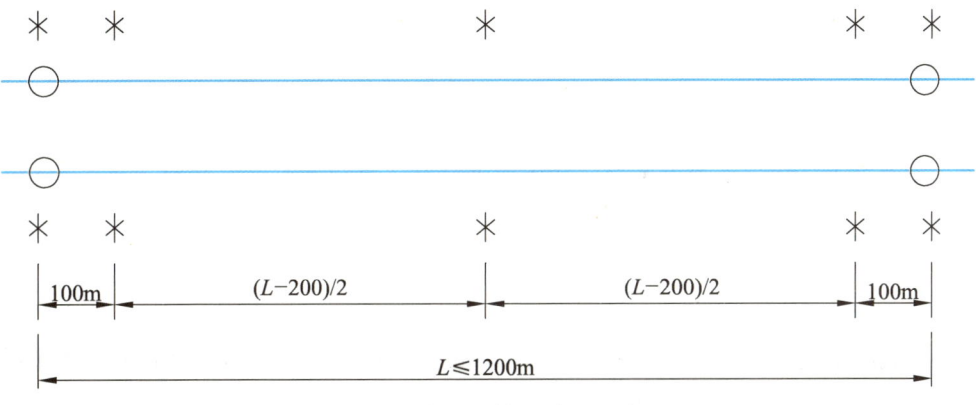

图 1-3-5-2　普通无缝线路观测桩设置

（3）无缝道岔宜按图 1-3-5-3 分别在道岔始端和终端、尖轨跟端（或限位器处）分别设置一对钢轨位移观测桩，18 号及以上的道岔宜在心轨处加设一对位移观测桩。

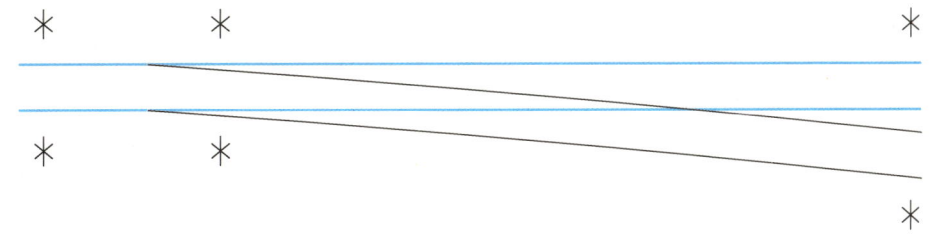

图 1-3-5-3　无缝道岔位移观测桩布置

（4）调节器宜按图 1-3-5-4 在尖轨尖端、基本轨始端、基本轨根端设置 3 对位移观测桩，用于观测尖轨、基本轨位移。

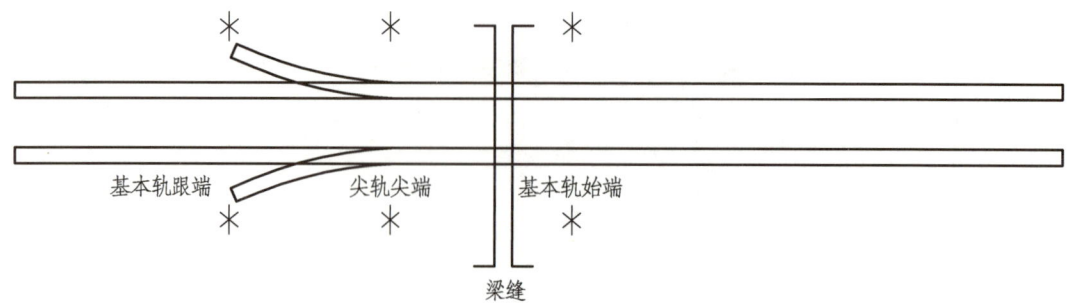

图 1-3-5-4　调节器位移观测桩布置

（5）位移观测桩必须预先埋设牢固，桥上位移观测桩应设置在固定端（调节器设置位移观测桩除外），内侧应距线路中心不小于 3.1 m。在轨条就位或轨条拉伸到位后，应立即进行标记，标记应明显、耐久、可靠。

（6）固定区位移量超过 10 mm 时，应及时上报工务段查明原因，及时处理。

榜样力量

人物档案

黄涛，中共党员，中国铁路兰州局集团有限公司银川工务段钢轨探伤车间探伤工，曾获全国五一劳动奖章、火车头奖章、全路优秀共产党员、最美铁路人等荣誉。

事迹介绍

专门查找钢轨有没有损伤的工种叫探伤工。中国铁路兰州局集团公司银川工务段钢轨探伤车间的黄涛，便是探伤工这个工种里当之无愧的"状元"。钢轨内部细微的损伤都能被他精准探出，多年来，黄涛早已练就"火眼金睛"，他本人也成了中国铁路兰州局集团响当当的"钢轨神探"。

刚开始做探伤的时候，黄涛觉得这样一份整天推着探伤仪一起行走的工作，没有什么技术难度，但是经过和师傅的一次作业，黄涛改变了看法。"那天我们在包兰线站进行探伤检查，师傅胡高云推着仪器作业时突然发现显示屏有疑似伤损波形，随后经过反复校准检查，发现了钢轨内部的一处核伤，简直太神奇了！"见证了整个探伤过程的黄涛对这个发出"嘀嘀嘀"声的探伤仪产生了浓厚的兴趣。

探伤的岗位虽然平凡枯燥，但是黄涛每天跟着师傅学、对着书本啃、现场反复练，遇到不懂的问题就主动请教，短短一年，黄涛便记录了 3 万多字的学习笔记，对路轨、焊缝、道岔等探伤理论知识了然于胸，业务越来越精湛，成了工友们眼中问不倒的"活字典"和车间的业务骨干。

黄涛从事钢轨探伤 20 年，从未漏检错判一次。他带头创新"黄涛探伤工作室"、"四技"（带徒传技、技能攻关、技艺传承、技能推广）理念，总结出焊缝探伤"七字诀"、数据回放

"三字经"等作业法；完成了便携式探伤扫查架、新型钢轨手工检查锤等23个技术革新及发明项目，其中8项成果获得国家实用新型专利；培养了技师、高级技师共计13名，其中2名先后获得全路钢轨探伤职业技能竞赛个人全能第一。

精神之光

钢轨为伴，留下青春印记；不负韶华，勇攀技术高峰。心怀热爱和执着，黄涛走出了一条不断超越自我的奋斗之路。

模块二　普速铁路工务线路作业

项目一　基本作业

内容概要

铁路轨道直接承载车轮并引导列车运行，轨道的几何形位与机车车辆轮对的几何尺寸必须密切配合，因而轨道几何形位的控制对于保证列车运行安全非常重要。另外，随着铁路列车提速及高速铁路技术的应用，为了保持高速列车运行的平稳性和舒适性，也必须对轨道的几何形位实行严格控制。因此，做好轨道几何形位养护维修工作的意义十分重大。本项目以起道、拨道、改道、捣固、垫板修正为主要任务，对轨道几何形位的养护维修进行介绍。

知识目标

（1）掌握起道、拨道、改道、捣固、垫板修正的作业安全要求。
（2）掌握起道、拨道、改道、捣固、垫板修正的作业程序。
（3）掌握起道、拨道、改道、捣固、垫板修正的规范要求。
（4）掌握起道、拨道、改道的作业目的和区别。
（5）掌握拨道手势。
（6）了解拨道量的计算方法。

能力目标

（1）能熟练掌握起道、拨道、改道、捣固、垫板修正作业程序。
（2）能够按作业安全要求，小组合作完成起道、拨道、改道、捣固、垫板修正任务。
（3）能正确区分起道、拨道、改道作业。
（4）能熟练使用拨道手势。
（5）能正确填报检查记录表，按规定进行任务的销记。

任务一　起　道

【作业认知】

任务描述

铁路线路随着车辆荷载的作用，在纵断面上易发生暗坑、吊板、低接头等病害，导致线路高低不良，从而直接影响旅客乘车舒适性，严重的更会影响行车安全。因此，为了保持线路平顺，确保行车安全，需要对轨道高低不良地段钢轨进行起道作业。

起道概念及目的

起道作业流程及操作要点

事例助益

2000 年 9 月 25 日 21 时 14 分，××铁路线路站内 3 号道岔处，某货物列车（编组 53 辆，总重 3 518 t，换长 69.1 m）运行至此，机后第 5~29 辆车辆颠覆，第 30 辆车辆脱轨，颠覆车辆侵入上行正线。经调查，事故原因是单边过量起道，造成线路轨道几何尺寸发生变化，水平偏差达 47 m，三角坑达 48 mm。

2012 年 2 月 26 日 20 时 41 分，××铁路线路进行大修清筛封锁施工时，单车作业的机械捣固机作业至 K288+280 m 曲线处，由于准备机械捣固的作业地段几何尺寸严重超限，大机施工人员盲目超高起道（最大达到 120.3 mm），造成该捣固车前转向架第二轴轮对的右轮脱轨。

课时计划

课时分配见表 2-1-1-1。

表 2-1-1-1　课时分配

序号	任务内容	参考课时			教学重点
		理论	实践	合计	
1	起道作业	2	2	4	起道作业的操作方法及注意事项

【理论夯实】

工具准备

捣镐、捣固机、起道机、四齿耙、弦线、道尺、150 mm 钢直尺、扳手、石笔、油漆、轨温计等。

任务内容

一、作业流程

点名与分工—安全预想—工机具检查—设置防护—上道作业—作业质量回检。

二、作业程序

起道作业程序见表 2-1-1-2。

表 2-1-1-2　作业程序

工序	作业步骤	操作要点	注意事项
准备工作	1. 确定人数	由工长点名，确认当日作业人员数量和精神状态。	
	2. 工作安排及人员分工	由工长对作业人员进行工作安排和人员分工。工长担当作业负责人，并至少安排 5 人进行作业，同时设置驻站联络员、现场防护员各 1 人。	
	3. 选择作业工器具和材料	选择需要携带的工器具和材料，并检查工器具状态。	禁止起道机等机具带病上道作业。
现场作业	1. 设置安全防护	在封锁命令下达后，现场防护员执行"手比、眼看、口呼"的规定，设置移动停车信号牌。	
	2. 测量轨温	被测量的钢轨表面除去铁锈污物，将仪表吸附在钢轨表面，5 min 后可以读出仪表的数值，即为钢轨的表面温度。需要连续测量时，可将温度计吸附在钢轨轨腰部位。	
	3. 确定标准股，检查划撬	标准股选取正确，直线上以水平高的一股为标准股，普遍起道时以左股为标准股；曲线地段，则以下股为标准股，以免因反超高而造成下股落道或上股超高不足的缺点。	
	4. 撤板	将撤除垫板范围内的扣件螺栓松动，放入液压起道机抬起钢轨，抽出调高垫板，并整正轨下橡胶胶垫，复紧轨枕扣件。	
	5. 线路起道：扒镐窝	按照"三够一清"作业标准扒开道床。按调查后的划撬扒开道床始终点，将轨枕盒道砟扒出半槽，然后先扒枕头一端的右手镐窝，将石砟堆在左手捣窝，扒完全部枕头右手镐窝后，再扒道心的右手镐窝。打完右手镐后，把左手镐窝处的道砟扒到右手镐窝处，即可打左手镐。	手工扒道床时应将大石砟尽量扒出，留下较小石砟以便捣固。
	6. 线路起道：起道	（1）线路上起道，起道机放置距离铝热焊缝 1 m（四孔），距离撬头、撬尾预留 4 根轨枕放置起道器，两台起道器之间相隔 6 根轨枕。 （2）道岔上起道，先满足直股部分与前后一致的要求；撤叉部分存在高低时，起撤叉心看直股高低，捣固撤叉心，放掉起道机再进行护轨部分捣固；对曲股水平时，把起道机放置在曲股外侧，对水平同时也要检查直股部分水平，把曲股部分捣固完后放掉起道机，还要对撤叉心再进行捣固减少撤叉心空吊。	（1）起道作业时，关闭回油阀，前后摆动摇杆。 （2）铝热焊缝和绝缘接头处不能安放起道机。 （3）在钢轨上推行起道机时，注意绝缘接头，应及时将机具提起避免联电。

续表

工序	作业步骤	操作要点	注意事项
现场作业	7. 线路起道：捣固	距离钢轨边缘 20~30 mm 处下镐，使镐头与轨枕面成 45°~70°角，将镐头冲击道砟插向枕底，待插入枕底 20~50 mm 时拔出，换位重复捣固。在接头起道时，接头两根轨枕要同时捣固，每根打两面镐；在混凝土枕地段捣固时，如为单股起道时，必须在一根轨枕上捣固好长度不少于 4 个镐窝的两面镐；在双股同时起道时，必须在两根轨枕上捣固好长度不少于 4 个镐窝的四面镐，起道过高时，应用镐尖串实，禁止用起拨道器撞击钢轨或轨枕。	
	8. 回填道砟，平整夯实	回填道砟，将扒出的道砟整平。回填道砟应先道心、后轨枕头，做到一撬一清。	无缝线路应堆高砟肩 150 mm。
验收总结	1. 作业回检	用道尺检查轨距、水平，目测线路高低是否良好，如果目测较大，再拉弦线确认，确保线路几何形位符合《普速铁路线路修理规则》（TG/GW 102—2019）第 6.2.1 条和 6.2.2 条的规定。	
	2. 回收工具	作业完毕后要做好工器具、材料、作业人员的出清工作。	
	3. 撤除防护	由现场防护员带领作业人员统一沿路肩返回，作业负责人确认人机材无误后，办理撤除防护手续。	
	4. 工作总结	作业人员汇报任务完成情况和设备质量情况，作业负责人对当日作业进行小结。	
作业安全	（1）在电气化区段作业时，不得碰伤连接线。 （2）在直线作业时，起道机放置在钢轨里口；曲线作业时，曲线下股放在钢轨里口，曲线上股放在钢轨外口。 （3）作业过程中要求使用佩戴劳保用品，多人作业时，保持安全距离，防止工具伤人。 （4）严禁在双线铁路线间摆放机具材料。 （5）作业人员上道作业或穿越线路，必须执行"手比、眼看、口呼"的规定。 （6）在电气化区段和道岔转辙部分、可动心道岔辙叉部分作业必须在电务部门人员的配合下进行，影响上下行的联动道岔转辙部分作业时必须在垂直天窗进行。		
质量要求	（1）直线、曲线地段几何形位符合附录二表 1、表 2 的规定；道岔地段几何形位符合附录二表 3 的规定。 （2）起道作业收工时，顺坡率应满足《普速铁路线路修理规则》（TG/GW 102—2019）第 4.6.4 条的规定。 （3）钢轨与铁垫板或钢轨与胶垫的空隙不超过 2 mm；捣固范围为钢轨中心至两侧距离 400~500 mm。 （4）人工起道作业起道量超过《普速铁路工务安全规则》（TG/GW 101—2014）第 2.3.5 条规定值时，应事先通知供电部门调查确认接触网设备调整工作量并配合作业。		

【技能提升】

根据表 2-1-1-2 的作业程序，分组完成铁路线路起道作业。评分标准见表 2-1-1-3。

表 2-1-1-3　评分标准

工序	作业步骤	配分	评分标准	扣分	得分
准备工作	1. 确定人数	5	小组点名，根据考勤情况打分。缺勤个人得分为零。		
	2. 工作安排及人员分工	5	能合理分配小组作业人员。得分为作业人员正确率×5分基础分，计算结果保留至小数点后两位。		
	3. 选择作业工器具和材料	15	选择正确的工具及数量/总计需要选择的工具及数量×15分基础分，计算结果保留至小数点后两位。		
现场作业	1. 设置安全防护	55	正确步骤的总得分/所有操作步骤的总分×55分基础分，计算结果保留至小数点后两位。		
	2. 测量轨温				
	3. 确定标准股，检查划撬				
	4. 撤板				
	5. 线路起道：扒镐窝				
	6. 线路起道：起道				
	7. 线路起道：捣固				
	8. 回填道砟，平整夯实				
验收总结	1. 作业回检	10	根据回检测量情况，判断作业是否正常。判断正确得分，错误不得分。		
	2. 回收工具	10	已回收的工具材料数量/总计需要选择回收的工具材料数量×10分基础分，计算结果保留至小数点后两位。		
	3. 撤除防护	—	—		
	4. 工作总结	—	—		
合计					

【综合评价】

小组互评表				
分组	评价项目	选项		得分
被评组_____	操作过程	完全规范（3分）较规范（2分）规范（1分）不规范（0分）		
	存在问题			
被评组_____	操作过程	完全规范（3分）较规范（2分）规范（1分）不规范（0分）		
	存在问题			

被评组 ____	操作过程	完全规范（3分）较规范（2分）规范（1分）不规范（0分）	
	存在问题		
被评组 ____	操作过程	完全规范（3分）较规范（2分）规范（1分）不规范（0分）	
	存在问题		
被评组 ____	操作过程	完全规范（3分）较规范（2分）规范（1分）不规范（0分）	
	存在问题		
本组自评	操作过程	完全规范（3分）较规范（2分）规范（1分）不规范（0分）	
	存在问题		
	解决措施		
		合计	

个人评价表

评价内容	课堂表现	选项	得分
参与状态	认真倾听老师讲课	认真（2分）一般（1分）不认真（0分）	
	认真倾听同学发言	认真（2分）一般（1分）不认真（0分）	
	大胆表达自己的想法	大胆（2分）一般（1分）不大胆（0分）	
交流状态	积极与同学交流、讨论	积极（2分）一般（1分）不愿意（0分）	
	注意听取同学的方法	认真（2分）一般（1分）不认真（0分）	
	愿意与同学合作解决问题	愿意（2分）一般（1分）不愿意（0分）	
思维状态	用不同的方法解决问题，能独立思考，有创造性	认真（2分）一般（1分）不认真（0分）	
	能对数据及图表进行分析，有条理地说出自己的想法	认真（2分）一般（1分）不认真（0分）	
	解决问题的过程很清楚	认真（2分）一般（1分）不认真（0分）	
实操状态	操作过程是否严谨有序	是（1分）否（0分）	
达成状态	对本任务的知识掌握情况	理解并掌握（2分）初步理解（1分）不明白（0分）	
		合计	

教师综合评价表

任务名称：			
课次：		班级：	
模块	评价内容	组别：	
		配分	得分
知识	轨道高低不良的危害	10	
	起道机使用方法	10	

技能	准备工作	15	
	现场作业	15	
	验收总结	15	
素质	数据分析能力	3	
	信息检索能力	3	
	综合分析能力	3	
	学习态度	3	
	专注力	3	
	动手能力	3	
	团队合作参与度	3	
	职业素养	3	

本任务综合评分	
前任务综合评分	
同比增值幅度/%	
备注	

【知识拓展】

一、基本知识

（一）起道作业的原因

1. 轨道下沉

经过列车长期运行，道床会逐渐被压实，导致轨道整体下沉。当轨道下沉量超出规定范围时，会影响列车行驶的平稳性，增加列车振动和噪声，甚至可能造成脱轨等安全事故。

道床的压实程度与列车的轴重、通过总重、运行速度以及道床的材质和初始密实度等因素有关。

2. 轨面不平顺

钢轨在使用过程中可能出现局部的高低不平，如钢轨接头处的低塌、钢轨表面的擦伤或掉块等造成的轨面不平整。这些不平顺会使列车通过时产生较大的冲击力，加速钢轨和道床的损坏，同时也影响旅客的乘坐舒适性。

（二）起道作业的关键技术

1. 起道量的精准控制

起道量的确定要根据轨道下沉量、轨面不平顺情况以及线路设计要求等因素综合考虑。在实际操作中，要精确控制起道机的起道量，避免起道量过大或过小。

过大的起道量可能导致钢轨与其他部件（如道岔、桥梁等）的衔接出现问题，或者使道床的稳定性受到影响；过小的起道量则无法有效解决轨道下沉和轨面不平顺的问题。

2. 轨距与水平度的协同调整

在起道作业中，轨距和轨面水平度的调整是相互关联的。当调整轨距时，可能会影响到轨面水平度；反之，调整轨面水平度时，也可能对轨距产生影响。因此，在操作过程中，要边调整轨距边观察轨面水平度，确保两者都能达到规定标准，以实现铁路线路的整体平顺性。

二、作业要求及标准

（1）线路轨道静态几何不平顺容许偏差管理值，见附录二表1、附录二表2。

（2）道岔轨道静态几何不平顺容许偏差管理值见附录二表3。

（3）《普速铁路线路修理规则》（TG/GW 102—2019）第4.6.4条规定：

起道作业收工时，顺坡率应满足：允许速度不大于120 km/h线路不应大于2.0‰，允许速度为120（不含）~160 km/h线路不应大于1.0‰，允许速度大于160 km/h线路不应大于0.8‰。

（4）《普速铁路工务安全规则》（TG/GW 101—2014）第2.3.5条规定：

起道作业：两股钢轨同时起道时，一次作业起道量不得超过30 mm，且两股钢轨起道量相差不得超过11 mm；调整曲线超高时，单股起道量不得超过11 mm。起道量超出上述规定时，应事先通知供电部门调查确认接触网设备，调整工作量并配合作业。

起道作业时，隧道、下承式桁架桥和拱桥、斜拉桥不得超过建筑限界尺寸线。

任务二　拨　道

【作业认知】

任务描述

铁路线路在经过车辆长期的行驶和冲击后，轨道方向往往会发生变化，超过安全限值，尤其是曲线线路轨道更容易发生方向变化，使得曲线不圆顺，影响行车安全。因此，需要对方向不良的轨道进行拨道修正，使轨道方向复原并符合标准。

拨道概念及目的

拨道作业手势

事例助益

2011年5月18日，××铁路局在组织职工换轨作业时，因违反《普速铁路工务安全规则》（TG/GW 101—2014）第3.4.1条"搬运及装卸重物时，应尽量使用机械作业，人力操作时，应统一指挥，动作一致"的规定，在进行翻动钢轨作业时撬轨动作不统一，用力不均匀，造成钢轨突然横向弹起，将职工黄×、谢××打伤，导致黄×右脚胫腓骨上端粉碎性骨折，右胫腓骨下段骨折，谢××右足第一跖骨骨折，右后脑皮裂伤。

课时计划

课时分配见表 2-1-2-1。

表 2-1-2-1　课时分配

序号	任务内容	参考课时 理论	参考课时 实践	参考课时 合计	教学重点
1	拨道作业	2	2	4	拨道作业的作业程序及注意事项

【理论夯实】

工具准备

液压拨道器、捣镐、四齿耙、弦线、道尺、150 mm 钢直尺、木折尺、5 m 卷尺、三角叉、石笔、轨温计等。

任务内容

一、作业流程

点名与分工—安全预想—工机具检查—设置防护—上道作业—作业质量回检。

二、作业程序

拨道作业程序见表 2-1-2-2。

表 2-1-2-2　作业程序

工序	作业步骤	操作要点	注意事项
准备工作	1. 确定人数	由工长点名，确认当日作业人员数量和精神状态。	
准备工作	2. 工作安排及人员分工	由工长对作业人员进行工作安排和人员分工。工长担当作业负责人，并至少安排 5 人进行作业，同时设置驻站联络员、现场防护员各 1 人。	
准备工作	3. 选择作业工器具和材料	选择需要携带的工器具和材料，并检查工器具状态。	禁止拨道器等机具带病上道作业。
现场作业	1. 设置安全防护	在封锁命令下达后，现场防护员执行"手比、眼看、口呼"的规定，设置移动停车信号牌。	
现场作业	2. 测量轨温	被测量的钢轨表面除去铁锈污物，将仪表吸附在钢轨表面，5 min 后可以读出仪表的数值，即为钢轨的表面温度。需要连续测量时，可将温度计吸附在钢轨轨腰部位。	

续表

工序	作业步骤	操作要点	注意事项
现场作业	3. 检查划撬	拨道前调查线路轨向不平顺的地方，用石笔标出。	
	4. 扒开道床	按调查后的划撬扒开道床始终点，将轨枕盒道砟扒成半槽，然后先扒枕头一端的右手镐窝，将石砟堆在左手捣窝，扒完全部枕头右手镐窝后，再扒道心的右手镐窝。打完右手镐后，把左手镐窝处的道砟扒到右手镐窝处，即可打左手镐。	手工扒道床时应将大石砟尽量扒出，留下较小石砟以便捣固。
	5. 使用拨道机拨道	放置拨道机（将拨道机放置在钢轨底部，使钢轨侧面与拨道挡铁接触，然后扳倒手提梁，关闭回油阀），根据指挥者指示动作选择拨道方式。	（1）拨道作业时，关闭回油阀，前后摆动摇杆。 （2）铝热焊缝和绝缘接头处不能安放拨道器。 （3）在钢轨上推行起道机时，注意绝缘接头，应及时将机具提起避免联电。
	6. 回填道砟，平整夯实	回填道砟，将扒出的道砟整平，将拨道后的离缝埋好夯实。	
验收总结	1. 作业回检	用道尺检查轨距、水平，目测线路高低是否良好，如果目测较大，再拉弦线确认，确保线路几何形位符合《普速铁路线路修理规则》（TG/GW 102—2019）第 6.2.1 条和 6.2.2 条的规定。	
	2. 回收工具	作业完毕后要做好工器具、材料、作业人员的出清工作。	
	3. 撤除防护	由现场防护员带领作业人员统一沿路肩返回，作业负责人确认人机材无误后，办理撤除防护手续。	
	4. 工作总结	作业人员汇报任务完成情况和设备质量情况，作业负责人对当日作业进行小结。	
作业安全	（1）在电气化区段作业时，不得碰伤连接线。 （2）作业过程中按要求使用佩戴劳保用品，多人作业时，保持安全距离，防止工具伤人。 （3）严禁在双线铁路线间摆放机具材料。 （4）作业人员上道作业或穿越线路，必须执行"手比、眼看、口呼"的规定。		
质量要求	（1）直线、曲线地段几何形位符合附录二表 1、表 2 的规定，曲线与直线连接处不得有"反弯"或"鹅头"；道岔地段几何形位符合附录二表 3 的规定。 （2）最大拨道量应符合《普速铁路工务安全规则》（TG/GW 101—2014）第 2.3.5 条的规定。 （3）联结零件齐全、扭力矩达标、道钉无浮离、道床平整饱满。		

【技能提升】

根据表 2-1-2-2 的作业程序，分组完成铁路线路拨道作业。评分标准见表 2-1-2-3。

表 2-1-2-3　评分标准

工序	作业步骤	配分	评分标准	扣分	得分
准备工作	1. 确定人数	5	小组点名，根据考勤情况打分。缺勤个人得分为零。		
	2. 工作安排及人员分工	5	能合理分配小组作业人员。得分为作业人员正确率×5 分基础分，计算结果保留至小数点后两位。		
	3. 选择作业工器具和材料	15	选择正确的工具及数量/总计需要选择的工具及数量×15 分基础分，计算结果保留至小数点后两位。		
现场作业	1. 设置安全防护 2. 测量轨温 3. 检查划撬 4. 扒开道床 5. 使用拨道机拨道 6. 回填道砟，平整夯实	55	正确步骤的总得分/所有操作步骤的总分×55 分基础分，计算结果保留至小数点后两位。		
验收总结	1. 作业回检	10	根据回检测量情况，判断作业是否正常。判断正确得分，错误不得分。		
	2. 回收工具	10	已回收的工具材料数量/总计需要选择回收的工具材料数量×10 分基础分，计算结果保留至小数点后两位。		
	3. 撤除防护	—	—		
	4. 工作总结	—	—		
合计					

【综合评价】

小组互评表					
分组	评价项目	选项			得分
被评组 ————	操作过程	完全规范（3 分）较规范（2 分） 规范（1 分）不规范（0 分）				
	存在问题				
被评组 ————	操作过程	完全规范（3 分）较规范（2 分） 规范（1 分）不规范（0 分）				
	存在问题				

被评组 ____	操作过程	完全规范（3分）较规范（2分）规范（1分）不规范（0分）	
	存在问题		
被评组 ____	操作过程	完全规范（3分）较规范（2分）规范（1分）不规范（0分）	
	存在问题		
被评组 ____	操作过程	完全规范（3分）较规范（2分）规范（1分）不规范（0分）	
	存在问题		
本组自评	操作过程	完全规范（3分）较规范（2分）规范（1分）不规范（0分）	
	存在问题		
	解决措施		
		合计	

个人评价表

评价内容	课堂表现	选项	得分
参与状态	认真倾听老师讲课	认真（2分）一般（1分）不认真（0分）	
	认真倾听同学发言	认真（2分）一般（1分）不认真（0分）	
	大胆表达自己的想法	大胆（2分）一般（1分）不大胆（0分）	
交流状态	积极与同学交流、讨论	积极（2分）一般（1分）不愿意（0分）	
	注意听取同学的方法	认真（2分）一般（1分）不认真（0分）	
	愿意与同学合作解决问题	愿意（2分）一般（1分）不愿意（0分）	
思维状态	用不同的方法解决问题，能独立思考，有创造性	认真（2分）一般（1分）不认真（0分）	
	能对数据及图表进行分析，有条理地说出自己的想法	认真（2分）一般（1分）不认真（0分）	
	解决问题的过程很清楚	认真（2分）一般（1分）不认真（0分）	
实操状态	操作过程是否严谨有序	是（1分）否（0分）	
达成状态	对本任务的知识掌握情况	理解并掌握（2分）初步理解（1分）不明白（0分）	
		合计	

教师综合评价表			
任务名称：		班级：	
课次：		组别：	
模块	评价内容	配分	得分
知识	轨道方向不良的危害	10	
	拨道指挥手势	10	
技能	准备工作	15	
	现场作业	15	
	验收总结	15	
素质	数据分析能力	3	
	信息检索能力	3	
	综合分析能力	3	
	学习态度	3	
	专注力	3	
	动手能力	3	
	团队合作参与度	3	
	职业素养	3	
本任务综合评分			
前任务综合评分			
同比增值幅度/%			
备注			

【知识拓展】

一、基本知识

（一）拨道概念

校正线路平面位置时，将轨枕和钢轨一起横向移动至准确位置的作业称为拨道。

为便于区分某一根钢轨的不同部位，通常在钢轨纵向用大腰、小腰、接头将钢轨分为几个区域。一般来讲，轨端4~6根轨枕范围称为小腰；轨端3根轨枕范围称为接头；除去接头、小腰，在中部剩下的部分，称为大腰。

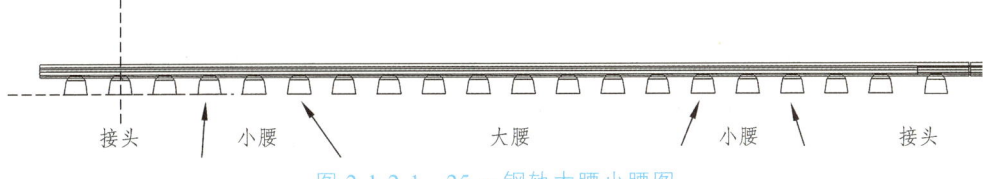

图 2-1-2-1　25 m 钢轨大腰小腰图

（二）拨道的原因

铁路线路在运营一段时间之后，由于列车的横向作用力等因素，线路的轨向和轨距都会发生一定的变化，对安全行车产生危害，需要进行拨道恢复原设计标准。

（三）拨道作业条件

（1）根据拨道量大小（线路拨道，一次拨道量超过 100 mm），办理封锁慢行施工作业手续，同时按规定指定专人担任施工作业负责人。

（2）利用列车间隔时间作业，一次拨道量不超过 40 mm 时，工、班长负责，区间设置作业标防护。

（3）无缝线路的拨道作业，应按《铁路线路修理规则》规定的作业轨温条件执行。

（四）拨道作业范围

（1）在线路养护维修中，有计划地调整线路平面时。

（2）根据季节特点和线路变化情况，进行春秋季全面拨正线路方向作业。

（3）方向超限处所，进行临时补修时重点拨道。

二、作业标准

（1）线路轨道静态几何不平顺容许偏差管理值，见附录二表 1、附录二表 2。

（2）道岔轨道静态几何不平顺容许偏差管理值见附录二表 3。

（3）《普速铁路工务安全规则》（TG/GW 101—2014）第 2.3.5 条的规定。

在电气化铁路线路上作业，拨道作业应遵守下列规定：

线路中心位移一次不得超过 30 mm，一侧拨道量年度累计不得大于 120 mm，并不得侵入建筑限界。拨道量超出上述规定时，应事先通知供电部门调查确认，满足调整要求后配合作业。

桥梁上一侧拨道量年累计不得大于 60 mm，且应满足线路中心与桥梁中心的偏差，钢梁不大于 50 mm，圬工梁不大于 70 mm。线路允许速度 120 km/h<V_{max}≤200 km/h，钢梁、圬工梁不得大于 50 mm。

三、拨道指挥要求和常见手势

（一）拨道指挥基本要求

（1）指挥位置：指挥人员应站在安全、醒目的位置，一般距拨道人员 100 m（拨大弯）或 50 m（拨小弯）。

（2）站姿要求：双腿跨在方向好的一股轨上，曲线时站在上股轨上。

（3）动作要求：手势应清晰、准确，动作幅度要大，便于远距离识别。

（4）协调配合：指挥人员与操作人员要保持良好的配合和默契。

（二）常用拨道指挥手势

（1）向前拨：右手或左手张开与头齐，手心向外做推送动作。

含义：指示操作人员将轨道向前（远离指挥者方向）拨动。

注意事项：推动时保持手臂伸直，动作要坚决。

（2）向回拨：右手或左手张开与头齐，手心向内做推送动作。

含义：指示操作人员将轨道向后（靠近指挥者方向）拨动。

注意事项：招手动作要明显，避免与其他手势混淆。

（3）向左拨：左臂向左平伸。

含义：指示操作人员将轨道向左侧拨动。

注意事项：手臂要完全伸直，保持水平。

（4）向右拨：右臂向右伸。

含义：指示操作人员将轨道向右侧拨动。

注意事项：动作与向左拨相似，但使用右手。

（5）拨接头：两手握拳，隔一个接头两拳相碰两次。

含义：指示操作人员调整轨道接头处的位置。

注意事项：碰拳动作要明显，次数要准确。

（6）拨大腰：两手高举，食拇指张开作大圆弧状。

含义：指示操作人员调整钢轨大腰（中间）部分的位置。

注意事项：圆圈动作要大而明显。

（7）拨小腰：两手放胸前，食拇指张开作小圆弧状。

含义：指示操作人员调整钢轨小腰（靠近接头）部分的位置。

注意事项：与拨大腰区分，圆圈动作较小。

（8）交叉拨：两手在胸腹前交叉。

含义：指示操作人员同时调整两股钢轨的位置。

注意事项：交叉动作要明显，避免与其他手势混淆。

（9）暂停拨：两臂伸平。

含义：指示操作人员暂时停止拨道动作。

注意事项：双臂要完全伸直，保持水平。

（10）拨道完毕：单臂在头上部划圆圈。

含义：表示拨道作业已经完成。

注意事项：圆圈动作要连续，直到操作人员确认为止。

任务三　改　道

【作业认知】

任务描述

改道概念及目的

改道作业作业流程及操作要点

轨距是指距钢轨顶面 16 mm 处两股钢轨作用边之间的最小距离，我国标准轨距是 1 435 mm。当铁路线路轨距超限或接近超限时，都将影响行车安全。因此，需要对轨距超限处的轨道进行改道作业，使轨距符合规范要求，保证行车安全。

事例助益

2012 年 6 月 16 日 9 时 56 分，××次货物列车运行至××局管内××线 K517+364 处，后部补机机车及尾前 5 辆车（装载货物为煤，载质量均为 70 t）脱轨，中断单线正线行车 20 h 33 min。事故主要原因：脱轨处线路为 300 m 半径曲线的缓和曲线，脱轨地点轨枕使用了可调扣板式扣件。由于该种扣件扣压力不易保持，且曲线下股混凝土轨枕挡肩连续破损 15 处，其中失效 9 根，严重伤损 6 根，重载列车低速通过曲线时，曲线下股横向力增大，轨道框架强度不足，轨距瞬间扩大，曲线下股车轮落于钢轨内侧，同时将曲线上股钢轨挤翻。

课时计划

课时分配见表 2-1-3-1。

表 2-1-3-1　课时分配

序号	任务内容	参考课时			教学重点
		理论	实践	合计	
1	改道作业	2	2	4	改道作业的操作方法及注意事项

【理论夯实】

工具准备

拨道器、改道器、尼龙座、小胶垫、大胶垫、扣件、长效油脂、大锤、扳手、450 mm 活动扳手、扭矩扳手、150 mm 钢直尺、5 m 卷尺、道尺、钢丝刷、石笔、轨温计、支距尺（道岔）等。

任务内容

一、作业流程

点名与分工—安全预想—工机具检查—设置防护—上道作业—作业质量回检。

二、作业程序

改道作业程序见表 2-1-3-2。

表 2-1-3-2 作业程序

工序	作业步骤	操作要点	注意事项
准备工作	1. 确定人数	由工长点名,确认当日作业人员数量和精神状态。	
	2. 工作安排及人员分工	由工长对作业人员进行工作安排和人员分工。工长担当作业负责人,并至少安排6人进行作业,同时设置驻站联络员、现场防护员各1人。	
	3. 选择作业工器具和材料	选择需要携带的工器具和材料,并检查工器具状态。	禁止拨道器等机具带病上道作业。
现场作业	1. 设置安全防护	在封锁命令下达后,现场防护员执行"手比、眼看、口呼",设置移动停车信号牌。	
	2. 测量轨温	被测量的钢轨表面除去铁锈污物,将仪表吸附在钢轨表面,5 min 后可以读出仪表的数值,即为钢轨的表面温度。需要连续测量时,可将温度计吸附在钢轨轨腰部位。	
	3. 检查划撬	改道前对需要调整的扣板用石笔标出。	
	4. 卸扣件	清除轨枕、扣件上的杂物,用丁字扳手逐个拧动扣件。	
	5. 调整标准股扣板	直线以方向较好的一股为标准股,曲线以上股为标准股。扣件型号不能混用,扣板扣件应采用调换扣板以及更换扣板等方法消灭"三不密"扣板。弹条扣件应使用不同规格尼龙挡座调整轨距,并注意防止挤动钢轨。	
	6. 改正对面股轨距	先量好轨距,根据轨距大小,采用调换、更换扣板或挡板座等方法来调整,应按先外口、后里口的顺序将轨距调整好。	
	7. 拧紧扣件	用扭矩扳手将扣件逐个拧紧。	
验收总结	1. 作业回检	用道尺检查轨距、水平,目测线路高低是否良好,如果目测较大,再拉弦线确认,确保线路几何形位符合《普速铁路线路修理规则》(TG/GW 102—2019)第 6.2.1 条和 6.2.2 条的规定。	
	2. 回收工具	作业完毕后要做好工器具、材料、作业人员的出清工作。	
	3. 撤除防护	由现场防护员带领作业人员统一沿路肩返回,作业负责人确认人机材无误后,办理撤除防护手续。	
	4. 工作总结	作业人员汇报任务完成情况和设备质量情况,作业负责人对当日作业进行小结。	

续表

工序	作业步骤	操作要点	注意事项
作业安全		（1）在电气化区段作业时，不得碰伤连接线。 （2）作业过程中按要求使用佩戴劳保用品，多人作业时，保持安全距离，防止工具伤人。 （3）严禁在双线铁路线间摆放机具材料。 （4）作业人员上道作业或穿越线路，必须执行"手比、眼看、口呼"的规定。 （5）在绝缘接头处，防止扣件与夹板接触。	
质量要求		（1）直线、曲线地段几何形位符合附录二表1、表2的规定，曲线与直线连接处不得有"反弯"或"鹅头"；道岔地段几何形位符合附录二表3的规定。 （2）扣件应符合《普速铁路线路修理规则》（TG/GW 102—2019）第3.7.4条的规定。 （3）联结零件齐全、扭力矩达标、道钉无浮离、道床平整饱满。	

【技能提升】

根据表2-1-3-2作业流程，分组完成铁路线路改道作业。评分标准见表2-1-3-3。

表2-1-3-3 评分标准

工序	作业步骤	配分	评分标准	扣分	得分
准备工作	1. 确定人数	5	小组点名，根据考勤情况打分。缺勤个人得分为零。		
	2. 工作安排及人员分工	5	能合理分配小组作业人员。得分为作业人员正确率×5分基础分，计算结果保留至小数点后两位。		
	3. 选择作业工器具和材料	15	选择正确的工具及数量/总计需要选择的工具及数量×15分基础分，计算结果保留至小数点后两位。		
现场作业	1. 设置安全防护 2. 测量轨温 3. 检查划撬 4. 卸扣件 5. 调整标准股扣板 6. 改正对面股轨距 7. 拧紧扣件	55	正确步骤的总得分/所有操作步骤的总分×55分基础分，计算结果保留至小数点后两位。		
验收总结	1. 作业回检	10	根据回检测量情况，判断作业是否正常。判断正确得分，错误不得分。		

续表

工序	作业步骤	配分	评分标准	扣分	得分
验收总结	2. 回收工具	10	已回收的工具材料数量/总计需要选择回收的工具材料数量×10 分基础分，计算结果保留至小数点后两位。		
	3. 撤除防护	—	—		
	4. 工作总结	—	—		
合计					

【综合评价】

<table>
<tr><td colspan="5" align="center">小组互评表</td></tr>
<tr><td>分组</td><td>评价项目</td><td colspan="2">选项</td><td>得分</td></tr>
<tr><td rowspan="2">被评组_____</td><td>操作过程</td><td colspan="2">完全规范（3分）较规范（2分）规范（1分）不规范（0分）</td><td></td></tr>
<tr><td>存在问题</td><td colspan="2"></td><td></td></tr>
<tr><td rowspan="2">被评组_____</td><td>操作过程</td><td colspan="2">完全规范（3分）较规范（2分）规范（1分）不规范（0分）</td><td></td></tr>
<tr><td>存在问题</td><td colspan="2"></td><td></td></tr>
<tr><td rowspan="2">被评组_____</td><td>操作过程</td><td colspan="2">完全规范（3分）较规范（2分）规范（1分）不规范（0分）</td><td></td></tr>
<tr><td>存在问题</td><td colspan="2"></td><td></td></tr>
<tr><td rowspan="2">被评组_____</td><td>操作过程</td><td colspan="2">完全规范（3分）较规范（2分）规范（1分）不规范（0分）</td><td></td></tr>
<tr><td>存在问题</td><td colspan="2"></td><td></td></tr>
<tr><td rowspan="2">被评组_____</td><td>操作过程</td><td colspan="2">完全规范（3分）较规范（2分）规范（1分）不规范（0分）</td><td></td></tr>
<tr><td>存在问题</td><td colspan="2"></td><td></td></tr>
<tr><td rowspan="3">本组自评</td><td>操作过程</td><td colspan="2">完全规范（3分）较规范（2分）规范（1分）不规范（0分）</td><td></td></tr>
<tr><td>存在问题</td><td colspan="2"></td><td></td></tr>
<tr><td>解决措施</td><td colspan="2"></td><td></td></tr>
<tr><td colspan="4" align="center">合计</td><td></td></tr>
</table>

个人评价表

评价内容	课堂表现	选项	得分
参与状态	认真倾听老师讲课	认真（2分）一般（1分）不认真（0分）	
	认真倾听同学发言	认真（2分）一般（1分）不认真（0分）	
	大胆表达自己的想法	大胆（2分）一般（1分）不大胆（0分）	
交流状态	积极与同学交流、讨论	积极（2分）一般（1分）不愿意（0分）	
	注意听取同学的方法	认真（2分）一般（1分）不认真（0分）	
	愿意与同学合作解决问题	愿意（2分）一般（1分）不愿意（0分）	
思维状态	用不同的方法解决问题，能独立思考，有创造性	认真（2分）一般（1分）不认真（0分）	
	能对数据及图表进行分析，有条理地说出自己的想法	认真（2分）一般（1分）不认真（0分）	
	解决问题的过程很清楚	认真（2分）一般（1分）不认真（0分）	
实操状态	操作过程是否严谨有序	是（1分）否（0分）	
达成状态	对本任务的知识掌握情况	理解并掌握（2分）初步理解（1分）不明白（0分）	
合计			

教师综合评价表

任务名称：		班级：	
课次：		组别：	

模块	评价内容	配分	得分
知识	轨道超限的危害	10	
	不同类型扣件的调整方法	10	
技能	准备工作	15	
	现场作业	15	
	验收总结	15	
素质	数据分析能力	3	
	信息检索能力	3	
	综合分析能力	3	
	学习态度	3	
	专注力	3	
	动手能力	3	
	团队合作参与度	3	
	职业素养	3	

本任务综合评分	
前任务综合评分	
同比增值幅度/%	
备注	

【知识拓展】

一、基本知识

（一）改道的概念

改道是指为了改正超限或接近超限的轨距及其变化率，消除线路方向不良，通过按规定的轨距值改动另一股钢轨位置的作业方式。在直线地段，以方向好的一股为标准股；在曲线地段，以上股为标准股。道岔以外直股为标准股。

（二）改道的原因

（1）改正超限或接近超限的轨距及其变化率超限处所（直线和曲线）。
（2）改正轨道上因轨距引起的小方向。
（3）消除"三不密"扣件，即：扣板或轨距挡板与轨底、铁座、铁座与小胶垫离缝。

（三）改道作业条件

（1）在混凝土轨枕地段改正超限或接近超限的轨距及其变化率。
（2）设置作业标，防护员防护，正线有维修天窗地段作业必须纳入天窗点内执行。
（3）作业中允许一处连续卸开 60 kg/m 钢轨不超过 7 个轨枕头；50 kg/m 钢轨不超过 5 个轨枕头，来车上不齐时，允许每隔两根轨枕有一个轨枕头不上扣件，120 km/h 以上区段扣件必须齐全有效。
（4）无缝线路按《铁路线路修理规则》标准执行。

（四）改道作业的关键技术

1. 改道的基本原则

（1）以安全为首要原则，确保改道后的轨距符合安全标准。
（2）遵循"标准股不动，调整对面股"的原则。
（3）采用科学的测量方法，精确判断需要调整的位置和幅度。
（4）选择合适的天窗时间，尽量减少对正常运营的影响。
（5）注重质量控制，确保改道后线路状态得到实质性改善。

2. 改道的注意事项

（1）根据线路类型选择合适的改道方法和工具。
（2）考虑温度因素，选择合适的作业时间。

（3）严格遵守操作规程，确保作业安全。

（4）做好防护措施，避免对其他设备造成损坏。

（5）及时进行质量检查，确保改道效果。

二、作业标准

（1）线路轨道静态几何不平顺容许偏差管理值，见附录二表1、附录二表2。

（2）道岔轨道静态几何不平顺容许偏差管理值见附录二表3。

（3）《普速铁路线路修理规则》（TG/GW 102—2019）第3.7.4条规定：

扣件应保持齐全，位置正确，按标准要求进行铺设和养护维修，确保作用良好。Ⅰ型、Ⅱ型弹条中部前端下颚与轨距挡板离缝作业后不应大于 1 mm，日常保持不宜大于 2 mm。Ⅲ型弹条小圆弧内侧与预埋铁座端部相距 8~10 mm。小阻力扣件弹条中部前端下颚与钢轨离缝作业后不应大于 1 mm、日常保持不宜大于 2 mm。分开式弹性扣件与木枕联结应紧密，当钢轨受车轮横向力作用时不得产生相对位移和扭转离缝。扣板、轨距挡板应靠贴轨底边。扣板（弹片）扣件扭矩应保持 80~140 N·m。

任务四　捣　固

【作业认知】

任务描述

随着车辆载重的增加，列车行驶在轨道上时，对钢轨和道床的冲击也变大，这使得道床和钢轨更容易松动，影响行车安全。因此，需要对线路进行捣固作业，整治线路高低、水平、三角坑不良，整治暗坑、吊板和低接头，增加道床和钢轨的牢固性与稳定性，保持线路平顺，确保行车安全。

捣固的概念及目的

捣固作业流程及操作要点

事例助益

2009年9月3日，××铁路局××线K51+300处，工务段组织小机群捣固作业时，违反《普速铁路工务安全规则》（TG/GW 101—2014）第2.4.18条"小型养路机械、机具及防护设备应专管专用，加强日常检修和定期检查，经常保持良好状态。未设置安全装置、未经产品认证和状态不良，严禁上道使用"的规定，捣固机日常保养不良，施工作业前设备检查不彻底，导致作业过程中捣固机夹轨钳子与吊链的连接杆折断，后弹到距离捣固机 1.5 m 处线路工杨×（男，26岁）的右眼上，造成重伤。

2012年6月，××次货物列车运行至××线A至B山间下行线K582+740处，与张××、胡××、中××等3名工务作业人员和两台捣固机相撞，造成张××、胡××当场死亡，中××在送往医院途中死亡。

2021年6月4日5时18分，××线××次旅客列车运行至A至B站间与跨越线路的作业人员发生相撞，造成9人死亡，构成铁路交通较大事故。经调查，事故主要原因是维修作业过程中，捣固稳定车发生故障，作业人员在转场跨线过程中，有关人员盲目指挥、联控不彻底导致现场防护失效，其中违章跨越线路是导致事故发生的直接原因。

课时计划

课时分配见表2-1-4-1。

表2-1-4-1　课时分配

序号	任务内容	参考课时			教学重点
		理论	实践	合计	
1	线路捣固作业	2	2	4	捣固作业的操作方法及注意事项

【理论夯实】

工具准备

捣固机、起道机、四齿耙、扳手、扭矩扳手、长效油脂、油刷、道尺、弦线、石笔和轨温计等。

任务内容

一、作业流程

点名与分工—安全预想—工机具检查—设置防护—上道作业—作业质量回检。

二、作业程序

捣固作业程序见表2-1-4-2。

表2-1-4-2　作业程序

工序	作业步骤	操作要点	注意事项
准备工作	1. 确定人数	由工长点名，确认当日作业人员数量和精神状态。	
	2. 工作安排及人员分工	由工长对作业人员进行工作安排和人员分工。工长担当作业负责人，并至少安排4人进行作业，同时设置驻站联络员、现场防护各1人。	
	3. 选择作业工器具和材料	选择需要携带的工器具和材料，并检查工器具状态。	禁止拨道器等机具带病上道作业。

续表

工序	作业步骤	操作要点	注意事项
现场作业	1. 设置安全防护	在封锁命令下达后，现场防护员执行"手比、眼看、口呼"的规定，设置移动停车信号牌。	
	2. 测量轨温	被测量的钢轨表面除去铁锈污物，将仪表吸附在钢轨表面，5 min 后可以读出仪表的数值，即为钢轨的表面温度。需要连续测量时，可将温度计吸附在钢轨轨腰部位。	
	3. 检查机械	打开捣固机机罩，确认小型液压捣固机各部件齐全、良好，检查紧固螺栓。	
	4. 提机上道	操作者在确认施工领导人发出上道作业信号后，方准推机上道。每台捣固机1人操作，另1人做辅助工作。	
	5. 起道	起道时将起道机放置在钢轨底部，使钢轨底部与起道轮接触，轨底侧面与限位挡铁接触，然后拨倒手提梁，关闭回油阀。	
	6. 捣固作业：下插	捣固机要定位，镐板在轨枕前后和钢轨前后的距离要均匀，并垂直下插，不得撞击钢轨、轨枕及联结零件。下插要稳，遇阻力时应边下插边略作张合动作。镐板上缘应插到轨枕底面下 30～40 mm 处。	
	7. 捣固作业：夹实	镐板下插到位后即开始夹实。夹实时，镐板夹到行程终端后，应持续夹实 2～3 s。一般情况下，小腰（3根）夹一次，大腰夹两次，接头（两侧各两根）夹 2～3 次。	
	8. 捣固作业：提升	每捣完一根轨枕后，两台捣固机要同时提升镐板，严禁镐板在夹实状态下提升。	
	9. 捣固作业：转移	动作要迅速，做到边升镐边推移捣固机，走圆弧形，并不得碰撞轨枕及零件。	
	10. 下道	先将镐板提到最高位置，由辅助人员协助推下线路。下道后，应将镐板降到最低位置，并将夹实油缸活塞全部压在缸筒之内，固定捣固机。	
	11. 整理道床	夯实拍平，使道床均匀饱满。	
验收总结	1. 作业回检	用道尺检查轨距、水平，目测线路高低是否良好，如果目测较大，再拉弦线确认，确保线路几何形位符合《普速铁路线路修理规则》(TG/GW 102—2019) 第 6.2.1 条和 6.2.2 条的规定。	
	2. 回收工具	作业完毕后要做好工器具、材料、作业人员的出清工作。	
	3. 撤除防护	由现场防护员带领作业人员统一沿路肩返回，作业负责人确认人机材无误后，办理撤除防护手续。	
	4. 工作总结	作业人员汇报任务完成情况和设备质量情况，作业负责人对当日作业进行小结。	

续表

工序	作业步骤	操作要点	注意事项
作业安全		（1）小型液压捣固机作业时，严禁穿越捣固机，多组同时上道作业时，相邻捣固机距离不小于3 m，走行保持同步。 （2）小型液压捣固机作业时，其下道架应有专人负责，并随主机移动，距离不得大于15 m。 （3）作业过程中按要求使用佩戴劳保用品，防止工具伤人。 （4）严禁在双线铁路线间摆放机具材料。 （5）作业人员上道作业或穿越线路，必须执行"手比、眼看、口呼"的规定。	
质量要求		（1）直线、曲线地段几何形位符合附录二表1、附录二表2的规定，道岔地段几何形位符合附录二表3的规定。 （2）道床平整饱满，道床顶面宽度及边坡坡度应符合表2-6-2-4的规定。	

【技能提升】

根据表2-1-4-2作业程序，分组完成线路捣固作业。评价标准见表2-1-4-3。

表2-1-4-3 评价标准

工序	作业步骤	配分	评分标准	扣分	得分
准备工作	1. 确定人数	5	小组点名，根据考勤情况打分。缺勤个人得分为零。		
	2. 工作安排及人员分工	5	能合理分配小组作业人员。得分为作业人员正确率×5分基础分，计算结果保留至小数点后两位。		
	3. 选择作业工器具和材料	15	选择正确的工具及数量/总计需要选择的工具及数量×15分基础分，计算结果保留至小数点后两位。		
现场作业	1. 设置安全防护 2. 测量轨温 3. 检查机械 4. 提机上道 5. 起道 6. 捣固作业：下插 7. 捣固作业：夹实 8. 捣固作业：提升 9. 捣固作业：转移 10. 下道 11. 整理道床	55	正确步骤的总得分/所有操作步骤的总分×55分基础分，计算结果保留至小数点后两位。		

续表

工序	作业步骤	配分	评分标准	扣分	得分
验收总结	1. 作业回检	10	根据回检测量情况，判断作业是否正常。判断正确得分，错误不得分。		
	2. 回收工具	10	已回收的工具材料数量/总计需要选择回收的工具材料数量×10分基础分，计算结果保留至小数点后两位。		
	3. 撤除防护	—	—		
	4. 工作总结	—	—		
合计					

【综合评价】

小组互评表				
分组	评价项目	选项	得分
被评组_____	操作过程	完全规范（3分）较规范（2分）规范（1分）不规范（0分）	
	存在问题		
被评组_____	操作过程	完全规范（3分）较规范（2分）规范（1分）不规范（0分）	
	存在问题		
被评组_____	操作过程	完全规范（3分）较规范（2分）规范（1分）不规范（0分）	
	存在问题		
被评组_____	操作过程	完全规范（3分）较规范（2分）规范（1分）不规范（0分）	
	存在问题		
被评组_____	操作过程	完全规范（3分）较规范（2分）规范（1分）不规范（0分）	
	存在问题		
本组自评	操作过程	完全规范（3分）较规范（2分）规范（1分）不规范（0分）	
	存在问题		
	解决措施		
合计			

个人评价表

评价内容	课堂表现	选项	得分
参与状态	认真倾听老师讲课	认真（2分）一般（1分）不认真（0分）	
	认真倾听同学发言	认真（2分）一般（1分）不认真（0分）	
	大胆表达自己的想法	大胆（2分）一般（1分）不大胆（0分）	
交流状态	积极与同学交流、讨论	积极（2分）一般（1分）不愿意（0分）	
	注意听取同学的方法	认真（2分）一般（1分）不认真（0分）	
	愿意与同学合作解决问题	愿意（2分）一般（1分）不愿意（0分）	
思维状态	用不同的方法解决问题，能独立思考，有创造性	认真（2分）一般（1分）不认真（0分）	
	能对数据及图表进行分析，有条理地说出自己的想法	认真（2分）一般（1分）不认真（0分）	
	解决问题的过程很清楚	认真（2分）一般（1分）不认真（0分）	
实操状态	操作过程是否严谨有序	是（1分）否（0分）	
达成状态	对本任务的知识掌握情况	理解并掌握（2分）初步理解（1分）不明白（0分）	
合计			

教师综合评价表

任务名称：		班级：	
课次：		组别：	

模块	评价内容	配分	得分
知识	列车动力作用对轨道的影响	10	
	捣固作业方法	10	
技能	准备工作	15	
	现场作业	15	
	验收总结	15	
素质	数据分析能力	3	
	信息检索能力	3	
	综合分析能力	3	
	学习态度	3	
	专注力	3	
	动手能力	3	
	团队合作参与度	3	
	职业素养	3	

本任务综合评分	
前任务综合评分	
同比增值幅度/%	
备注	

【知识拓展】

一、基本知识

（一）概　念

轨道捣固作业作为铁路线路养护维修工作的关键环节，旨在运用专业的机械设备或工具，针对道床开展振捣与夯实操作。通过此作业，促使道床石砟的密实度得以提升，且分布更为均匀，进而增强道床的承载能力、弹性以及稳定性，为钢轨稳固铺设于道床之上创造良好条件，保障列车运行时线路状态符合要求，确保行车安全与平稳。

（二）作业原因

1. 道床密实度变化

在列车长期且反复的运行作用下，道床石砟持续承受列车荷载，致使其原本的密实状态逐渐改变，密实度不断降低，变得愈发松散。这种变化会带来两方面不良影响：其一，道床弹性随之减弱，在列车通过时，无法有效地对轨道所受冲击力进行缓冲，进而致使钢轨、轨枕等轨道部件所承受的作用力增大，加速了这些部件的磨损与损坏进程；其二，道床承载能力下降，容易引发轨道下沉现象，破坏线路的平顺性，给列车行驶的平稳性与安全性带来潜在威胁。

2. 道床石砟不均匀

道床石砟不均匀情况的产生，源于多个方面。在道床初始铺设阶段，若施工工艺把控不当，可能导致石砟分布不均；日常维修作业过程中，操作不规范也可能对石砟分布造成影响；此外，诸如雨水冲刷等自然因素，以及石砟自身级配不合理等材料因素，同样会致使道床石砟在不同区域出现缺失或堆积的现象。这使得道床各部位的支撑性能产生差异，反映在钢轨上，便是出现高低不平、轨枕受力不均等状况，严重影响线路的平顺性，进而对列车运行的舒适度以及轨道结构整体稳定性产生负面作用。

（三）适用范围

轨道捣固作业广泛适用于各类铁路线路中有轨道部分的道床养护维修工作，涵盖普速铁路、高速铁路的正线、站线以及道岔等不同区域。无论是新线路在开通运营前，需要对道床进行系统性的初期夯实，以确保线路投入使用时具备良好状态，还是已运营线路由于道床石砟在长期使用过程中状态发生变化，需要依据实际情况开展定期或不定期的捣固作业，均可依据具体需求与工况，选用与之适配的捣固方式，针对性地改善道床性能，维持线路质量。

二、作业标准

（1）线路轨道静态几何不平顺容许偏差管理值，严格参照附录二表1、附录二表2执行。

（2）道岔轨道静态几何不平顺容许偏差管理值务必遵循附录二表3的规定执行。

（3）《普速铁路线路修理规则》（TG/GW 102—2019）规定：

轨道捣固作业收工时，捣固后道床密实度必须严格满足相应线路等级和道床类型所规定的标准要求，并且要求道床顶面保持平整，石砟不得出现明显堆积或缺失现象。同时，捣固后的轨枕空吊率（即轨枕底面与道床之间出现间隙的比例）应当严格控制，不应大于[X]%（不同线路等级对应不同的规定值，需严格按照对应标准执行）。

（4）《普速铁路工务安全规则》（TG/GW 101—2014）规定：

在运用大型养路机械捣固的情况下，相邻捣固车组之间应当始终保持不小于[具体距离]的安全距离，作业速度必须严格按照设备设计要求以及施工组织方案进行控制，任何情况下均不得出现超速作业的违规行为，确保作业过程中的行车安全以及设备运行安全。

当采用小型机械捣固时，施工单位必须在作业地段两端规范设置好防护设施，安排专人负责防护工作，防止列车意外闯入作业区域，保障施工作业人员的人身安全以及捣固作业的正常开展。

对于同一股钢轨上相邻捣固点的间距，应当严格符合设备操作要求以及线路维修标准，杜绝出现捣固盲区，避免因局部捣固不到位而影响整体道床质量，确保捣固作业覆盖全面、效果良好。

在捣固作业涉及接触网支柱、信号机等铁路沿线重要设备时，必须预留足够的安全空间，防止捣固设备或作业过程对其造成损坏。若因作业需要靠近这些设备进行操作时，施工单位应当事先与相关设备管理部门进行协调沟通，并依据协商结果采取相应的针对性防护措施，保障铁路沿线设备的正常运行以及铁路运输的安全畅通。

任务五　垫板修正

垫板作业流程及操作要点

【作业认知】

任务描述

普速铁路线路混凝土轨枕区段，采用垫（撤）轨下垫板方法调整轨道高低平顺度，消灭线路高低、水平及三角坑病害。

事例助益

2012年8月22日7时33分，××铁路局××工务段××干线车间保养工区班长带领本工区9名作业人员在下行线K912+880 m处进行撤板捣固作业时，由于站在上行一侧的防护员被上行线通过的列车隔开，此时，下行线××次货物列车驶近，作业人员失去防护，造成4名线路工来不及下道避车，被通过的××次货物列车撞上，其中3名作业人员当场被撞身亡，1名作业人员重伤。

课时计划

课时分配见表 2-1-5-1。

表 2-1-5-1　课时分配

序号	任务内容	参考课时 理论	参考课时 实践	参考课时 合计	教学重点
1	垫板修正	2	2	4	垫板放置要求

【理论夯实】

工具准备

扳手、扭矩扳手、起道机、道尺、小铲、石笔、轨温计、长效油脂、油刷、调高垫板、大胶垫等。

任务内容

一、作业流程

点名与分工—安全预想—工机具检查—设置防护—上道作业—作业质量回检。

二、作业程序

垫板修正作业程序见表 2-1-5-2。

表 2-1-5-2　作业程序

工序	作业步骤	操作要点	注意事项
准备工作	1. 确定人数	由工长点名，确认当日作业人员数量和精神状态。	
准备工作	2. 工作安排及人员分工	由工长对作业人员进行工作安排和人员分工。工长担当作业负责人，并至少安排 4 人进行作业，同时设置驻站联络员、现场防护员各 1 人。	
准备工作	3. 选择作业工器具和材料	选择需要携带的工器具和材料，并检查工器具状态。	
现场作业	1. 设置安全防护	在封锁命令下达后，现场防护员执行"手比、眼看、口呼"的规定，设置移动停车信号牌。	
现场作业	2. 测量轨温	被测量的钢轨表面除去铁锈污物，将仪表吸附在钢轨表面，5 min 后可以读出仪表的数值，即为钢轨的表面温度。需要连续测量时，可将温度计吸附在钢轨轨腰部位。	
现场作业	3. 松开扣件	用扳手松开扣件螺栓，一次松动扣件数量不超过规定轨枕根数，小曲线半径酌情减少，松动螺栓时严禁使用蛮力，防止扳手脱口。	

续表

工序	作业步骤	操作要点	注意事项
现场作业	4. 起道机抬起钢轨	抬起高度不宜超过 10～15 mm。	
	5. 垫入垫片	（1）使用专用小扁铲垫入或撤出垫片，调高垫板应垫在橡胶垫板与轨枕顶面之间，每处调高垫板不得超过 2 块，总厚度不得超过 10 mm。 （2）使用调高扣件的混凝土枕、混凝土宽枕，每处调高垫板不得超过 3 块，总厚度不得超过 20 mm（大调高量扣件除外）。完成后松开起道机使钢轨落槽。	
	6. 复紧扣件	将螺栓涂油并将扣件按要求复位，用扳手将螺栓拧紧。	
验收总结	1. 作业回检	用道尺检查轨距、水平，目测线路高低是否良好，如果目测较大，再拉弦线确认，确保线路几何形位符合《普速铁路线路修理规则》（TG/GW 102—2019）第 6.2.1 条和 6.2.2 条的规定。	
	2. 回收工具	作业完毕后要做好工器具、材料、作业人员的出清工作。	
	3. 撤除防护	由现场防护员带领作业人员统一沿路肩返回，作业负责人确认人机材无误后，办理撤除防护手续。	
	4. 工作总结	作业人员汇报任务完成情况和设备质量情况，作业负责人对当日作业进行小结。	
作业安全	（1）作业过程中按要求使用佩戴劳保用品，防止工具伤人。 （2）严禁在双线铁路线间摆放机具材料。 （3）作业人员上道作业或穿越线路，必须执行"手比、眼看、口呼"的规定。		
质量要求	（1）直线、曲线地段几何形位符合附录二表 1、附录二表 2 的规定，道岔地段几何形位符合附录二表 3 的规定。 （2）垫板作业符合《普速铁路线路修理规则》（TG/GW 102—2019）第 4.6.6 条的规定。 （3）螺栓扭矩符合《普速铁路线路修理规则》（TG/GW 102—2019）第 3.7.9 条的规定，如附录二表 4、表 5 所示，并应保持均匀。 （4）扣件应符合《普速铁路线路修理规则》（TG/GW 102—2019）第 3.7.4 条的规定。		

【技能提升】

根据表 2-1-5-2 作业程序，分组完成铁路线路垫板修正作业。评分标准见表 2-1-5-3。

表 2-1-5-3　评分标准

工序	作业步骤	配分	评分标准	扣分	得分
准备工作	1. 确定人数	5	小组点名,根据考勤情况打分。缺勤个人得分为零。		
	2. 工作安排及人员分工	5	能合理分配小组作业人员。得分为作业人员正确率×5分基础分,计算结果保留至小数点后两位。		
	3. 选择作业工器具和材料	15	选择正确的工具及数量/总计需要选择的工具及数量×15 分基础分,计算结果保留至小数点后两位。		
现场作业	1. 设置安全防护 2. 测量轨温 3. 松开扣件 4. 起道机抬起钢轨 5. 垫入垫片 6. 复紧扣件	55	正确步骤的总得分/所有操作步骤的总分×55 分基础分,计算结果保留至小数点后两位。		
验收总结	1. 作业回检	10	根据回检测量情况,判断作业是否正常。判断正确得分,错误不得分。		
	2. 回收工具	10	已回收的工具材料数量/总计需要选择回收的工具材料数量×10 分基础分,计算结果保留至小数点后两位。		
	3. 撤除防护	—	—		
	4. 工作总结	—	—		
合计					

【综合评价】

小组互评表				
分组	评价项目	选项	得分
被评组_____	操作过程	完全规范（3分）较规范（2分） 规范（1分）不规范（0分）	
	存在问题		
被评组_____	操作过程	完全规范（3分）较规范（2分） 规范（1分）不规范（0分）	
	存在问题		

被评组_____	操作过程	完全规范（3分）较规范（2分）规范（1分）不规范（0分）	
	存在问题		
被评组_____	操作过程	完全规范（3分）较规范（2分）规范（1分）不规范（0分）	
	存在问题		
被评组_____	操作过程	完全规范（3分）较规范（2分）规范（1分）不规范（0分）	
	存在问题		
本组自评	操作过程	完全规范（3分）较规范（2分）规范（1分）不规范（0分）	
	存在问题		
	解决措施		
		合计	

个人评价表

评价内容	课堂表现	选项	得分
参与状态	认真倾听老师讲课	认真（2分）一般（1分）不认真（0分）	
	认真倾听同学发言	认真（2分）一般（1分）不认真（0分）	
	大胆表达自己的想法	大胆（2分）一般（1分）不大胆（0分）	
交流状态	积极与同学交流、讨论	积极（2分）一般（1分）不愿意（0分）	
	注意听取同学的方法	认真（2分）一般（1分）不认真（0分）	
	愿意与同学合作解决问题	愿意（2分）一般（1分）不愿意（0分）	
思维状态	用不同的方法解决问题，能独立思考，有创造性	认真（2分）一般（1分）不认真（0分）	
	能对数据及图表进行分析，有条理地说出自己的想法	认真（2分）一般（1分）不认真（0分）	
	解决问题的过程很清楚	认真（2分）一般（1分）不认真（0分）	
实操状态	操作过程是否严谨有序	是（1分）否（0分）	
达成状态	对本任务的知识掌握情况	理解并掌握（2分）初步理解（1分）不明白（0分）	
		合计	

教师综合评价表

任务名称：		班级：	
课次：		组别：	
模块	评价内容	配分	得分
知识	钢轨垫板的作用	10	
	垫板放置要求	10	
技能	准备工作	15	
	现场作业	15	
	验收总结	15	
素质	数据分析能力	3	
	信息检索能力	3	
	综合分析能力	3	
	学习态度	3	
	专注力	3	
	动手能力	3	
	团队合作参与度	3	
	职业素养	3	

本任务综合评分	
前任务综合评分	
同比增值幅度/%	
备注	

【知识拓展】

一、基本知识

（一）概　念

轨道垫板修正作业是铁路线路维护保养的重要环节，旨在通过调整、修复或更换钢轨下方的垫板（如橡胶垫板、调高垫板等），保证钢轨与轨枕之间的良好接触，维持正确的轨面高度、轨距和平顺性，从而为列车的安全平稳运行提供坚实的基础。

（二）作业原因

1. 垫板磨损

长期承受列车荷载和振动冲击，垫板表面会逐渐磨损，尤其是橡胶垫板可能会变薄、破损，失去弹性缓冲功能，导致钢轨与轨枕间的冲击力传递增加，影响轨道稳定性，加速钢轨和轨枕的损坏。

2. 垫板变形

不均衡外力、道床变化或环境因素（如高温、潮湿）可能导致垫板变形，出现局部凹陷或凸起，造成轨面高低不平，影响乘坐舒适性和轨道结构的完整性。

3. 垫板老化及性能下降

垫板材料随时间推移会发生物理化学变化，如橡胶类垫板弹性降低、硬度增加，不再满足支撑和缓冲需求。此外，初期安装不当或材质质量问题也可能导致垫板性能不符合要求，需要通过修正作业来改善或更换。

（三）适用范围

垫板修正适用于各类有轨道铁路线路，包括普速铁路、高速铁路的正线、站线以及道岔区域。无论是新铺设线路中发现垫板安装不符合标准，还是运营线路由于长期使用导致垫板问题影响轨道性能时，都需要开展垫板修正作业，以保持良好的行车条件。

二、关键技术

（一）垫板厚度与材质的选择

1. 垫板厚度

确定垫板厚度需综合考虑轨道下沉量、轨面不平顺程度、原有垫板剩余厚度及线路设计要求。适当增加垫板厚度可以解决轨面低洼问题，但必须控制在合理范围内，避免影响钢轨与轨枕的连接稳定性或超出扣件调整范围。

2. 垫板材质

根据使用环境和要求选择合适的垫板材质。例如，橡胶垫板适合减振降噪，高强度塑料或复合材质垫板则在耐磨、耐腐蚀方面表现更优。选择时需考虑垫板的耐久性、承载能力和适配性，确保其长期稳定发挥作用。

（二）垫板修正与轨道几何尺寸的协同调整

垫板修正作业过程中，要密切关注轨道几何尺寸的变化，如轨距、水平、高低等参数。更换不同厚度的垫板可能改变钢轨高度，进而影响轨面水平度；调整垫板位置也可能引起轨距变化。因此，修正作业应边操作边测量，确保各几何尺寸始终处于规定的容许偏差范围内，实现轨道整体状态的良好恢复。

三、作业标准

（1）线路轨道静态几何不平顺容许偏差管理值见附录二表1、附录二表2。

（2）道岔轨道静态几何不平顺容许偏差管理值见附录二表3。

（3）《普速铁路线路修理规则》（TG/GW 102—2019）第4.6.4条规定：

修正作业收工时，垫板应安装牢固，无松动、歪斜现象，且垫板的类型、厚度应符合设计及相关标准要求。修正后钢轨的轨面高度差在相邻两根轨枕间不应大于规定值（具体数值依据线路等级而定），以保证轨面的平顺性。

经修正后的轨距容许偏差应控制在规定范围内，确保列车运行安全。

（4）《普速铁路工务安全规则》（TG/GW 101—2014）第 2.3.5 条规定：

进行垫板修正作业时，如需抬起钢轨操作，应使用符合规定的起道机等设备，并按照操作规程进行作业，防止钢轨意外滑落造成安全事故。

作业地段两端应设置好防护，避免列车意外闯入作业区域。

涉及电气化铁路时，作业人员应注意与接触网保持安全距离，防止触电危险。

更换垫板涉及移动扣件时，拆卸、安装顺序及拧紧扭矩等都应严格按照相关要求执行，确保扣件安装质量，保障轨道结构的稳定性。

在桥梁、隧道等特殊地段进行垫板修正作业时，应遵循相应的特殊作业规定，充分考虑对结构物的影响，确保作业安全和结构安全。

榜样力量

人物档案

潘魁铎，1909 年出生在辽宁省清原县，中共党员，曾任原沈阳局梅河口工务段养路工长、主任领工员、原吉林局科研所工程师、原梅河口工务段副段长。1954 年潘魁铎发明"工务曲线简易拨道法"在全国铁路推广，1973 年他编写的《养路工作计算问答》在人民交通出版社出版发行，1975 年编写的《养路作业技术问答》在人民铁道出版社出版。

事迹介绍

回溯往昔，1948 年 11 月，那正是人民解放战争迈向胜利的关键历史阶段，潘魁铎担任原梅河口工务段清原工区工长一职。彼时，确保铁路运输大动脉的安全畅通，为全国人民解放事业提供坚实可靠的运输保障，已然成为深深扎根在他心底的坚定信念。在他那略显简陋却又满含热忱的书桌上，始终摆放着一幅用毛笔苍劲书写的字幅，上面赫然写着"刻苦学习、练就本领、保家卫国"这 12 个大字，这既是他对自己的激励，更是他矢志践行的座右铭。

在担任原梅河口工务段清原工区工长的那段岁月里，潘魁铎的日常工作可谓艰辛而又充实。每天，他都要背着足足 20 多公斤重的工具，与一众工友们一起，徒步往返于长达 10 多公里的铁路线路之上，一丝不苟地对线路设备进行全面且细致的检查。每当开展线路整修作业时，他总是全神贯注，不放过任何一个细节，会将每根轨枕的相关数据认真地记录在随身携带的小本子上，而后还会对每组数据进行严谨的对比分析。就这样，年复一年，像这样写满密密麻麻数据的记录小本，潘魁铎每年都要用掉 20 多个。也正是在这般持之以恒、点滴积累的学习过程中，他的专业能力犹如破土春笋一般，得到了飞速的提升。

时光流转，到了 1952 年，凭借着出色的业务能力和高度的责任心，潘魁铎被委以重任，担任梅河口工务段主任领工员这一要职。当时，他所负责管辖的区域内，铁路曲线数量颇为众多，而若沿用苏联的曲线计算方法来对这些曲线进行检修维护，则面临着诸多棘手的难题。那种计算方法测算程序极为复杂，操作难度也很大，根本无法契合当时现场的实际作业环境。

面对这样的困境，潘魁铎并没有丝毫退缩，反而下定决心，一定要凭借自己的智慧和努力，创造出一套契合中国铁路实际情况的曲线计算方法。

于是，在此后的日子里，无论是在灯火通明的办公室里，还是在热火朝天的铁路作业现场，都能看到潘魁铎忙碌的身影。他沉浸于理论计算的世界，反复推敲每一个公式、每一个参数，而后又带着自己的初步设想，在现场作业中进行一轮又一轮的验证、测算、总结与修正。功夫不负有心人，终于在1954年，凝聚着他无数心血的"工务曲线简易拨道法"应运而生。这一方法独具优势，测算速度快，操作简便易行，一经问世，便极大地提高了现场作业的效率，迅速在全国铁路系统中得到了广泛的推广应用，为我国铁路事业的发展注入了一股强劲的动力。

同样是在1954年，潘魁铎还展现出了卓越的管理才能和创新意识。他精心组织建立起了一套科学完善的巡检制度，同时积极推行全新的养路、养桥方法。在他的悉心谋划与有力推动下，其所管辖范围内的铁路线路和桥梁状态得到了显著的改善，养护维修工作的效率和质量都有了质的飞跃，更为新中国铁路科学管理体系的构建开拓了崭新的思路与方法，在我国铁路发展的历史篇章中留下了浓墨重彩的一笔。

此后的岁月里，潘魁铎也未曾停下奋进的脚步，继续在铁路领域发光发热，将自己的经验与智慧毫无保留地奉献出来，为我国铁路事业的持续发展贡献着自己的力量。

精神之光

潘魁铎在铁路维修技术上的创新，为社会主义建设时期的铁路发展注入了新动力，他**自力更生、发奋图强、不怕困难、刻苦钻研的奋斗精神**，是留给当代铁路人的宝贵财富。

项目二 钢轨作业

内容概要

铁路是我国重要的基础设施，是国民经济的大动脉，轨道又是列车运行的基础，钢轨作为轨道的重要组成部件，其状态好坏直接影响着国民经济和铁路运输安全。因此，工务部门必须按规定对钢轨进行定期检查，并对病害钢轨及时采取相应处理措施。

知识目标

（1）掌握单根钢轨换轨、调整轨缝、钢轨打磨、钢轨铝热焊焊接的作业安全要求。
（2）掌握单根钢轨换轨、调整轨缝、钢轨打磨、钢轨铝热焊焊接的作业程序。
（3）掌握单根钢轨换轨、调整轨缝、钢轨打磨、钢轨铝热焊焊接的规范要求。
（4）掌握单根钢轨换轨、调整轨缝、钢轨打磨、钢轨铝热焊焊接的作业工具。

能力目标

（1）能熟练掌握单根钢轨换轨、调整轨缝、钢轨打磨、钢轨铝热焊焊接作业程序。
（2）能够按作业安全要求，小组合作完成单根钢轨换轨、调整轨缝、钢轨打磨、钢轨铝热焊焊接作业。
（3）能正确选择作业工具，完成作业任务。

任务一 单根钢轨换轨

单根钢轨换轨作业流程及操作要点

【作业认知】

任务描述

钢轨铺设在线路上，飞驰的火车车轮会对钢轨施加动荷载与冲击双重作用。钢轨如有较大的损伤，极易在列车经过时突然折断，造成脱线翻车的严重事故。因此，按规定及时更换普通线路（道岔）和无缝线路缓冲区的重伤和折断钢轨，以及桥上和隧道内的轻伤钢轨，恢复轨道完整、良好状态，确保行车安全，是铁路工务部门的重要工作。

事例助益

20××年××月××日，7时43分，K859/860次旅客列车运行至××站并从该站驶出时，位于××站前方××线A至B区间段内，中修队正准备进行更换伤轨的作业，施工位置位于××线下行方向A至B区间段K1466+400处。但本次施工并没有告知距离施工地点5 km处的A站值班员，也没有办理封锁施工手续，更没有设置移动停车信号机进行预先防护。K859/860次旅客列车在通过A站时，由于A站值班员对A至B区间段的换轨施工作业一无所知，因此K859/860次旅客列车以时速110 km正常高速通过A站。7时58分，K1466处的××线下行线17号左股钢轨已经成功卸下并抬下线路，但还没来得及将新轨拨入线路；7时59分，K859/860次旅客列车在××线A至B区间段K1466处发生脱轨，由于机车和车厢在脱轨后并未发生颠覆，所以事故并没有造成人员伤亡，但造成客车小破2辆，××线下行线中断行车2 h，线路于9时59分重新开通。该事故构成一起旅客列车脱轨较大事故。

课时计划

课时分配见表2-2-1-1。

表2-2-1-1 课时分配

序号	任务内容	参考课时 理论	参考课时 实践	参考课时 合计	教学重点
1	单根钢轨换轨	2	2	4	钢轨换轨的操作方法及注意事项

【理论夯实】

工具准备

单根钢轨换轨工具准备见表2-2-1-2。

表 2-2-1-2　工具数量

序号	名称	单位	数量	序号	名称	单位	数量
1	轨温计	个	1	10	道钉锤	把	1
2	钢轨夹钳	件	2	11	30 m 钢卷尺	把	1
3	扳手	把	4	12	轨距尺	把	1
4	起道机	台	1	13	铜导线	根	1
5	改道器	台	1	14	油脂	桶	1
6	轨缝调整器	台	1	15	钢丝刷	把	2~3
7	撬棍	根	2~3	16	石笔	支	1~2
8	抬杠	根	2~3	17	移动停车信号牌	块	2
9	吊轨车	台	2	18	信号旗	副	1

任务内容

单根钢轨换轨作业任务见表 2-2-1-3。

表 2-2-1-3　单根钢轨换轨作业任务

工序	作业步骤	操作要点	注意事项
准备工作	1. 确定人数	由工长点名，确认当日作业人员数量和精神状态。	
	2. 工作安排及人员分工	由工长对作业人员进行工作安排和人员分工。工长担当作业负责人，并至少安排4人进行更换作业，同时设置驻站联络员、现场防护员各1人。	
	3. 工机具准备及检查	见表 2-2-1-2。	
现场作业	1. 设置安全防护	在封锁命令下达后，现场防护员执行"手比、眼看、口呼"的规定，设置移动停车信号牌。	
	2. 测量轨温	需严格执行作业前、作业中、作业后测量轨温的制度。	在电气化区段上更换钢轨时，应根据《普速铁路工务安全规则》（TG/GW 101—2014）第 2.3.6 条、第 2.3.7 条规定设置截面不小于 70 mm² 的铜导线，该连接线在换轨作业完毕后方可拆除。
	3. 检查钢轨状态	检查待换钢轨有无伤损，复核待换钢轨长度、螺栓孔位置等参数。调查前后邻轨的轨缝大小，垫板、扣件缺损情况。根据气温预留轨缝，新轨长度应与换出的原钢轨缺口长度相等。	

续表

工序	作业步骤	操作要点	注意事项
现场作业	4. 运放钢轨	将准备换入的钢轨运至换轨处，与待换钢轨对齐摆放并防止牢固，防止翘头。	
	5. 拆除轨道加强设备、接头夹板及扣件	—	
	6. 更换钢轨	拨出旧轨，将旧轨放置在路肩，伤损钢轨需绘制明显标记，防止再用。整正胶垫，拨入新轨，并调匀两边轨缝。	
	7. 安装夹板	对夹板和接头螺栓进行涂油，装好接头夹板，卡好轨距，做到夹板与钢轨接触良好，拧紧接头螺栓，确保接头无错牙。	
	8. 安装扣件	混凝土枕地段对锈蚀的扣件进行涂油并安装，木枕地段钉紧道钉。在规定位置安装轨道加强设备。	
	9. 恢复道床断面		在电气化区段作业时，应在换轨作业完成后，拆除相应铜导线。
验收总结	1. 质量回检	由作业负责人对作业质量进行回检，确认接头无错牙，联结严密紧固，作用良好。	
	2. 回收工机具材料	清理回收现场旧料和工机具，恢复线路外观，确保场地干净，机具完整，现场无遗留。	
	3. 撤除防护	由现场防护员带领作业人员统一沿路肩返回，作业负责人确认人机料无误后，办理撤除防护手续。	
	4. 工作总结	作业人员汇报任务完成情况和设备质量情况，作业负责人对当日作业进行小结，对作业中存在的问题进行点评。	
作业安全	（1）严格执行天窗修制度。 （2）防护员防护距离不超过 50 m。 （3）注意临线车辆动态，必要时停止作业或及时下道，两线间严禁站人。 （4）跨越线路时严格执行"一站、二看、三确认、四通过"制度和"手比、眼看、口呼"制度。 （5）严格执行轨温检测制度，防止超温作业。 （6）作业过程中严禁将工机具放置在道心或钢轨引入线上、两线间，以防联电。 （7）用撬棍翻动钢轨时，必须统一协调，防止碰伤、砸伤。拨轨位置前方严禁站人。 （8）设置、撤除铜导线时，作业负责人都要及时同驻站联络员联系确认车站信号台信号显示是否正确。 （9）更换钢轨需拆除电务或其他部门接续线时，必须提前与电务或其他部门联系，提前通知配合。			
质量要求	（1）正线、到发线接头轨面及内侧面错牙要求不超过 1 mm，其他线错牙不超过 2 mm。 （2）两端接头轨缝符合标准。轨缝不大于构造轨缝（18 mm），普通绝缘接头轨缝同时不小于 6 mm。 （3）换轨作业之后，线路轨距、轨向尺寸、轨道平顺性应满足《普速铁路线路修理规则》（TG/GW 102—2019）第 6.2.1 条的规定。 （4）胶垫无偏斜、无串动，防爬设备按规定安装到位。			

【技能提升】

根据表2-2-1-3的作业任务，分组完成单根钢轨换轨作业。评分标准见表2-2-1-4。

表 2-2-1-4　评分标准

工序	作业步骤	配分	评分标准	扣分	得分
准备工作	1. 确定人数	5	小组点名，根据考勤情况打分。缺勤个人得分为零。		
	2. 工作安排及人员分工	5	能合理分配小组作业人员。得分为作业人员正确率×5分基础分，计算结果保留至小数点后两位。		
	3. 工机具准备及检查	15	选择正确的工具及数量/总计需要选择的工具及数量×15分基础分，计算结果保留至小数点后两位。		
现场作业	1. 设置安全防护	55	正确步骤的总得分/所有操作步骤的总分×55分基础分，计算结果保留至小数点后两位。		
	2. 测量轨温				
	3. 检查钢轨状态				
	4. 运放钢轨				
	5. 拆除轨道加强设备、接头夹板及扣件				
	6. 更换钢轨				
	7. 安装夹板				
	8. 安装扣件				
	9. 恢复道床断面				
验收总结	1. 质量回检	10	根据回检测量情况，判断作业是否正常。判断正确得分，错误不得分。		
	2. 回收工机具材料	10	已回收的工具材料数量/总计需要选择回收的工具材料数量×10分基础分，计算结果保留至小数点后两位。		
	3. 撤除防护	—	—	—	—
	4. 工作总结	—	—	—	—
合计					

【综合评价】

小组互评表					
分组	评价项目	选项	得分
被评组 ————	操作过程	完全规范（3分）较规范（2分）规范（1分）不规范（0分）	
	存在问题		
被评组 ————	操作过程	完全规范（3分）较规范（2分）规范（1分）不规范（0分）	
	存在问题		
被评组 ————	操作过程	完全规范（3分）较规范（2分）规范（1分）不规范（0分）	
	存在问题		
被评组 ————	操作过程	完全规范（3分）较规范（2分）规范（1分）不规范（0分）	
	存在问题		
被评组 ————	操作过程	完全规范（3分）较规范（2分）规范（1分）不规范（0分）	
	存在问题		
本组自评	操作过程	完全规范（3分）较规范（2分）规范（1分）不规范（0分）	
	存在问题		
	解决措施		
合计				

个人评价表			
评价内容	课堂表现	选项	得分
参与状态	认真倾听老师讲课	认真（2分）一般（1分）不认真（0分）	
	认真倾听同学发言	认真（2分）一般（1分）不认真（0分）	
	大胆表达自己的想法	大胆（2分）一般（1分）不大胆（0分）	
交流状态	积极与同学交流、讨论	积极（2分）一般（1分）不愿意（0分）	
	注意听取同学的方法	认真（2分）一般（1分）不认真（0分）	
	愿意与同学合作解决问题	愿意（2分）一般（1分）不愿意（0分）	
思维状态	用不同的方法解决问题，能独立思考，有创造性	认真（2分）一般（1分）不认真（0分）	
	能对数据及图表进行分析，有条理地说出自己的想法	认真（2分）一般（1分）不认真（0分）	
	解决问题的过程很清楚	认真（2分）一般（1分）不认真（0分）	
实操状态	操作过程是否严谨有序	是（1分）否（0分）	
达成状态	对本任务的知识掌握情况	理解并掌握（2分）初步理解（1分）不明白（0分）	
合计				

教师综合评价表			
任务名称：		班级：	
课次：		组别：	
模块	评价内容	配分	得分
知识	钢轨损伤判断	10	
	钢轨换轨作业操作要点	10	
技能	准备工作	15	
	现场作业	15	
	验收总结	15	
素质	数据分析能力	3	
	信息检索能力	3	
	综合分析能力	3	
	学习态度	3	
	专注力	3	
	动手能力	3	
	团队合作参与度	3	
	职业素养	3	
本任务综合评分			
前任务综合评分			
同比增值幅度/%			
备注			

【知识拓展】

一、基本知识

（一）钢轨换轨作业原因

1. 钢轨磨损

经过长时间列车的运行，钢轨表面会出现不同程度的磨损，如垂直磨耗、侧面磨耗等。垂直磨耗会使钢轨头部高度降低，影响列车行驶的平稳性；侧面磨耗严重时可能导致轨距变化，危及行车安全。

钢轨的磨耗速度与列车的轴重、运行速度、通过总重等因素密切相关。重载铁路上的钢轨由于承受较大轴重，磨损速度相对较快。

2. 钢轨伤损

钢轨伤损包括钢轨的裂纹、折断、掉块等情况。裂纹可能在钢轨内部或表面产生，内部裂纹难以直接察觉，需要通过探伤设备进行检测。一旦钢轨发生折断，会直接导致铁路线路中断，严重影响铁路运输秩序。

钢轨伤损的原因众多，如钢轨制造过程中的缺陷、焊接质量不佳、列车的冲击荷载、自然环境因素（如温度变化、腐蚀等）等都会导致钢轨伤损。

（二）钢轨折断标准

1. 钢轨全截面断裂

当钢轨在垂直于其长度方向上，整个横截面完全断开，形成明显的两段或多段，这属于钢轨折断的典型情况。在遭受巨大冲击力（如列车脱轨撞击钢轨）或在存在严重内部缺陷（如隐藏的裂纹扩展至整个截面）时，可能出现这种全截面断裂的现象。

2. 裂纹贯通钢轨轨头、轨腰和轨底

即使钢轨没有完全断开成多段，但如果存在一条裂纹，且这条裂纹从钢轨的轨头部分开始，连续贯穿轨腰区域，一直延伸到轨底部分，使得钢轨在结构上已无法完整地承受正常的列车荷载，也被认定为钢轨折断。

3. 钢轨裂纹长度标准

在普通线路上，当钢轨轨头或轨底的裂纹长度达到 50 mm 时，就判定为钢轨折断；在无缝线路上，通常当钢轨轨头或轨底的裂纹长度达到 30 mm 时，就认定为钢轨折断。这是因为无缝线路对钢轨的整体性要求更高，较小的裂纹也可能在温度变化等因素影响下迅速扩展，导致严重后果。

4. 钢轨裂纹深度标准

除了考虑裂纹长度外，裂纹深度也是判断钢轨折断的重要因素。如果钢轨表面或内部的裂纹深度达到钢轨高度（从轨头顶部到轨底底部的垂直距离）的 1/2 及以上时，无论其长度如何，都判定为钢轨折断。

二、作业要求及标准

（1）《普速铁路工务安全规则》（TG/GW 101—2014）第 2.3.6 规定：

在非自动闭塞的电气化区段上更换钢轨时，应遵守下列规定：

严禁在同一地点将两股钢轨同时拆下。

换轨前应在被换钢轨两端轨节间纵向安设一条截面积不小于 70 mm^2 的铜导线。导线两端牢固夹持在相邻的轨底上，如图 2-2-1-1。该连接线在换轨作业完毕后方可拆除。

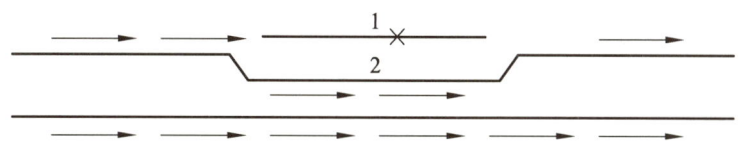

图 2-2-1-1

1—被更换的钢轨；2—铜导线。

（2）《普速铁路工务安全规则》（TG/GW 101—2014）第 2.3.7 条规定：

在自动闭塞的电气化区段上更换钢轨时，应遵守下列规定：

在同一地点同时更换两股钢轨时，无论该地段接触网是否停电，换轨前必须在被换钢轨两端的左右轨节间横向各设一条截面积不小于 70 mm² 的铜导线，在被换一股钢轨两端轨节间纵向安装一条截面积不小于 70 mm² 的铜导线。导线两端牢固夹持在相邻的轨底上，如图 2-2-1-2。换轨作业完毕后方可拆除地线和导线。

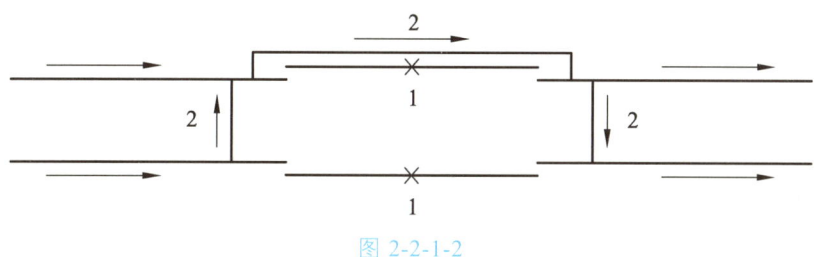

图 2-2-1-2

1—被更换的钢轨；2—铜导线。

（3）线路轨道静态几何不平顺容许偏差管理值，见附录二表 1、附录二表 2。

任务二　调整轨缝

调整轨缝作业流程及操作要点

【作业认知】

任务描述

为了避免线路爬行、轨缝位置不当和线路轨缝不均匀导致接头病害或胀轨跑道的发生，及时进行线路轨缝调整，让列车安全、平稳地运行，是铁路工务部门的重要工作。

事例助益

20××年××月××日××时××分，65××次旅客列车准备进入××线××站，××时××分，65××次列车越过了××站的进站信号机，运行至××站 2 号道岔时后发生脱轨，脱轨位置位于××线 526 公里 15 号轨处，其中机后第 7 辆车辆在脱轨后侵入了××线下行正线导致××线上下行线中断。工程抢险列车赶到后，于××时××分将侵入下行线的车厢复轨，30 min 后复轨的车厢被处理，××线上行正线也恢复运行。其间导致××线下行正线中断运行 2 h59 min。此次事故构成了旅客列车脱轨重大事故。

事后经调查，××线上行正线 526 公里 15 号至 22 号轨处列车运行方向左股接头连续 8

个接缝全部被顶死,15 号至 19 号轨处右股接头连续 5 个轨缝被顶死,且××站 2 号道岔钢轨表面温度高达 56.4 ℃,钢轨纵向应力全部集中在 2 号道岔前过渡地段上,造成周边 30 m 线路右侧钢轨鼓胀幅度高达 77 mm,造成左右股道高低不平,导致了 65××次旅客列车的脱轨。

课时计划

课时分配见表 2-2-2-1。

表 2-2-2-1 课时分配

序号	任务内容	参考课时 理论	参考课时 实践	参考课时 合计	教学重点
1	轨缝调整	2	2	4	调整轨缝的操作方法

【理论夯实】

工具准备

调整轨缝工具准备见表 2-2-2-2。

表 2-2-2-2 工具数量

序号	名称	单位	数量	序号	名称	单位	数量
1	内燃扳手	台	1	10	道钉锤	把	1
2	扭力扳手	把	1	11	轨缝塞尺	把	1
3	扳手	把	2~3	12	轨距尺	把	1
4	钢板尺	把	1	13	板尺	把	1~3
5	撬棍	根	2~3	14	木片	块	2~4
6	轨缝调整器	台	1	15	短轨头	根	2~3
7	油脂	桶	1	16	长孔夹板	套	2~3
8	毛刷	只	2~3	17	移动停车信号牌	块	2
9	轨温计	个	1	18	信号旗	副	1

任务内容

调整轨缝作业任务见表 2-2-2-3。

表 2-2-2-3 调整轨缝作业任务

工序	作业步骤	操作要点	注意事项
准备工作	1. 确定人数	由工长点名,确认当日作业人员数量和精神状态。	
	2. 工作安排及人员分工	由工长对作业人员进行工作安排和人员分工。工长担当作业负责人,并至少安排 3 人进行作业,同时设置驻站联络员、现场防护员各 1 人。	

续表

工序	作业步骤	操作要点	注意事项
准备工作	3. 工机具准备及检查	见表 2-2-2-2。	
现场作业	1. 设置安全防护	在封锁命令下达后，现场防护员执行"手比、眼看、口呼"的规定，设置移动停车信号牌。	
	2. 测量轨温	需严格执行作业前、作业中、作业后测量轨温的制度，防止超温作业。	
	3. 调查轨缝，制定调整轨缝方案	使用钢板尺从钢轨头侧面测量，测量轨缝尺寸。计算出每根钢轨的串动量和串动方向，在相应钢轨上做出标记。	
	4. 松开扣件并移除防爬设备	松开调整钢轨的扣件，卸开串动方向一侧的接头螺栓，另一侧略作松动，松开对调整轨缝有干扰的轨距杆。	
	5. 调整轨缝	将轨缝调整器放置在被串动钢轨的接头处，操作轨缝调整器按箭头所指方向串动钢轨，在被调整的轨缝中塞入木片，防止轨缝被挤，钢轨串动到达指定位置后，将轨缝调整器转移到下一处接头上，继续进行作业，直到轨缝调整完毕。	
	6. 联结零件紧固	每节轨缝调整完毕后，整修补充缺损配件，拧紧扣件，上齐接头螺栓，打紧防爬器和浮起道钉，恢复轨距杆。	
验收总结	1. 质量回检	由作业负责人对作业质量进行回检，确认轨缝调整满足要求，接头无错牙，联结零件严密紧固，作用良好。	
	2. 回收工机具材料	清理回收现场旧料和工机具，恢复线路外观，确保场地干净，机具完整，现场无遗留。	
	3. 撤除防护	由现场防护员带领作业人员统一沿路肩返回，作业负责人确认人机材无误后，办理撤除防护手续。	
	4. 工作总结	作业人员汇报任务完成情况和设备质量情况，作业负责人对当日作业进行小结。	
作业安全	（1）严格执行天窗修制度。 （2）防护员防护距离不超过 50 m。 （3）注意临线车辆动态，必要时停止作业或及时下道，两线间严禁站人。 （4）跨越线路时严格执行"一站、二看、三确认、四通过"制度和"手比、眼看、口呼"制度。 （5）严格执行轨温检测制度，防止超温作业。 （6）作业过程中严禁将工机具放置在道心或钢轨引入线上、两线间，以防联电。 （7）严禁撞夹板进行调整。		
质量要求	（1）正线、到发线接头轨面及内侧面错牙要求不超过 1 mm，其他线错牙不超过 2 mm。 （2）两端接头轨缝符合标准。轨缝不大于构造轨缝（18 mm），普通绝缘接头轨缝同时不小于 6 mm。轨缝误差满足《普速铁路线路修理规则》（TG/GW 102—2019）第 3.6.8 条的规定。 （3）调整轨缝时的轨温，需满足《普速铁路线路修理规则》（TG/GW 102—2019）第 3.6.7 条的规定。 （4）正线及到发线接头相错量直线不超过 40 mm，曲线不超过 40 mm 加缩短轨缩短量的一半；其他线直线不超过 60 mm，曲线不超过 60 mm 加缩短轨缩短量的一半。		

【技能提升】

根据表 2-2-2-3 的作业任务，分组完成轨缝调整作业。评分标准见表 2-2-2-4。

表 2-2-2-4　评分标准

工序	作业步骤	配分	评分标准	扣分	得分
准备工作	1. 确定人数	5	小组点名，根据考勤情况打分。缺勤个人得分为零。		
	2. 工作安排及人员分工	5	能合理分配小组作业人员。得分为作业人员正确率×5分基础分，计算结果保留至小数点后两位。		
	3. 工机具准备及检查	15	选择正确的工具及数量/总计需要选择的工具及数量×15分基础分，计算结果保留至小数点后两位。		
现场作业	1. 设置安全防护	55	正确步骤的总得分/所有操作步骤的总分×55分基础分，计算结果保留至小数点后两位。		
	2. 测量轨温				
	3. 调查轨缝，制定调整轨缝方案				
	4. 松开扣件并移除防爬设备				
	5. 调整轨缝				
	6. 联结零件紧固				
验收总结	1. 质量回检	10	根据回检测量情况，判断作业是否正常。判断正确得分，错误不得分。		
	2. 回收工机具材料	10	已回收的工具材料数量/总计需要选择回收的工具材料数量×10分基础分，计算结果保留至小数点后两位。		
	3. 撤除防护	—	—	—	—
	4. 工作总结	—	—	—	—
合计					

【综合评价】

		小组互评表		
分组	评价项目	选项		得分
被评组 ————	操作过程	完全规范（3分）较规范（2分）规范（1分）不规范（0分）		
	存在问题			
被评组 ————	操作过程	完全规范（3分）较规范（2分）规范（1分）不规范（0分）		
	存在问题			

被评组 _____	操作过程	完全规范（3分）较规范（2分）规范（1分）不规范（0分)	
	存在问题		
被评组 _____	操作过程	完全规范（3分）较规范（2分）规范（1分）不规范（0分)	
	存在问题		
被评组 _____	操作过程	完全规范（3分）较规范（2分）规范（1分）不规范（0分)	
	存在问题		
本组自评	操作过程	完全规范（3分）较规范（2分）规范（1分）不规范（0分)	
	存在问题		
	解决措施		
		合计	

个人评价表

评价内容	课堂表现	选项	得分
参与状态	认真倾听老师讲课	认真（2分）一般（1分）不认真（0分）	
	认真倾听同学发言	认真（2分）一般（1分）不认真（0分）	
	大胆表达自己的想法	大胆（2分）一般（1分）不大胆（0分）	
交流状态	积极与同学交流、讨论	积极（2分）一般（1分）不愿意（0分）	
	注意听取同学的方法	认真（2分）一般（1分）不认真（0分）	
	愿意与同学合作解决问题	愿意（2分）一般（1分）不愿意（0分）	
思维状态	用不同的方法解决问题，能独立思考，有创造性	认真（2分）一般（1分）不认真（0分）	
	能对数据及图表进行分析，有条理地说出自己的想法	认真（2分）一般（1分）不认真（0分）	
	解决问题的过程很清楚	认真（2分）一般（1分）不认真（0分）	
实操状态	操作过程是否严谨有序	是（1分）否（0分）	
达成状态	对本任务的知识掌握情况	理解并掌握（2分）初步理解（1分）不明白（0分）	
		合计	

教师综合评价表			
任务名称：		班级：	
课次：		组别：	
模块	评价内容	配分	得分
知识	钢轨预留轨缝尺寸计算	10	
	调整轨缝作业操作要点	10	
技能	准备工作	15	
	现场作业	15	
	验收总结	15	
素质	数据分析能力	3	
	信息检索能力	3	
	综合分析能力	3	
	学习态度	3	
	专注力	3	
	动手能力	3	
	团队合作参与度	3	
	职业素养	3	
本任务综合评分			
前任务综合评分			
同比增值幅度/%			
备注			

【知识拓展】

一、基本知识

（一）调整轨缝的原因

1. 适应钢轨热胀冷缩特性

钢轨具有热胀冷缩的物理特性，随着气温的变化，钢轨的长度会相应发生改变。在温度升高时，钢轨会膨胀伸长；温度降低时，钢轨则会收缩变短。为了适应钢轨这种热胀冷缩的变化，在铺设钢轨时就需要预留一定的轨缝。如果轨缝预留不合适，当钢轨膨胀时，可能因轨缝过小没有足够的伸展空间而产生巨大的内应力，导致钢轨变形、弯曲甚至折断；反之，当钢轨收缩时，若轨缝过大，列车通过时会产生较大的冲击力和振动，影响行车安全和舒适性，同时也会加速钢轨、轨枕等线路部件的损坏。

2. 确保行车安全与平稳

合理的轨缝能够保证钢轨在温度变化过程中正常伸缩，避免因内应力积聚而造成钢轨的结构性损坏，如出现裂缝、断裂等情况。钢轨一旦发生损坏，将直接威胁列车的行驶安全，可能导致列车脱轨等严重事故。适当的轨缝调整有助于维持轨道的平顺性。当轨缝均匀且符合标准时，列车通过时的振动和冲击会相对较小，能为旅客提供更舒适的乘车环境。相反，轨缝不合理会使列车行驶过程中产生颠簸，影响旅客的出行体验。

3. 补偿钢轨磨损与变形

在长期的列车运行过程中，钢轨会受到车轮的碾压、摩擦等作用而逐渐产生磨损。磨损后的钢轨长度可能会发生变化，部分区域的钢轨可能会变短。此外，一些外部因素如自然灾害（地震、洪水等）或意外事件（如车辆碰撞轨道设施等）也可能导致钢轨局部变形。通过调整轨缝，可以对钢轨因磨损或变形而产生的长度变化进行补偿，使轨道整体保持相对连贯和稳定，确保列车正常运行。

4. 满足铁路线路维护要求

铁路线路需要定期进行全面检查，根据检查结果来判断轨缝是否符合标准要求。如果在检查中发现轨缝过大或过小，超出了规定的容许范围，就必须进行调整，以保证线路处于良好的维护状态。

在铁路线路进行升级改造，如更换钢轨型号、增加轨道承载能力等情况下，也需要对轨缝进行相应的调整，使其与新的线路条件相匹配，确保改造后的线路能够安全、高效地运行。

二、作业标准

（1）《普速铁路线路修理规则》（TG/GW 102—2019）第 3.6.6 规定：

普通线路钢轨接头，应根据钢轨长度与钢轨温度预留轨缝。轨缝的标准尺寸按下列公式计算：

$$a_0 = \alpha L(t_z - t_0) + \frac{1}{2} a_g$$

式中　a_0——更换钢轨或调整轨缝时的预留轨缝（mm）；

　　　α——钢轨线膨胀系数，为 0.011 8 mm/（m·°C）；

　　　L——钢轨长度（m）；

　　　t_z——更换钢轨或调整轨缝地区的中间轨温（°C），

$$t_z = \frac{1}{2}(T_{max} + T_{min})$$

其中，T_{max}、T_{min}——当地历史最高、最低轨温（°C）；

　　　t_0——更换钢轨或调整轨缝时的轨温（°C）；

　　　a_g——构造轨缝，38 kg/m、43 kg/m、50 kg/m、60 kg/m、75 kg/m 钢轨 a_g 均采用 18 mm。

最高、最低轨温差不大于 85 ℃ 地区，在按上式计算以后，可根据具体情况将轨缝值减小 1~2 mm。

25 m 钢轨铺设在当地历史最高、最低轨温差大于 100 ℃ 的地区时，应单独设计。各地区（或区段）采用的最高、最低轨温，由铁路局集团公司规定。

（2）《普速铁路线路修理规则》（TG/GW 102—2019）第 3.6.7 规定：

12.5 m 钢轨地段，更换钢轨或调整轨缝时的轨温不受限制 25 m 钢轨地段，更换钢轨或调整轨缝时的轨温限制范围为（t_z + 30 ℃）~（t_z – 30 ℃）；最高、最低轨温差不大于 85 ℃ 地区，如将轨缝值减小 1~2 mm，轨温限制范围相应地降低 3~7 ℃。特殊情况下，在轨温限制范围以外更换的 25 m 钢轨，必须在轨温限制范围以内时调整轨缝，使其符合第 3.6.6 条规定的标准。

（3）《普速铁路线路修理规则》（TG/GW 102—2019）第 3.6.8 规定：

轨缝应设置均匀。每千米线路轨缝总误差，25 m 钢轨地段不得超过 80 mm，12.5 m 钢轨地段不得超过 160 mm。绝缘接头轨缝不得小于 6 mm。

任务三 钢轨打磨

钢轨打磨作业流程及操作要点

【作业认知】

任务描述

钢轨是轨道上部的重要组成部分之一。钢轨如产生病害缺陷，会在列车运行时造成较大的影响，甚至产生运行事故。因此，按规定及时进行钢轨打磨，预防钢轨病害，修复轨面病害，降低钢轨折断的风险，延长轨道设备使用寿命和维修周期，是铁路工务部门的重要工作。

事例助益

19×× 年 ×× 月 ×× 日 7 时 34 分，18×× 次货物列车由 ×× 站发出，在 ×× 线 A 至 B 间 K1724+461 处，穿越隧道时因钢轨折断，造成机后第六、七辆车脱转颠覆，引起大火，使 ×× 线 ×× 段中断行车 201 h 56 min，造成 2 名押运人员死亡，报废 23 辆货车，裂损隧道 179 m，损坏线路 763 m，直接经济损失 240 万元，构成一起货物列车隧道脱轨颠覆引起火灾爆炸的重大事故。事故的直接原因是钢轨疲劳损伤，没有及时更换。

课时计划

课时分配见表 2-2-3-1。

表 2-2-3-1 课时分配

序号	任务内容	参考课时			教学重点
		理论	实践	合计	
1	钢轨打磨	2	2	4	钢轨打磨的操作方法

【理论夯实】

工具准备

钢轨打磨工具准备见表 2-2-3-2。

表 2-2-3-2 工具数量

序号	名称	单位	数量	序号	名称	单位	数量
1	发电机	台	1	8	护目镜	个	2~4
2	打磨机	台	1	9	起道机	台	1
3	角向磨光机	台	1	10	轨距尺	把	1
4	1 m 直钢尺	把	1	11	轨头断面测量尺	把	1
5	塞尺	把	1	12	手提电镐	台	1
6	钢轨磨耗仪	台	1	13	移动停车信号牌	块	2
7	石笔	根	1	14	信号旗	副	1

任务内容

钢轨打磨作业任务见表 2-2-3-3。

表 2-2-3-3 钢轨打磨作业任务

工序	作业步骤	操作要点	注意事项
准备工作	1. 确定人数	由工长点名，确认当日作业人员数量和精神状态。	
	2. 工作安排及人员分工	由工长对作业人员进行工作安排和人员分工。工长担当作业负责人，并至少安排 3 人进行作业，同时设置驻站联络员、现场防护员各 1 人。	
	3. 工机具准备及检查	见表 2-2-3-2。	
现场作业	1. 设置安全防护	在封锁命令下达后，现场防护员执行"手比、眼看、口呼"的规定，设置移动停车信号牌。	
	2. 检查钢轨	对打磨处钢轨进行检查，确认低塌值和钢轨打磨长度及厚度。	
	3. 捣固、消除空吊	—	
	4. 打磨钢轨	均匀平稳往返推动打磨机进行打磨，打磨过程中多次用 1 m 直尺钢轨平面进行检测。用塞尺检查打磨量，保证打磨量均匀，使轨头平面偏差低于 0.3 mm。	
	5. 修正钢轨	利用仿型打磨机、角向砂轮对轨面、钢轨作用边平顺性修正。	
验收总结	1. 质量回检	由作业负责人对作业质量进行回检，确认联结零件严密紧固，作用良好。	
	2. 回收工机具材料	清理回收现场旧料和工机具，恢复线路外观，确保场地干净，机具完整，现场无遗留。	

续表

工序	作业步骤	操作要点	注意事项
验收总结	3. 撤除防护	由现场防护员带领作业人员统一沿路肩返回，作业负责人确认人机材无误后，办理撤除防护手续。	
	4. 工作总结	作业人员汇报任务完成情况和设备质量情况，作业负责人对当日作业进行小结。	
作业安全	（1）严格执行天窗修制度。 （2）防护员防护距离不超过 50 m。 （3）注意临线车辆动态，必要时停止作业或及时下道，两线间严禁站人。 （4）跨越线路时严格执行"一站、二看、三确认、四通过"制度和"手比、眼看、口呼"制度。 （5）作业过程中严禁将工机具放置在道心或钢轨引入线上、两线间，以防联电。		
质量要求	（1）打磨过程中要多次测量，随时修正打磨量。 （2）对标记位置认真进行打磨，打磨时光带要居中，以防出现蓝斑。 （3）轨面平面凸凹误差不超过 0.3 mm，水平、高低达到保养标准，纵向顺坡不大于 1‰。		

【技能提升】

根据表 2-2-3-3 的作业任务，分组完成钢轨打磨作业。评分标准见表 2-2-3-4。

表 2-2-3-4　评分标准

工序	作业步骤	配分	评分标准	扣分	得分
准备工作	1. 确定人数	5	小组点名，根据考勤情况打分。缺勤个人得分为零。		
	2. 工作安排及人员分工	5	能合理分配小组作业人员。得分为作业人员正确率×5 分基础分，计算结果保留至小数点后两位。		
	3. 工机具准备及检查	15	选择正确的工具及数量/总计需要选择的工具及数量×15 分基础分，计算结果保留至小数点后两位。		
现场作业	1. 设置安全防护	55	正确步骤的总得分/所有操作步骤的总分×55 分基础分，计算结果保留至小数点后两位。		
	2. 检查钢轨				
	3. 捣固、消除空吊				
	4. 打磨钢轨				
	5. 修正钢轨				
验收总结	1. 质量回检	10	根据回检测量情况，判断作业是否正常。判断正确得分，错误不得分。		
	2. 回收工机具材料	10	已回收的工具材料数量/总计需要回收的工具材料数量×10 分基础分，计算结果保留至小数点后两位。		
	3. 撤除防护	—	—	—	—
	4. 工作总结	—	—	—	—
合计					

【综合评价】

小组互评表			
分组	评价项目	选项	得分
被评组 _____	操作过程	完全规范（3分）较规范（2分）规范（1分）不规范（0分）	
	存在问题		
被评组 _____	操作过程	完全规范（3分）较规范（2分）规范（1分）不规范（0分）	
	存在问题		
被评组 _____	操作过程	完全规范（3分）较规范（2分）规范（1分）不规范（0分）	
	存在问题		
被评组 _____	操作过程	完全规范（3分）较规范（2分）规范（1分）不规范（0分）	
	存在问题		
被评组 _____	操作过程	完全规范（3分）较规范（2分）规范（1分）不规范（0分）	
	存在问题		
本组自评	操作过程	完全规范（3分）较规范（2分）规范（1分）不规范（0分）	
	存在问题		
	解决措施		
		合计	

个人评价表			
评价内容	课堂表现	选项	得分
参与状态	认真倾听老师讲课	认真（2分）一般（1分）不认真（0分）	
	认真倾听同学发言	认真（2分）一般（1分）不认真（0分）	
	大胆表达自己的想法	大胆（2分）一般（1分）不大胆（0分）	
交流状态	积极与同学交流、讨论	积极（2分）一般（1分）不愿意（0分）	
	注意听取同学的方法	认真（2分）一般（1分）不认真（0分）	
	愿意与同学合作解决问题	愿意（2分）一般（1分）不愿意（0分）	
思维状态	用不同的方法解决问题，能独立思考，有创造性	认真（2分）一般（1分）不认真（0分）	
	能对数据及图表进行分析，有条理地说出自己的想法	认真（2分）一般（1分）不认真（0分）	
	解决问题的过程很清楚	认真（2分）一般（1分）不认真（0分）	
实操状态	操作过程是否严谨有序	是（1分）否（0分）	
达成状态	对本任务的知识掌握情况	理解并掌握（2分）初步理解（1分）不明白（0分）	
		合计	

教师综合评价表			
任务名称：		班级：	
课次：		组别：	
模块	评价内容	配分	得分
知识	钢轨病害认知	10	
	钢轨打磨基本要求	10	
技能	准备工作	15	
	现场作业	15	
	验收总结	15	
素质	数据分析能力	3	
	信息检索能力	3	
	综合分析能力	3	
	学习态度	3	
	专注力	3	
	动手能力	3	
	团队合作参与度	3	
	职业素养	3	
本任务综合评分			
前任务综合评分			
同比增值幅度/%			
备注			

【知识拓展】

一、基本知识

（一）常见钢轨病害类型

1. 垂直磨耗

表现：钢轨头部踏面在列车车轮长期反复碾压下，垂直方向的高度逐渐降低。通常在列车通过总重较大、运行速度较快的线路段较为常见。

影响：严重的垂直磨耗会使钢轨头部的承载能力下降，影响列车行驶的平稳性，增加列车振动和噪声，还可能导致轨距变化，危及行车安全。

成因：主要与列车的轴重、运行速度、通过总重以及钢轨本身的材质和硬度等因素有关。重载铁路上的钢轨由于承受较大轴重，垂直磨耗速度相对较快。

2. 侧面磨耗

表现：钢轨头部侧面在列车车轮作用下出现磨损，一般在曲线地段更为明显。磨损部位主要集中在钢轨头部的内侧或外侧，具体取决于列车在曲线上的行驶方向。

影响：侧面磨耗严重时会改变轨距尺寸，导致轨距扩大或缩小，影响列车运行的平稳性和安全性，同时也会增加钢轨的维修和更换成本。

成因：在曲线地段，列车运行时产生的离心力使车轮对钢轨侧面施加较大压力，此外，轮轨之间的配合情况、曲线半径大小、列车运行速度等因素也会影响侧面磨耗的程度。

3. 波浪形磨耗

表现：钢轨踏面呈现出周期性的波浪形状的磨损，波长一般在几十厘米到数米之间不等。这种磨耗在一些特定线路段如重载铁路、繁忙干线等较为常见。

影响：波浪形磨耗会使列车行驶过程中产生较大振动和噪声，降低旅客的乘坐舒适性，同时也会加速钢轨和道床等其他轨道部件的损坏。

成因：其成因较为复杂，主要包括轮轨接触应力的不均匀分布、钢轨材质的不均匀性、列车运行速度和轴重的变化等因素。当列车运行速度不稳定或轴重变化较大时，容易引发波浪形磨耗。

4. 裂　纹

表现：钢轨内部或表面出现裂缝，可分为纵向裂纹、横向裂纹等不同类型。纵向裂纹一般沿钢轨长度方向发展，横向裂纹则垂直于钢轨长度方向。

影响：裂纹的存在严重削弱了钢轨的承载能力，一旦裂纹扩展到一定程度，可能导致钢轨折断，直接中断铁路线路，危及行车安全。

成因：钢轨制造过程中的缺陷、焊接质量不佳、列车的冲击荷载、自然环境因素（如温度变化、腐蚀等）等都可能导致裂纹的产生。

5. 掉　块

表现：钢轨踏面或侧面的局部材料脱落，形成块状缺失。通常在钢轨磨损较为严重的部位，或者在遭受外力冲击（如异物击打）后容易出现。

影响：掉块会使钢轨表面不平整，增加列车通过时的冲击力，影响列车行驶的平稳性，同时也可能导致轨距变化，危及行车安全。

成因：除了上述提到的磨损严重和外力冲击外，钢轨本身的材质问题（如韧性不足）也可能导致掉块现象的出现。

6. 折　断

表现：钢轨全截面断裂或裂纹贯通轨头、轨腰和轨底。

影响：钢轨折断是最为严重的病害，会直接导致铁路线路中断，使列车无法正常运行，严重影响铁路运输秩序。

成因：多由钢轨的裂纹扩展、遭受巨大外力冲击（如列车脱轨撞击钢轨）、严重的内部缺陷等因素引起。

7. 钢轨锈蚀

表现：钢轨表面出现锈斑、锈层，严重时整个钢轨表面可能被锈蚀覆盖。一般在湿度较大、有腐蚀介质存在的环境下容易出现，如靠近河流、海洋的铁路线路段。

表现：锈蚀会降低钢轨的强度和承载能力，使钢轨更容易出现其他病害，如裂纹、掉块等，同时也影响钢轨的外观。

成因：主要是由于环境中的水分、氧气以及腐蚀介质（如盐分、酸性气体等）与钢轨发生化学反应所致。

8. 轨距变化

表现：轨距是指两根钢轨内侧之间的距离，轨距出现超出规定范围的扩大或缩小现象。这种变化主要由钢轨本身的磨损（如垂直磨耗、侧面磨耗等）、道床的压实或松动、扣件的松动等因素引起。

影响：轨距变化会影响列车运行的平稳性和安全性，严重时可能导致列车脱轨。

成因：除了上述提到的原因外，列车的冲击荷载、线路的维修不当等也可能导致轨距变化。

二、作业标准及要求

（1）《普速铁路线路修理规则》（TG/GW 102—2019）第 3.6.12 规定：

应做好钢轨养护维修工作，预防和整治钢轨病害，延长钢轨使用寿命。轨面光带不良时应检测廓形并按照设计廓形进行打磨。当钢轨出现表 2-2-3-5 的病害时，应及时处理。对轨面擦伤、鱼鳞裂纹、钢轨肥边、马鞍形磨耗等应及时打磨，对轨端剥落掉块应及时进行焊补，加强对接头错牙、硬弯等病害的处理，并结合更换道砟、垫砟等方法，综合整治钢轨接头病害。应有计划地采用钢轨打（铣）磨列车进行预防性打磨、修理性打磨（或铣磨）。

表 2-2-3-5　钢轨病害整治限度［《普速铁路线路修理规则》（TG/GW 102—2019）］

钢轨病害	V_{max}>120 km/h	V_{max}≤120 km/h	测量方法
钢轨接头顶面或内侧错牙/mm	>1	>2	直尺测量
工作边或轨端肥边/mm	>1	>2	直尺测量
擦伤或剥落掉块、钢轨低头	接近或达到轻伤	接近或达到轻伤	直尺测量
硬弯/mm	>0.3	>0.5	1 m 直尺测量矢度
焊缝凹陷/mm	>0.3	>0.5	1 m 直尺测量矢度
钢轨母材轨顶面凹陷或接头马鞍形磨耗/mm	>0.3	>0.5	1 m 直尺测量矢度
波浪形磨耗	达到轻伤	达到轻伤	1 m 直尺测量矢度

曲线地段应根据钢轨状况合理安排润滑，易锈蚀地段宜采用耐锈蚀钢轨或在钢轨上涂抹防锈剂。

任务四　钢轨铝热焊焊接

【作业认知】

任务描述

钢轨铝热焊焊接作业流程及操作要点

钢轨是轨道上部的重要组成部分之一。对铁路线路区段钢轨接头进行焊修，防治或减少钢轨低塌、压溃、擦伤、掉块、磨耗等病害，使其满足线路要求，保证列车运行安全，是铁路工务部门的重要工作。

事例助益

20××年××月××日 8:45，线路工在××线 K911～K912 处进行养护作业时，发现 K911+860 左股的焊缝焊头拉开 4 mm，立即通知相关站段进行处理。9:02 分现场用急救器及轨距杆进行加固、整修紧固联结零件，于 10:30 分紧急处理完毕。而后申请天窗点进行加固钢轨，11:05 分至 13:15 分加固处理完毕，恢复列车正常运行。事后分析发现，焊缝拉开的主要原因，是焊缝焊头存在疏松缺陷，而后经历重载列车反复碾压及冲击，导致焊缝焊头在疏松原点迅速扩展，发生了此次伤损事故。

课时计划

课时分配见表 2-2-4-1。

表 2-2-4-1　课时分配

序号	任务内容	参考课时			教学重点
		理论	实践	合计	
1	钢轨铝热焊焊接	2	2	4	钢轨铝热焊焊接的操作方法

【理论夯实】

工具准备

钢轨铝热焊焊接工具准备见表 2-2-4-2。

表 2-2-4-2　工具数量

序号	名称	单位	数量	序号	名称	单位	数量
1	内燃切割机	台	1	19	铝热焊模具夹具	套	1
2	起、拨道器	台	1	20	氧气-丙烷预热枪	把	1
3	发电机	台	1	21	气体混合接头	个	1

续表

序号	名称	单位	数量	序号	名称	单位	数量
4	对轨器	个	1	22	轨温计	个	1
5	铝热焊推瘤机	台	1	23	秒表	个	1
6	角磨机	台	1	24	卷尺	把	1
7	钢轨打磨机	台	1	25	塞尺	把	1
8	1 m 钢直尺	把	1	26	钢轨保护盖	个	1
9	燃气瓶	个	1	27	仿形打磨机砂轮	个	1
10	氧气瓶	个	1	28	钢丝刷	把	1
11	压力表	个	2	29	铁锤	把	2
12	防爆接头	个	2	30	一次性坩埚	个	1
13	管线	根	2	31	砂模	个	1
14	拉轨机	台	1	32	焊剂	套	1
15	撬棍	根	1	33	封箱材料	套	1
16	扳手	把	2~3	34	移动停车信号牌	块	2
17	单轨车	台	1	35	信号旗	副	1
18	高温火柴	盒	1				

任务内容

钢轨铝热焊焊接作业任务见表 2-2-4-3。

表 2-2-4-3　钢轨铝热焊焊接作业任务

工序	作业步骤	操作要点	注意事项
准备工作	1. 确定人数	由工长点名,确认当日作业人员数量和精神状态。	
	2. 工作安排及人员分工	由工长对作业人员进行工作安排和人员分工。工长担当作业负责人,并至少安排 4 人进行作业,同时设置驻站联络员 1 人、现场防护员 1 人。	
	3. 工机具准备及检查	见表 2-2-4-2。	
现场作业	1. 设置安全防护	在封锁命令下达后,现场防护员执行"手比、眼看、口呼"的规定,设置移动停车信号牌。	
	2. 检查钢轨情况	当发现钢轨端头有裂缝、倾斜、低接头、大于 2 mm 深的掉角或其他缺陷时进行锯除。	
	3. 轨端干燥及除锈去污	用预热枪对焊封两侧各 0.5 m 范围内钢轨进行加热干燥,充分去除钢轨表面水分以及油污,并用角磨机对待焊钢轨的端面、轨头、轨腰、轨脚和轨底进行打磨用以清污除锈。	
	4. 钢轨对齐调整	以轨脚为基准,对钢轨轨头、轨腰、轨底三部分进行对齐调整。主要进行尖点调整和轨底对平。	

续表

工序	作业步骤	操作要点	注意事项
现场作业	5. 模型安装	先安装底模并拧紧丝扣，然后安装侧模，并用侧模夹具将侧模固定好，使模型与钢轨紧密贴合。模型安装后，再进行第二次对轨。	
	6. 封箱	（1）盖上砂模盖，防止砂粒等杂物落入焊缝型腔内，造成焊缝夹杂。 （2）对砂型整体封箱，用捣实棒将所有缝隙捣紧捣实。 （3）试放分流塞，如果过紧，应进行适当修整。 （4）封箱结束后，负责人应仔细检查封箱是否达到规定要求。 （5）将灰渣盘安装在侧模板的挂壁上。	
	7. 预热	（1）安装预热枪支座。 （2）通过调节燃气阀门达到控制火焰形态至中性焰，并用预热枪对两个灰渣盘稍作烘烤，去除水分。 （3）将预热枪安置在预热枪支座上，枪头必须处于焊缝的中间位置，前后左右居中，并使火焰从模型两侧的火孔中均匀喷出，开始预热计时。 （4）预热完毕，撤出预热枪，放置分流塞并关闭火焰。	
	8. 焊剂反应	（1）将盛有混合均匀焊剂的坩埚安置在砂模侧模板顶部定位槽内，将高温火柴插入焊剂锥形顶部，点燃焊剂，迅速盖上坩埚盖。 （2）当坩埚盖孔出现明火时，为焊剂反应开始时间，一旦明火出现迅速萎缩，则为焊剂反应结束时间。 （3）当坩埚底部一出现钢水时，即为钢水落下时间。钢水落下与焊剂反应结束之间的时间为钢水镇静时间。	
	9. 拆模	（1）浇铸完成后 1 min，移去坩埚，然后移去灰渣盘，并将灰渣倒入坩埚中。 （2）浇铸完成后 4 min 30 s，拆除模板和万能加紧装置。 （3）拆除模板后，及时将轨面清理干净，防止推瘤时残渣拉伤轨面。	
	10. 推瘤	（1）浇铸完成后 7 min 30 s，去除轨头砂型。 （2）7 min 40 s 开始推瘤。 （3）推瘤完成后，用撬棍将浇铸棒向外侧下方扳曲，便于下一步进行热打磨。	
	11. 打磨	（1）推瘤完成后，可以立即进行粗打磨，以节省施工时间。 （2）焊头冷却至环境温度后，进行精打磨。	
	12. 现场标记	在焊缝边缘 1 m 范围内打上焊接日期以及焊接的班组，做好标记后，拆除对轨架，按规范要求恢复轨道正常状态。	
验收总结	1. 质量回检	由作业负责人对作业质量进行回检，确保质量达到要求。	
	2. 回收工机具材料	清理回收现场旧料和工机具，恢复线路外观，确保场地干净，机具完整，现场无遗留。	
	3. 撤除防护	由现场防护员带领作业人员统一沿路肩返回，作业负责人确认人机材无误后，办理撤除防护手续。	
	4. 工作总结	作业人员汇报任务完成情况和设备质量情况，作业负责人对当日作业进行小结。	

续表

工序	作业步骤	操作要点	注意事项
作业安全		（1）严格执行天窗修制度。 （2）防护员防护距离不超过 50 m。 （3）注意临线车辆动态，必要时停止作业或及时下道，两线间严禁站人。 （4）跨越线路时严格执行"一站、二看、三确认、四通过"制度和"手比、眼看、口呼"制度。 （5）作业过程中严禁将工机具放置在道心或钢轨引入线上、两线间。 （6）拆模前严禁碰触钢轨。 （7）预热时必须使用中性焰并密切关注整个预热过程，禁止使用氧化焰和碳化焰。 （8）预热时要随时检查氧气、丙烷的工作压力。 （9）焊剂反应时，观察反应人员应戴墨镜，并站在反应处所 3 m 以外。	
质量要求		（1）焊缝须在 27～30 mm 间。 （2）在焊缝中心线两侧各 100 mm 范围内，焊接接头的轨头工作面表面不平度不大于 0.2 mm。轨顶面及轨头侧面工作边母材打磨深度不应超过 0.5 mm。 （3）气体预热时间应在 3.5～4.5 min。 （4）轨腰预热时间为 5.5～6.5 min。 （5）焊缝附近范围内钢轨表面不得有明显的压痕、划伤、裂纹等缺陷。 （6）焊接时轨温不得低于 0 ℃。 （7）平整度容许偏差值要求：轨顶面 0～0.2 mm，工作面 −0.2～0 mm。	

【技能提升】

根据表 2-2-4-3 的作业任务，分组完成钢轨铝热焊焊接作业。评分标准见表 2-2-4-4。

表 2-2-4-4　评分标准

工序	作业步骤	配分	评分标准	扣分	得分
准备工作	1. 确定人数	5	小组点名，根据考勤情况打分。缺勤个人得分为零。		
	2. 工作安排及人员分工	5	能合理分配小组作业人员。得分为作业人员正确率×5 分基础分，计算结果保留至小数点后两位。		
	3. 工机具准备及检查	15	选择正确的工具及数量/总计需要选择的工具及数量×15 分基础分，计算结果保留至小数点后两位。		
现场作业	1. 设置安全防护 2. 检查钢轨情况 3. 轨端干燥及除锈去污 4. 钢轨对齐调整 5. 模型安装 6. 封箱 7. 预热	55	正确步骤的总得分/所有操作步骤的总分×55 分基础分，计算结果保留至小数点后两位。		

续表

工序	作业步骤	配分	评分标准	扣分	得分
现场作业	8. 焊剂反应				
	9. 拆模				
	10. 推瘤				
	11. 打磨				
	12. 现场标记				
验收总结	1. 质量回检	10	根据回检测量情况,判断作业是否正常。判断正确得分,错误不得分。		
	2. 回收工机具材料	10	已回收的工具材料数量/总计需要选择回收的工具材料数量×10 分基础分,计算结果保留至小数点后两位。		
	3. 撤除防护	—	—	—	—
	4. 工作总结	—	—	—	—
合计					

【综合评价】

分组	评价项目	小组互评表		得分
		选项		
被评组 ————	操作过程	完全规范(3分)较规范(2分)规范(1分)不规范(0分)		
	存在问题			
被评组 ————	操作过程	完全规范(3分)较规范(2分)规范(1分)不规范(0分)		
	存在问题			
被评组 ————	操作过程	完全规范(3分)较规范(2分)规范(1分)不规范(0分)		
	存在问题			
被评组 ————	操作过程	完全规范(3分)较规范(2分)规范(1分)不规范(0分)		
	存在问题			
被评组 ————	操作过程	完全规范(3分)较规范(2分)规范(1分)不规范(0分)		
	存在问题			
本组自评	操作过程	完全规范(3分)较规范(2分)规范(1分)不规范(0分)		
	存在问题			
	解决措施			
合计				

个人评价表

评价内容	课堂表现	选项	得分
参与状态	认真倾听老师讲课	认真（2分）一般（1分）不认真（0分）	
	认真倾听同学发言	认真（2分）一般（1分）不认真（0分）	
	大胆表达自己的想法	大胆（2分）一般（1分）不大胆（0分）	
交流状态	积极与同学交流、讨论	积极（2分）一般（1分）不愿意（0分）	
	注意听取同学的方法	认真（2分）一般（1分）不认真（0分）	
	愿意与同学合作解决问题	愿意（2分）一般（1分）不愿意（0分）	
思维状态	用不同的方法解决问题，能独立思考，有创造性	认真（2分）一般（1分）不认真（0分）	
	能对数据及图表进行分析，有条理地说出自己的想法	认真（2分）一般（1分）不认真（0分）	
	解决问题的过程很清楚	认真（2分）一般（1分）不认真（0分）	
实操状态	操作过程是否严谨有序	是（1分）否（0分）	
达成状态	对本任务的知识掌握情况	理解并掌握（2分）初步理解（1分）不明白（0分）	
	合计		

教师综合评价表

任务名称：		班级：	
课次：		组别：	

模块	评价内容	配分	得分
知识	钢轨铝热焊作业基本流程	10	
技能	准备工作	15	
	现场作业	15	
	验收总结	15	
素质	数据分析能力	3	
	信息检索能力	3	
	综合分析能力	3	
	学习态度	3	
	专注力	3	
	动手能力	3	
	团队合作参与度	3	
	职业素养	3	

本任务综合评分	
前任务综合评分	
同比增值幅度/%	
备注	

【知识拓展】

一、基本知识

（一）铝热焊的原理

钢轨铝热焊是利用铝热反应所产生的热量来实现钢轨焊接的。铝热反应是铝和某些金属氧化物（在钢轨铝热焊中通常是氧化铁）在高温下发生的剧烈氧化还原反应。

在这个反应过程中，铝作为还原剂，氧化铁作为氧化剂，反应产生大量的热，使得反应生成的铁（以及其他添加的合金元素等）处于液态，这些液态金属能够填充钢轨接头处的缝隙，冷却凝固后便将两段钢轨牢固地焊接在一起。

（二）铝热焊的优点

（1）通过铝热反应生成的液态金属填充钢轨接头处的缝隙，冷却凝固后形成的焊缝具有较高的强度，能够满足铁路钢轨在列车运行过程中的承载要求，确保钢轨连接牢固，不易出现断裂等问题。

（2）相较于一些其他的钢轨焊接方法，如电弧焊等，钢轨铝热焊的操作流程相对较为简单，不需要复杂的焊接设备和高超的焊接技巧，经过一定培训的人员即可掌握其操作方法。

（3）从引发铝热反应到完成焊接、冷却凝固的整个过程相对较快，能够在较短的时间内完成钢轨的焊接工作，缩短铁路线路因焊接作业而中断运行的时间，提高铁路运营效率。

（三）铝热焊的缺点

（1）铝热焊的焊接质量在很大程度上取决于环境温度、湿度等因素。例如，在低温环境下，铝热反应产生的液态金属流动性可能会变差，导致填充效果不佳，影响焊缝质量；在高湿度环境下，钢轨表面容易受潮生锈，也会对焊接质量产生不利影响。

（2）由于铝热焊涉及化学反应和复杂的焊接过程，对焊接材料的质量、设备的状态、操作人员的技术等方面都需要进行严格的质量控制，否则很容易出现焊接缺陷，如焊缝中有气孔、夹杂物等问题，影响钢轨的使用寿命和行车安全。

二、作业要求及标准

（1）《钢轨焊接　第 1 部分：通用技术条件》（TB/T 1632.1—2014）第 6.1 条规定：钢轨焊接接头工作面 1 m 长度平直度要求见表 2-2-4-5，不应出现低接头。

表 2-2-4-5　钢轨焊接接头平直度要求[《钢轨焊接　第 1 部分：通用技术条件》（TB/T 1632.1—2014）]

单位：mm/m

线路设计速度 V km/h	轨顶面垂直方向最大偏差 mm		轨头侧面工作边水平方向最大偏差 mm	
	a1	a2	b1	b2
V≤120	闪光焊接：0.3，铝热焊接、气压焊接：0.4	0	0.4	0.4
120<V≤200	0.3	0	0.3	0.3
V>200	0.2	0	0.3	0

注 1：a1，a2 分别代表测量长度范围高出、低于钢轨母材轨顶基准面最大允许偏差。
　　2：b1，b2 分别代表测量长度范围轨头内侧工作面凹进、凸出钢轨母材基准最大允许偏差。

（2）《钢轨焊接　第 3 部分：铝热焊接》（TB/T 1632.3—2019）第 4.4.1.2 条规定：经打磨后的焊接接头轨头部位应满足：

① 不应出现裂纹；
② 可出现 1 个最大尺寸为 1 mm 的气孔；
③ 不应出现咬边；
④ 非工作面应打磨平顺；
⑤ 在轨头下颚与焊筋边缘交界处半径为 2 mm 的区域内，可出现 1 个最大尺寸为 1 mm 的气孔、夹渣或夹砂。

榜样力量

人物档案

徐鹏，中国铁路太原局集团有限公司职工，多年工作期间，荣获全国青年岗位能手标兵、全国铁路青年岗位能手、火车头奖章、十佳青年技能标兵等多项称号。

事迹介绍

在那如同棋盘般交错纵横、密织如网的铁路线上，轨道车显得并不起眼。它既没有客运列车风驰电掣般的速度，也不像货运列车那般总是引人注目，而是默默耕耘，在幕后不辞辛劳地为列车运行的安全与顺畅保驾护航。

徐鹏便是这样一位在平凡岗位上书写不凡的轨道车司机，他就职于中国铁路太原局集团有限公司大同西供电段动力设备车间。在工作期间，他始终秉持着严谨细致的态度，凭借过硬的专业素养，创下了令人赞叹的安全走行 5 万余公里且零违章的优异纪录。同时，他勤奋好学、刻苦钻研，在集团公司以及全路的技能竞赛中屡获佳绩，连续取得优良名次。不仅如此，他还不忘传承技艺，将自己所学到的知识与感悟毫无保留地分享给团队成员，助力整个团队共同进步。而他那坚毅勇敢、奋勇前行的精神更是值得称赞，凭借着精湛的驾驶技术，他曾荣获全路接触网作业车司机技能竞赛第一名的殊荣，还先后获得了全路技术能手、全国铁路青年岗位能手、火车头奖章以及全国青年岗位能手标兵等诸多荣誉称号。

　　自投身铁路事业7年来，徐鹏驾驶着轨道车穿梭于大秦线、大张线、京包线、京唐港线、北同蒲线等多条重要线路之上。他在这看似平凡的轨道车司机岗位上，用自己的坚守与付出，守护着铁路供电的安全与畅通，淋漓尽致地诠释着青春的活力与担当的力量。

精神之光

　　金字塔不是一天建成的，要把功夫下在平时，才能在关键时刻绽放光芒。奋斗是致敬青春的最好方式，唯有**砥砺奋斗，才不辜负青春**，生命方能出彩。

项目三　道岔作业

内容概要

铁路是我国重要的基础设施，是国民经济的大动脉，轨道又是列车运行的基础，其中道岔作为机车车辆从一股轨道转入或越过另外一股轨道时不可或缺的线路设备，与曲线、接头联结零件并称为轨道三大薄弱环节。因此，需对道岔进行综合整治来保障道岔质量，确保铁路安全平稳运行。

知识目标

（1）掌握道岔综合整治作业安全及要求。
（2）掌握道岔轨件更换作业程序。

能力目标

（1）能熟练掌握道岔综合整治的作业程序。
（2）能够按作业安全要求，小组合作完成道岔整治及无缝线路作业。
（3）能正确选择作业工具，完成作业任务。

任务一 道岔综合整治

【作业认知】

任务描述

道岔作为机车车辆从一股轨道转入或越过另外一股轨道时不可或缺的线路设备，是轨道的重要组成部分。由于其数量多，构造复杂，使用寿命短，限制列车速度，行车安全性低，与曲线、接头联结零件并称为轨道三大薄弱环节。因此，需对道岔进行综合整治来保障道岔质量，确保铁路安全平稳运行。

道岔概念及分类

道岔综合整治作业内容及操作要点

事例助益

2017年，钦州市钦州东铁路车辆段管理处接到通知，称一处区间道岔与轨道连接处处于脱轨状态，需要进行紧急维修。经过现场勘察，维修人员发现该道岔设备老化严重，磨损过多，动作不灵敏，已经严重影响到铁路安全运营。于是维修人员对该道岔进行了全面维修和综合整治。

首先，维修人员对该道岔的主要元器件进行了更换，包括铁路心轴、道岔转换器、弹性条、弹性垫、防尘罩等。然后，对该道岔的防腐措施进行了加强和处理，以保证其使用寿命和防止恶劣环境影响。维修人员还对该道岔电气设备进行了检查和维修，保证了电气设备的正常运行。维修人员最后对该道岔进行了全面测试和调试，确保其正常运行，保证了铁路安全运营。

课时计划

课时分配见表2-3-1-1。

表2-3-1-1 课时分配

序号	任务内容	参考课时 理论	参考课时 实践	参考课时 合计	教学重点
1	道岔综合整治	2	2	4	道岔综合整治作业流程和注意事项

【理论夯实】

任务准备

道岔综合整治不但要求有熟练的技术，更重要的是要有高度的责任心，在检查之前，需将检查工具按照表2-3-1-2的要求准备齐全。

表 2-3-1-2　工具数量

序号	名称	单位	数量	用途	附注
1	万能道尺	把	4	测轨距、高低	
2	道岔捣固机	台	3	作业时捣固	
3	内燃捣固机	台	3	作业时捣固	
4	起道机	台	2	道岔作业起道	
5	拨道器	台	4	道岔作业拨道	
6	记录本	本	1	记录伤损	检查人本人签字
7	轨温记	个	2	记录轨温	
8	钢轨打磨机	台	1	伤损标记	
9	轨距挡板	个	2	稳定钢轨	
10	尼龙座及轨底大胶垫	个	1	减震、防水	
11	弹条	个	2	减震	

注：① 遇到恶劣天气，须携带火炬 1 根（复线 2 根），防护员记录本 1 本。
　　② 工具的使用请详见附录。

任务内容

一、作业目的

（1）优化道岔及道岔前后 100 m 范围内的平纵断面。
（2）消灭整治区域内轨道几何尺寸超限。
（3）全面整治失效零配件。
（4）整治道岔设备病害。

二、常见病害

（1）道岔轨距、方向不良。
（2）尖轨基本轨不密贴。
（3）尖轨扳动不灵活。
（4）尖轨跳动。
（5）尖轨扎伤与侧面磨耗。
（6）导曲线不圆顺。
（7）导曲线轨距扩大。
（8）导曲线钢轨侧面磨耗。
（9）辙叉磨耗及压溃。
（10）辙叉轨距不符合标准。

三、作业流程

道岔综合整治作业流程见表 2-3-1-3。

表 2-3-1-3　道岔综合整治作业流程

工序	作业步骤	操作要点	注意事项
准备工作	1. 确定人数	由工长点名，确认当日作业人员数量和精神状态。	
	2. 工作安排及人员分工	由工长对作业人员进行工作安排和人员分工。工长担当作业负责人，并至少安排 4 人进行作业，同时设置驻站联络员 1 人、现场防护员 1 人。	
	3. 工机具准备及检查	见表 2-3-1-2。	
现场作业	1. 设置安全防护	在封锁命令下达后，现场防护员执行"手比、眼看、口呼"的规定，设置移动停车信号牌。	
	2 测量轨温	（1）测量作业前、中、后轨温变化是否在允许轨温范围。允许作业轨温参照《普速铁路线路修理规则》。 （2）测量方法：RT 型轨温计测轨温，将轨温计放置在被测量的钢轨表面，除去铁锈污物，将仪表吸附在钢轨表面，5 min 后可以读出的仪表数值即为钢轨的表面温度。	
	3. 平纵断面整治	（1）依据测量结果，按"先抬后拨"顺序进行岔区平纵断面整治，要求在捣固过程中严格按捣固标准，扒开石砟进行捣固之后回填。 （2）对于由钢轨本身硬弯引起的道岔惯性晃车的处所，用地锚拉杆定位；同时着重加强基本轨接头、岔跟接头处轨距水平整治。	
	4. 全面捣固	使用道岔捣固机与多台 20T 起道器配合（相距不大于 5 孔）进行全面捣固。捣固过程要求：道岔区岔间线路过短（甚至为 0）的要选定水平基本股，需要注意的是应避免频繁变换水平基本股。	
	5. 整治几何尺寸超限	按照作业验收标准全面整治轨距，水平、高低、方向等几何尺寸超限，同时根据护轨磨耗情况整治查照间隔及护背距离，护轨磨耗大于 18 mm 时需及时更换，严格检查轨距并控制护轨槽宽度，调整护轨垫片时，严格控制垫片数量，不得超过 3 片，总厚度不超过 10 mm。	
	6. 接头病害整治	中高低焊头绝缘接头电路不良整治，更换磨耗和变形夹板，对不良绝缘接头重新胶结或安装。	
	7. 打磨肥边	对可动心轨、尖轨、基本轨、锰钢辙叉心轨、翼轨作用边和尖轨非作用边的肥边及未焊接头的轨端眉心边要及时打磨，以防钢轨掉块和假轨距。	
	8. 补充石砟	枕木盒道砟要求饱满，正线木枕地段及站线碎石道床厚度不得小于 200 mm，混凝土枕地段不得小于 250 mm。正线边坡按照 1∶1.75 标准整理。	
验收总结	1. 质量回检	由作业负责人对作业质量进行回检，确保质量达到要求。	
	2. 回收工机具材料	清理回收现场旧料和工机具，恢复线路外观，确保场地干净，机具完整，现场无遗留。	

续表

工序	作业步骤	操作要点	注意事项
验收总结	3. 撤除防护	由现场防护员带领作业人员统一沿路肩返回，作业负责人确认人机材无误后，办理撤除防护手续。	
	4. 工作总结	作业人员汇报任务完成情况和设备质量情况，作业负责人对当日作业进行小结。	
作业安全	（1）严格执行天窗修制度。 （2）防护员防护距离不超过 50 m。 （3）注意临线车辆动态，必要时停止作业或及时下道，两线间严禁站人。 （4）跨越线路时严格执行"一站、二看、三确认、四通过"制度和"手比、眼看、口呼"制度。 （5）作业过程中严禁将工机具放置在道心或钢轨引入线上、两线间。			

【技能提升】

根据表 2-3-1-3 的作业任务，分组完成道岔综合整治作业。评分标准见表 2-3-1-4。

表 2-3-1-4 评分标准

工序	作业步骤	配分	评分标准	扣分	得分
准备工作	1. 确定人数	5	小组点名，根据考勤情况打分。缺勤个人得分为零。		
	2. 工作安排及人员分工	5	能合理分配小组作业人员。得分为作业人员正确率×5 分基础分，计算结果保留至小数点后两位。		
	3. 工机具准备及检查	15	选择正确的工具及数量/总计需要选择的工具及数量×15 分基础分，计算结果保留至小数点后两位。		
现场作业	1. 设置安全防护 2. 测量轨温 3. 平纵断面整治 4. 全面捣固 5. 整治几何尺寸超限 6. 接头病害整治 7. 打磨肥边 8. 补充石砟	55	正确步骤的总得分/所有操作步骤的总分×55 分基础分，计算结果保留至小数点后两位。		
验收总结	1. 质量回检	10	根据回检测量情况，判断作业是否正常。判断正确得分，错误不得分。		
	2. 回收工机具材料	10	已回收的工具材料数量/总计需要选择回收的工具材料数量×10 分基础分，计算结果保留至小数点后两位。		
	3. 撤除防护	—	—	—	—
	4. 工作总结				
合计					

【综合评价】

<table>
<tr><td colspan="4" align="center">小组互评表</td></tr>
<tr><td>分组</td><td>评价项目</td><td align="center">选项</td><td>得分</td></tr>
<tr><td rowspan="2">被评组_____</td><td>操作过程</td><td>完全规范（3分）较规范（2分）
规范（1分）不规范（0分）</td><td></td></tr>
<tr><td>存在问题</td><td></td><td></td></tr>
<tr><td rowspan="2">被评组_____</td><td>操作过程</td><td>完全规范（3分）较规范（2分）
规范（1分）不规范（0分）</td><td></td></tr>
<tr><td>存在问题</td><td></td><td></td></tr>
<tr><td rowspan="2">被评组_____</td><td>操作过程</td><td>完全规范（3分）较规范（2分）
规范（1分）不规范（0分）</td><td></td></tr>
<tr><td>存在问题</td><td></td><td></td></tr>
<tr><td rowspan="2">被评组_____</td><td>操作过程</td><td>完全规范（3分）较规范（2分）
规范（1分）不规范（0分）</td><td></td></tr>
<tr><td>存在问题</td><td></td><td></td></tr>
<tr><td rowspan="2">被评组_____</td><td>操作过程</td><td>完全规范（3分）较规范（2分）
规范（1分）不规范（0分）</td><td></td></tr>
<tr><td>存在问题</td><td></td><td></td></tr>
<tr><td rowspan="3">本组自评</td><td>操作过程</td><td>完全规范（3分）较规范（2分）
规范（1分）不规范（0分）</td><td></td></tr>
<tr><td>存在问题</td><td></td><td></td></tr>
<tr><td>解决措施</td><td></td><td></td></tr>
<tr><td colspan="3" align="center">合计</td><td></td></tr>
</table>

<table>
<tr><td colspan="4" align="center">个人评价表</td></tr>
<tr><td>评价内容</td><td>课堂表现</td><td align="center">选项</td><td>得分</td></tr>
<tr><td rowspan="3">参与状态</td><td>认真倾听老师讲课</td><td>认真（2分）一般（1分）不认真（0分）</td><td></td></tr>
<tr><td>认真倾听同学发言</td><td>认真（2分）一般（1分）不认真（0分）</td><td></td></tr>
<tr><td>大胆表达自己的想法</td><td>大胆（2分）一般（1分）不大胆（0分）</td><td></td></tr>
<tr><td rowspan="3">交流状态</td><td>积极与同学交流、讨论</td><td>积极（2分）一般（1分）不愿意（0分）</td><td></td></tr>
<tr><td>注意听取同学的方法</td><td>认真（2分）一般（1分）不认真（0分）</td><td></td></tr>
<tr><td>愿意与同学合作解决问题</td><td>愿意（2分）一般（1分）不愿意（0分）</td><td></td></tr>
<tr><td rowspan="3">思维状态</td><td>用不同的方法解决问题，
能独立思考，有创造性</td><td>认真（2分）一般（1分）不认真（0分）</td><td></td></tr>
<tr><td>能对数据及图表进行分析，
有条理地说出自己的想法</td><td>认真（2分）一般（1分）不认真（0分）</td><td></td></tr>
<tr><td>解决问题的过程很清楚</td><td>认真（2分）一般（1分）不认真（0分）</td><td></td></tr>
<tr><td>实操状态</td><td>操作过程是否严谨有序</td><td>是（1分）否（0分）</td><td></td></tr>
<tr><td>达成状态</td><td>对本任务的知识掌握情况</td><td>理解并掌握（2分）初步理解（1分）
不明白（0分）</td><td></td></tr>
<tr><td colspan="3" align="center">合计</td><td></td></tr>
</table>

教师综合评价表			
任务名称：		班级：	
课次：		组别：	
模块	评价内容	配分	得分
知识	道岔的结构认知	10	
	道岔检查注意事项	10	
	道岔常见的病害	10	
技能	准备工作	15	
	现场作业	15	
	验收总结	15	
素质	数据分析能力	3	
	信息检索能力	3	
	综合分析能力	3	
	学习态度	3	
	专注力	3	
	动手能力	3	
	团队合作参与度	3	
	职业素养	3	
本任务综合评分			
前任务综合评分			
同比增值幅度/%			
备注			

任务二　更换道岔轨件

【作业认知】

任务描述

道岔作为轨道三大薄弱环节之一，经常会出现不同程度的伤损，消除重伤或折断道岔、伤损辙叉、尖轨、基本轨、导轨、护轨、翼轨等，防止行车事故的发生，是确保铁路安全平稳运行的前提。

事例助益

201×年4月24日晚上9时23分左右，××省××州西北45 km处，某列车行驶过一处拐弯并且设置有道岔的区间时，由于道岔转动不及时，将车头的轮对压岔，导致脱轨事故。

当时火车共有 12 节车厢，前两节车厢脱轨，其中一辆火车头倾斜约 20°，铁路道岔设施被毁。事故造成 1 人死亡，34 人受伤。

据调查，此次事故是由于道岔的转动机构行程超限、制动缓冲不良，导致道岔转动不及时，轮对轨距自然增大，最终导致轮对压岔，火车脱轨。同时，在事故发生后，因为现场处于山区，救援力量到达现场需要一定时间，导致相关人员伤势加重，加剧了事故的严重性。

此次事故对中国铁路的运行安全产生了不小的影响，铁路部门在事故后采取了加强检查和整改的措施，以提高铁路道岔的安全运行水平。

【课时计划】

课时分配见表 2-3-2-1。

表 2-3-2-1　课时分配

序号	任务内容	理论	实践	合计	教学重点
1	更换道岔	2	2	4	道岔的更换流程和注意事项

【理论夯实】

工具准备

起道机、扳手、大锤、撬棍、30 m 钢尺、150 mm 钢直尺、道尺、石笔、轨温计等，见表 2-3-2-2。

表 2-3-2-2　工具数量

序号	名称	单位	数量	用途	附注
1	万能道尺	把	1	测轨距、高低	
12	道岔捣固机	台	3	作业时捣固	
3	内燃捣固机	台	3	作业时捣固	
4	起道机	台	2	道岔作业起道	
5	拨道器	台	4	道岔作业拨道	
6	记录本	本	1	记录伤损	检查人本人签字
7	轨温记	个	2	记录轨温	
8	钢轨打磨机	台	1	伤损标记	
9	轨距挡板	个	2	稳定钢轨	
10	尼龙座及轨底大胶垫	个	1	减震、防水	
11	弹条	个	2	减震	

注：① 遇到恶劣天气，须携带火炬 1 根（复线 2 根），防护员记录本 1 本。
② 工具的使用请详见附录。

任务内容

一、作业流程

点名与分工—安全预想—工机具检查—设置防护—上道作业—作业质量回检。

二、作业程序与评分标准

更换道岔轨件专业流程见表 2-3-2-3。

表 2-3-2-3　更换道岔轨件专业流程

工序	作业步骤	操作要点	注意事项
准备工作	1. 确定人数	由工长点名,确认当日作业人员数量和精神状态。	
	2. 工作安排及人员分工	由工长对作业人员进行工作安排和人员分工。工长担当作业负责人,并至少安排4人进行作业,同时设置驻站联络员1人、现场防护员1人。	
	3. 工机具准备及检查	见表 2-3-2-2。	
现场作业	1. 设置安全防护	在封锁命令下达后,现场防护员执行"手比、眼看、口呼"的规定,设置移动停车信号牌。	
	2. 测量轨温	测量作业前、中、后轨温变化是否在允许轨温范围。允许作业轨温参照《普速铁路线路修理规则》。 测量方法:RT型轨温测轨温,将轨温计放置在被测量的钢轨表面,除去铁锈污物,将仪表吸附在钢轨表面,5 min 后可以读出的仪表数值即为钢轨的表面温度。	
	3. 下达封锁命令,拆除相关联结零件	(1)向车站办理封锁手续,施工现场需设移动停车信号防护,并请车站或电务部门将尖轨扳离被更换基本轨。 (2)拆除基本轨接头螺栓,拆除活接头或限位器、拉杆、轨距块、轨撑等各种连接零配件。	
	4. 更换辙叉	根据电务部门配合人员现场确认拆卸联结零件,拔出旧辙叉,清理辙叉部位枕面杂物,换上新辙叉,上好联结零件,调整轨距、查照间隔、护背距离及接头错牙。	
	5. 更换尖轨	拆掉根端和连接杆螺栓,换入新尖轨,连接好各部螺栓,配合电务部门调整尖轨动程和竖切部分,螺栓涂油后依次拧紧,打磨接头轨面。	
	6. 更换基本轨	拆卸各种联结零件,用撬棍插在基本轨螺栓孔内,将基本轨拨成与垫板 45°~60°夹角,从内侧向外拨动,使轨底从滑床板脱离,换入新轨,整正轨距调整轨缝与尖轨密贴,接头错牙,消除三道缝。	
验收总结	1. 质量回检	由作业负责人对作业质量进行回检,确保质量达到要求。	
	2. 回收工机具材料	清理回收现场旧料和工机具,恢复线路外观,确保场地干净、机具完整,现场无遗留。	
	3. 撤除防护	由现场防护员带领作业人员统一沿路肩返回,作业负责人确认人机材无误后,办理撤除防护手续。	

续表

工序	作业步骤	操作要点	注意事项
验收总结	4. 工作总结	作业人员汇报任务完成情况和设备质量情况,作业负责人对当日作业进行小结。	
作业安全		(1)严格执行天窗修制度。 (2)防护员防护距离不超过 50 m。 (3)注意临线车辆动态,必要时停止作业或及时下道,两线间严禁站人。 (4)跨越线路时严格执行"一站、二看、三确认、四通过"制度和"手比、眼看、口呼"制度。 (5)作业过程中严禁将工机具放置在道心或钢轨引入线上、两线间。	

【技能提升】

根据表 2-3-2-3 的作业任务,分组完成道岔更换作业。评分标准见表 2-3-2-4。

表 2-3-2-4 评分标准

工序	作业步骤	配分	评分标准	扣分	得分
准备工作	1. 确定人数	5	小组点名,根据考勤情况打分。缺勤个人得分为零。		
	2. 工作安排及人员分工	5	能合理分配小组作业人员。得分为作业人员正确率×5 分基础分,计算结果保留至小数点后两位。		
	3. 工机具准备及检查	15	选择正确的工具及数量/总计需要选择的工具及数量×15 分基础分,计算结果保留至小数点后两位。		
现场作业	1. 设置安全防护	55	正确步骤的总得分 / 所有操作步骤的总分×55 分基础分,计算结果保留至小数点后两位。		
	2. 测量轨温				
	3. 下达封锁命令,拆除相关联结零件				
	4. 更换辙叉				
	5. 更换尖轨				
	6. 更换基本轨				
验收总结	1. 质量回检	10	根据回检测量情况,判断作业是否正常。判断正确得分,错误不得分。		
	2. 回收工机具材料	10	已回收的工具材料数量/总计需要选择的回收的工具材料数量×10 分基础分,计算结果保留至小数点后两位。		
	3. 撤除防护	—	—	—	—
	4. 工作总结	—	—	—	—
	合计				

【综合评价】

<table>
<tr><td colspan="5" align="center">小组互评表</td></tr>
<tr><td>分组</td><td>评价项目</td><td colspan="2">选项</td><td>得分</td></tr>
<tr><td rowspan="2">被评组
————</td><td>操作过程</td><td colspan="2">完全规范（3分）较规范（2分）
规范（1分）不规范（0分）</td><td></td></tr>
<tr><td>存在问题</td><td colspan="2"></td><td></td></tr>
<tr><td rowspan="2">被评组
————</td><td>操作过程</td><td colspan="2">完全规范（3分）较规范（2分）
规范（1分）不规范（0分）</td><td></td></tr>
<tr><td>存在问题</td><td colspan="2"></td><td></td></tr>
<tr><td rowspan="2">被评组
————</td><td>操作过程</td><td colspan="2">完全规范（3分）较规范（2分）
规范（1分）不规范（0分）</td><td></td></tr>
<tr><td>存在问题</td><td colspan="2"></td><td></td></tr>
<tr><td rowspan="2">被评组
————</td><td>操作过程</td><td colspan="2">完全规范（3分）较规范（2分）
规范（1分）不规范（0分）</td><td></td></tr>
<tr><td>存在问题</td><td colspan="2"></td><td></td></tr>
<tr><td rowspan="2">被评组
————</td><td>操作过程</td><td colspan="2">完全规范（3分）较规范（2分）
规范（1分）不规范（0分）</td><td></td></tr>
<tr><td>存在问题</td><td colspan="2"></td><td></td></tr>
<tr><td rowspan="3">本组自评</td><td>操作过程</td><td colspan="2">完全规范（3分）较规范（2分）
规范（1分）不规范（0分）</td><td></td></tr>
<tr><td>存在问题</td><td colspan="2"></td><td></td></tr>
<tr><td>解决措施</td><td colspan="2"></td><td></td></tr>
<tr><td colspan="4" align="center">合计</td><td></td></tr>
</table>

<table>
<tr><td colspan="4" align="center">个人评价表</td></tr>
<tr><td>评价内容</td><td>课堂表现</td><td>选项</td><td>得分</td></tr>
<tr><td rowspan="3">参与状态</td><td>认真倾听老师讲课</td><td>认真（2分）一般（1分）不认真（0分）</td><td></td></tr>
<tr><td>认真倾听同学发言</td><td>认真（2分）一般（1分）不认真（0分）</td><td></td></tr>
<tr><td>大胆表达自己的想法</td><td>大胆（2分）一般（1分）不大胆（0分）</td><td></td></tr>
<tr><td rowspan="3">交流状态</td><td>积极与同学交流、讨论</td><td>积极（2分）一般（1分）不愿意（0分）</td><td></td></tr>
<tr><td>注意听取同学的方法</td><td>认真（2分）一般（1分）不认真（0分）</td><td></td></tr>
<tr><td>愿意与同学合作解决问题</td><td>愿意（2分）一般（1分）不愿意（0分）</td><td></td></tr>
<tr><td rowspan="3">思维状态</td><td>用不同的方法解决问题，
能独立思考，有创造性</td><td>认真（2分）一般（1分）不认真（0分）</td><td></td></tr>
<tr><td>能对数据及图表进行分析，
有条理地说出自己的想法</td><td>认真（2分）一般（1分）不认真（0分）</td><td></td></tr>
<tr><td>解决问题的过程很清楚</td><td>认真（2分）一般（1分）不认真（0分）</td><td></td></tr>
<tr><td>实操状态</td><td>操作过程是否严谨有序</td><td>是（1分）否（0分）</td><td></td></tr>
<tr><td>达成状态</td><td>对本任务的知识掌握情况</td><td>理解并掌握（2分）初步理解（1分）
不明白（0分）</td><td></td></tr>
<tr><td colspan="3" align="center">合计</td><td></td></tr>
</table>

教师综合评价表				
任务名称：		班级：		
课次：		组别：		
模块	评价内容	配分	得分	
知识	道岔的更换流程	10		
	更换道岔要点	10		
技能	准备工作	15		
	现场作业	15		
	验收总结	15		
素质	数据分析能力	3		
	信息检索能力	3		
	综合分析能力	3		
	学习态度	3		
	专注力	3		
	动手能力	3		
	团队合作参与度	3		
	职业素养	3		
本任务综合评分				
前任务综合评分				
同比增值幅度/%				
备注				

【知识拓展】

一、基本知识

（一）更换道岔轨件的概念

道岔更换轨件作业是指在铁路线路上，对磨损、损坏或不符合标准的钢轨、尖轨、辙叉等关键部件进行更换，以确保道岔的几何尺寸和机械性能达到设计要求，从而保障列车安全通行。这项工作对于保持道岔的正常功能至关重要，它为提供可靠的轨道基础条件发挥了重要作用。

（二）作业原因

（1）轨件磨损：长期使用导致的磨损会改变道岔的几何尺寸，影响列车通过时的平稳性和安全性。

（2）轨件损坏：外力冲击、环境因素（如腐蚀、冻融循环）或制造缺陷可能导致轨件出现裂纹、断裂等问题，危及行车安全。

（3）轨件老化及性能下降：随着时间推移，材料发生物理化学变化，导致承载能力和机械性能下降，需要及时更换。

（4）提升道岔性能：采用新材料和技术定期更换老化的轨件可以提高使用寿命和行车效率，降低维护成本和故障率。

（三）适用范围

适用于各类有轨道铁路线路，包括普速铁路、高速铁路的正线、站线及道岔区域；新铺设线路中发现的问题；以及运营线路中的定期检查与更换。

二、作业标准

（1）静态几何不平顺容许偏差管理值遵循附录二表 1、表 2（线路轨道）和表 3（道岔轨道）的规定。

（2）顺坡率要求。根据《普速铁路线路修理规则》（TG/GW 102—2019）第 4.6.4 条：允许速度不大于 120 km/h 的线路不应大于 2.0‰；120（不含）~160 km/h 的线路不应大于 1.0‰；大于 160 km/h 的线路不应大于 0.8‰。

（3）起道作业要求。依据《普速铁路工务安全规则》（TG/GW 101—2014）第 2.3.5 条：两股钢轨同时起道时，一次作业起道量不得超过 30 mm，且两股钢轨起道量相差不得超过 11 mm；调整曲线超高时，单股起道量不得超过 11 mm；起道量超出规定时，应通知供电部门调查确认接触网设备并配合作业；起道作业不得超越建筑限界尺寸线。

（4）《铁路道岔技术条件》（TB/T 2760—2018）轨件质量要求：确保所有更换的轨件符合该标准的相关规定。道岔几何尺寸要求：确保道岔的几何尺寸在允许范围内，以维持正常功能和行车安全。

榜样力量

人物档案

娄建民，中国铁建十六局集团第五工程有限公司项目测量主管，曾获云南省第十七届职工职业技能大赛滇中引水重点工程测量工技能竞赛第一名、中国铁建股份有限公司工人先锋奖章、云南省技术状元、云南省五一劳动奖章和中国铁建十六局集团第八届"央企脊梁·员工榜样"、劳动模范等荣誉。

事迹介绍

测量工作是工程建设的"眼睛"。一条铁路要从设计图纸上的点线面精准落成到大地上,首先要由测量人员通过测量仪器进行施工放样、采集数据。由此生成的测量报告为后续施工提供最基础的数据参考。20多年来,中国铁建十六局集团第五工程有限公司项目测量主管娄建民,在南昆、内昆、贵广、沈白等线路上,年年月月穿山越谷,缜密测量……伴随着高铁网在祖国广袤大地持续延展,娄建民不断成长,获得了云南省技术状元、云南省五一劳动奖章等荣誉,成为行走在深隧悬壁的"先行者",激励和鼓舞着身边人。

2000年,娄建民积极报名参加石家庄铁路工程学校的培训。3个月时间,他系统地掌握了从控制测量到施工测量的相关知识,并学会编写卡西欧4800计算器测量程序。2007年,为掌握铁路无砟轨道CPⅢ测量技术,娄建民积极参加京广高铁武广段无砟轨道测量培训,每天晚上架着仪器在一段路上来回跑上百趟。2010年,娄建民任赣龙铁路GL-4标项目部副总工程师兼测量主管,当时,全线最长的梅花山隧道地质条件非常复杂,是全线重难点控制性工程,控制测量要求精度非常高,娄建民提前3个月准备,带领项目测量班,认真分析、研究,结合以往经验,通过不断实践,总结出行之有效的长大隧道控制测量方法,不仅满足了长大隧道贯通精度要求,还为下一步洞内CPⅡ和CPⅢ测量打下了基础。2019年,娄建民独自带队负责浩吉铁路崤山隧道无砟轨道CPⅢ测量工作。

精神之光

深隧悬壁、荒山野岭,
娄建民无怨无悔工作。
他是铁路建设的先行者,
也是飘扬在一线的一面旗帜。

项目四　无缝线路作业

内容概要

随着我国铁路交通运输网的建设规模不断扩大,铁路铺设的技术和所使用的材料质量也不断提升。近年来,随着铁路铺设速度要求逐渐提升,新型的无缝钢轨逐渐取代了传统的有缝衔接钢轨。无缝线路是由标准长度的钢轨焊接而成的长钢轨线路,它是当今轨道结构的一项重要新技术,世界各国竞相发展。无缝线路的特点是轨条长,当轨温变化时,钢轨要发生伸缩,但由于扣件的约束作用,不能自由伸缩,在钢轨内部要产生很大的温度力。为保证无缝线路的强度和稳定,需要了解长轨条内产生的温度力及其变化规律。为此要首先分析温度力、伸缩位移与轨温变化之间的关系。通过应力放散与调整,消除温度力对无缝线路的影响,保持线路稳定,同时也使铁路运输平稳性大幅度提升,节省了衔接接口所需材料和日常维修保养费用,铁路铁轨使用寿命也获得了明显提升。

知识目标

（1）无缝线路应力放散与调整的定义与条件。
（2）无缝线路应力放散计算。
（3）掌握无缝线路应力放散与调整的作业程序。

能力目标

（1）能够根据公式进行无缝线路应力放散的计算。
（2）能够根据无缝线路应力放散与调整要求,调整轨道内部应力。
（3）能够编制无缝线路应力放散与调整的组织和安全技术措施。

任务一　应力放散

【作业认知】

任务描述

无缝线路的锁定轨温与设计锁定轨温不符或原锁定轨温不明时，应将无缝线路焊接长钢轨全长或部分长度范围内的扣件松开，采取一定的措施使钢轨伸缩，当达到预计的伸缩量（或轨温）时，将线路重新锁定，这项工作称为应力放散。

应力放散基本知识

应力放散作业流程及操作要点

课时计划

课时分配见表 2-4-1-1。

表 2-4-1-1　课时分配

序号	任务内容	参考课时			教学重点
		理论	实践	合计	
1	应力放散	1	1	2	应力放散计算

【理论夯实】

任务内容

1. 需要进行应力放散的几种情况

《普速铁路线路修理规则》（TG/GW 102—2019）第 3.10.15 条规定，无缝线路的锁定轨温必须准确、均匀，有下列情况之一时必须做好放散或调整工作：

（1）实际锁定轨温不在设计锁定轨温范围以内。

（2）锁定轨温不清楚或不准确。

（3）跨区间、区间无缝线路相邻单元轨节之间的锁定轨温之差大于 5 ℃；同一区间内单元轨节的最高与最低锁定轨温之差大于 10 ℃；左右股钢轨锁定轨温之差，允许速度 160 km/h 及以下线路大于 5 ℃，允许速度 160 km/h 以上线路大于 3 ℃。

（4）长轨节产生不正常的位移。

（5）无缝道岔限位器顶死或两股尖轨相错量超过 20 mm。

（6）夏季线路轨向严重不良，碎弯多。

（7）通过测试，发现温度力分布严重不匀。

（8）因处理线路故障或施工造成实际锁定轨温超出设计锁定轨温范围或位移超限。

（9）低温铺设轨条时，拉伸不到位或拉伸不均匀。

（10）某些线路因施工需要需提高或降低无缝线路的锁定轨温时。

2. 锁定轨温变化的原因

（1）为了扩大施工季节，加速无缝线路的铺设，在气温较高或较低季节铺设施工，造成了锁定轨温比设计锁定轨温过高或过低的情况。

（2）低温焊接断缝。冬季固定区钢轨折断后，断口处两端钢轨收缩，放散了一部分温度力，在当时的低温条件下焊上一段短轨，这就相当于这段线路在低温下锁定，改变了原来的锁定轨温。

（3）由于作业不当，如在低温或高温时解开接头、在伸缩区超限超温作业等，会导致钢轨产生不正常的伸缩变形，相当于放散了钢轨应力，作业完成后恢复线路，等于重新锁定线路，改变了原来的锁定轨温。

（4）由于线路严重爬行使钢轨产生不正常的伸缩变形，改变了原来的锁定轨温。

3. 应力放散计算

无缝线路应力放散需要做到放散量要够、沿长钢轨要均匀、锁定轨温要准。为此，要进行放散量、预留轨缝及锯轨量的计算。

（1）放散量计算。

应力放散时，按钢轨自由伸缩条件计算长钢轨的放散量：

$$\Delta L = \alpha L_{放}(t_1 - t_2) \qquad (2\text{-}4\text{-}1\text{-}1)$$

式中　ΔL——放散量（mm）；

　　　$L_{放}$——需要放散的钢轨长度（m）；

　　　t_1——放散后的计划锁定轨温（°C）；

　　　t_2——原锁定轨温（°C）。

（2）锯轨量计算。

应力放散时，钢轨要伸缩，为使缓冲区轨满足预留轨缝，须把缓冲区的缓冲轨锯短或换上合适长度的钢轨。缓冲区内钢轨长度的变化，通称为锯轨量。

计算缓冲区缓冲轨的锯轨量时，必须考虑到缓冲区内预留轨缝与现有轨缝的情况，以及结合放散整治线路爬行的情况，其锯轨量按下式计算确定：

$$K = \Delta L + (\Sigma a - \Sigma b) \pm c \qquad (2\text{-}4\text{-}1\text{-}2)$$

式中　K——锯轨量（mm）；

　　　Σa——放散后缓冲区内预留轨缝的总和（mm）；

　　　Σb——放散前缓冲区内原有轨缝的总和（mm）；

　　　c——爬行量（mm），与放散方向相反时取正号，反之取负号。

【技能提升】

【例 2-4-1-1】某地区的无缝线路，其缓冲区两侧的长钢轨长度分别为 $l_1 = 1\,500$ m，$l_2 = 1\,400$ m，长钢轨中部固定，分别向两侧放散，由此得放散长度为 $l_{放1} = 750$ m，$l_{放2} = 700$ m；放散后计划锁定轨温 $t_1 = 27$ °C，原锁定轨温 $t_2 = 16$ °C，缓冲区由 4 根 25 m 长的缓冲轨组成，缓冲区原有轨缝总和为 20 mm，缓冲区预留轨缝均为 8 mm，不考虑线路爬行，计算其锯轨量。

【综合评价】

小组互评表			
分组	评价项目	选项	得分
被评组 ————	操作过程	完全规范（3分）较规范（2分）规范（1分）不规范（0分）	
	存在问题		
被评组 ————	操作过程	完全规范（3分）较规范（2分）规范（1分）不规范（0分）	
	存在问题		
被评组 ————	操作过程	完全规范（3分）较规范（2分）规范（1分）不规范（0分）	
	存在问题		
被评组 ————	操作过程	完全规范（3分）较规范（2分）规范（1分）不规范（0分）	
	存在问题		
被评组 ————	操作过程	完全规范（3分）较规范（2分）规范（1分）不规范（0分）	
	存在问题		
本组自评	操作过程	完全规范（3分）较规范（2分）规范（1分）不规范（0分）	
	存在问题		
	解决措施		
		合计	

个人评价表			
评价内容	课堂表现	选项	得分
参与状态	认真倾听老师讲课	认真（2分）一般（1分）不认真（0分）	
	认真倾听同学发言	认真（2分）一般（1分）不认真（0分）	
	大胆表达自己的想法	大胆（2分）一般（1分）不大胆（0分）	
交流状态	积极与同学交流、讨论	积极（2分）一般（1分）不愿意（0分）	
	注意听取同学的方法	认真（2分）一般（1分）不认真（0分）	
	愿意与同学合作解决问题	愿意（2分）一般（1分）不愿意（0分）	
思维状态	用不同的方法解决问题，能独立思考，有创造性	认真（2分）一般（1分）不认真（0分）	
	能对数据及图表进行分析，有条理地说出自己的想法	认真（2分）一般（1分）不认真（0分）	
	解决问题的过程很清楚	认真（2分）一般（1分）不认真（0分）	
实操状态	操作过程是否严谨有序	是（1分）否（0分）	
达成状态	对本任务的知识掌握情况	理解并掌握（2分）初步理解（1分）不明白（0分）	
		合计	

教师综合评价表				
任务名称：		班级：		
课次：		组别：		
模块	评价内容	配分	得分	
知识	无缝线路的优点及分类	10		
	无缝线路的维修原则要点及注意事项	10		
	预留轨缝的意义	10		
技能	准备工作	15		
	现场作业	15		
	验收总结	15		
素质	数据分析能力	3		
	信息检索能力	3		
	综合分析能力	3		
	学习态度	3		
	专注力	3		
	动手能力	3		
	团队合作参与度	3		
	职业素养	3		
本任务综合评分				
前任务综合评分				
同比增值幅度/%				
备注				

【知识拓展】

一、应力放散计算

某地区的无缝线路，其缓冲区两侧的长钢轨长度分别为 $l_1 = 1\ 800\ \text{m}$，$l_2 = 1\ 600\ \text{m}$，长钢轨中部固定，分别向两侧放散，由此得放散长度为 $l_{放1} = 900\ \text{m}$，$l_{放2} = 800\ \text{m}$；放散后计划锁定轨温 $t_1 = 24\ ℃$，原锁定轨温 $t_2 = 16\ ℃$，缓冲区由 4 根 25 m 长的缓冲轨组成，缓冲区原有轨缝总和为 20 mm，缓冲区预留轨缝均为 8 mm，不考虑线路爬行，计算其锯轨量。

【解】（1）放散量计算

$$\Delta L = \alpha L(t_1 - t_2) = 0.011\,8 \times (800 + 600) \times (24 - 16) = 132\,（mm）$$

（2）缓冲区预留轨缝总和

因缓冲区预留轨缝均为 8 mm，由此得缓冲区预留轨缝的总和：

$$\sum a = 5 \times 8 = 40\,（mm）$$

由题意得知，缓冲区原有轨缝总和：

$$\sum b = 20\,（mm）$$

（3）铝轨量计算

$$K = \Delta L + \left(\sum a - \sum b\right) + c = 132 + (40 - 20) + 0 = 152\,（mm）$$

即缓冲区钢轨总长要缩短 152 mm。

缓冲区由 4 根长 25 m 的缓冲轨组成。可更换其中一根缓冲轨，此时应换成 25 − 024.843 m 长的钢轨，我国的标准缩短轨有 24.960 m、24.920 m 及 24.840 m 三种。为能地不锯缓冲轨，可考虑把锯轨量改为 160 mm，同时把放散后的锁定轨温 t 适当调高，就可以用一根缩短量为 160 mm 的标准缩短轨作为更换后的缓冲轨。其调高值用下式计算总放散量增加值：

$$\Delta L' = 160 - 152 = 8\,（mm）$$

锁定轨温调高值：

$$3 = 0.011\,8(800 + 600)\Delta t'$$

$$\Delta t_1' = \frac{3}{0.011\,8(800 + 600)} = 0.2\,°C$$

放散后的锁定轨温改为 = 24 + 0.2 = 24.2（°C）。

任务二　应力放散作业

【作业认知】

任务描述

无缝线路应力放散通常采用零应力综合放散法，即在轨温低于锁定轨温的情况下进行放散，先将钢轨的约束力解除，使钢轨处于"零应力状态"，然后根据轨条长、作业轨温和需要的锁定轨温计算钢轨的伸长量。而在运营线上封锁线路进行应力放散施工作业时，实际做法是利用撞轨使钢轨内不存在压力，当钢轨撞到不再伸长时，定义此时的钢轨状态为"零应力状态"。

事例助益

2019 年 5 月 9 日，中国铁路沈阳局对哈大客专线上的无缝线路进行了应力放散处理。在处理过程中，一台 4.5 t 重的应力放散器在放散时突然侧倾，并且无法支撑住分离装置，结果导致了应力放散的难度增大，同时也给钢轨安装带来了风险。

根据报道，事故后，工程师们立即停止了应力放散工作，同时组织专业人员对现场进行检查。通过检查，发现应力放散器支撑点处的安装位置不对，再加上设备本身的磨损和老化等，最终导致了支撑点失灵。

事故后，相关部门进行了调查，对设备使用及安装的规范性进行了加强，提供了更为安全的无缝线路应力放散措施，以避免类似事故再次发生。该事件也提醒了人们，铁路建设过程中应该更加关注工具的使用和设备机具的检查保养，以确保铁路设施的安全运行。

课时计划

课时分配见表 2-4-2-1。

表 2-4-2-1 课时分配

序号	任务内容	参考课时 理论	参考课时 实践	参考课时 合计	教学重点
1	应力调整	2	2	4	应力调整方法

【理论夯实】

工具准备

方枕器、钢轨拉伸器、撞轨器、锯轨机、钻孔机、道钉锤、滚筒、活口扳手、套筒扳手、涂油器、道尺、弦线、石笔和轨温计等。

表 2-4-2-2 工具数量表

序号	名称	单位	数量	用途	附注
1	万能道尺	把	4	测轨距、高低	
2	方枕器	台	3	调整轨枕间距和角度方正	
3	钢轨拉伸器	台	3	拉伸钢轨长度	
4	撞轨器	台	2	移动钢轨	锤重 0.7~1.2 kg
5	锯轨机	台	4	锯轨	
6	记录本	本	1	记录钢轨	检查人本人签字
7	轨温计	个	2	记录轨温	
8	滚筒	台	1	移动钢轨	
9	活口扳手	个	3	拆装夹板	
10	套筒扳手	个	3	拆卸、安装螺栓	隧道需另配
11	道钉锤	个	1	捶打道钉	
12	涂油器	台	1	涂油	
13	钻孔机	台	1	钻孔	

任务内容

一、作业流程

点名与分工—安全预想—工机具检查—设置防护—上道作业—作业质量回检。

二、作业程序与评分标准

应力放散作业流程见表2-4-2-3。

表2-4-2-3 应力放散作业流程

工序	作业步骤	操作要点	注意事项
准备工作	1. 确定人数	由工长点名，确认当日作业人员数量和精神状态。	
	2. 工作安排及人员分工	由工长对作业人员进行工作安排和人员分工。工长担当作业负责人，并至少安排4人进行作业，同时设置驻站联络员1人、现场防护员1人。	
	3. 工机具准备及检查	见表2-4-2-2。	
现场作业	1. 设置安全防护	在封锁命令下达后，现场防护员执行"手比、眼看、口呼"的规定，设置移动停车信号牌。	
	2. 测量轨温	（1）测量作业前、中、后轨温变化是否在允许轨温范围。允许作业轨温参照《普速铁路线路修理规则》（TG/GW 102—2019）执行。 （2）测量方法：RT型轨温测轨温，将轨温计放置在被测量的钢轨表面，除去铁锈污物，将仪表吸附在钢轨表面，5 min后可以读出的仪表数值即为钢轨的表面温度。	
	3. 确定调整方案	（1）采用滚筒配合撞轨法，应在接近锁定轨温的条件下进行作业，松开扣件、轨距杆和防爬器，每隔8～10 m撤除枕上垫板，同时垫入滚筒，配以适当纵向撞轨、横向敲击，使长轨条伸缩，达到自由状态后锁定线路。 （2）采用滚筒结合拉伸配合撞轨法时，在轨温低于设计锁定轨温条件下进行时，利用上述方法放散，使长轨条达到自由状态，通过测温、计算拉伸量后，用伸器拉伸长轨条，拉伸到位后锁定线路。	
	4. 前期检查	准备应力放散所需机具，确保状态良好。计算好长轨放散量、调节锯轨量。钢轨撞轨器按调整方案确定数量，轨拉伸器2～3台，直线滚筒按长轨延长每8～10 m放置1个（曲线地段每20 m增加一个），涂油器每100～150 m放置一台，道钉锤每50 m放置一把，轨温计2块。	
	5. 拆除影响放散设备及夹板扣	—	

续表

工序	作业步骤	操作要点	注意事项
现场作业	6. 应力放散：松扣件	更换调节后再集中从龙口向固定端依次松开扣件，扣件不需要全部松脱，弹条无扣压力即可。若放散终端为缓冲区，需保留伸缩区终端 20 m 扣件不松动。用起拨道器打起钢轨，撤下胶垫，清理轨底并在与放散方向相反一侧轨枕承轨槽边缘垫入滚筒，垫板较厚地段应撤出影响放散的垫板，同时对轨枕螺栓进行涂油。	
	7. 应力放散：撞轨	用撞轨器进行纵向撞轨，用道钉锤敲击钢轨顶面（严禁锤击轨底或轨腰）直到长轨放散端空头数值不发生变化，且钢轨不反弹时为止，记录此时轨温，并根据设计锁定轨温计算需拉伸的钢轨长度。	
	8. 应力放散：整正	通过计算，正确预留好缓冲区或保留段轨缝，拧紧扣件，安设拉伸器，进行拉伸。同时用撞轨器撞轨配合拉伸，道钉锤敲击钢轨顶面（严禁锤击轨底或轨腰），方正个别拉斜轨枕（当人力方枕困难时，可用液压方枕器方正轨枕），位移量较大时作业人员应巡视滚筒滚动情况，滚筒滚掉后重新垫好。临时位移观测点作业人员应随时向施工负责人汇报观测点位移量。	
	9. 应力放散：拧紧螺栓	钢轨放散达到要求后，撤出滚筒，整正胶垫，必须拧紧长轨拉伸端 50~100 m 范围内的全部扣件和接头螺栓，达到规定扭矩要求后，方可卸载并拆下拉伸器。	
验收总结	1. 质量回检	由作业负责人对作业质量进行回检，确保质量达到要求。	
	2. 回收工机具材料	清理回收现场旧料和工机具，恢复线路外观，确保场地干净，机具完整，现场无遗留。	
	3. 撤除防护	由现场防护员带领作业人员统一沿路肩返回，作业负责人确认人机材无误后，办理撤除防护手续。	
	4. 工作总结	作业人员汇报任务完成情况和设备质量情况，作业负责人对当日作业进行小结。	
作业安全	（1）严格执行天窗修制度。 （2）防护员防护距离不超过 50 m。 （3）注意临线车辆动态，必要时停止作业或及时下道，两线间严禁站人。 （4）跨越线路时严格执行"一站、二看、三确认、四通过"制度和"手比、眼看、口呼"制度。 （5）作业过程中严禁将工机具放置在道心或钢轨引入线上、两线间。		
质量要求	（1）应每隔 50~100 m 设一位移观测点观测钢轨位移量，及时排除影响放散的障碍，总放散量应达到计算数值，钢轨全长放散均匀或各点位移量在坐标图上的连线呈直线状态，锁定轨温应准确。 （2）锁定轨温必须在设计锁定轨温范围以内，左右两股长钢轨的锁定轨温差不超过 5 ℃，两相邻单元轨节的锁定轨温差不超过 5 ℃，同一区间内单元轨节的最低、最高锁定轨温不得超过 10 ℃。 （3）缓冲区应为标准轨，且轨缝均匀合适，两端长轨错差不大于 40 mm。接头应使用不低于 10.9 级螺栓，螺栓扭矩应保持 700~1 100 N·m，绝缘接头轨缝不小于 6 mm。 （4）轨枕螺栓涂油、拧紧，扭矩应达到 80~150 N·m。 （5）缓冲区调节轨及其配件无缺损，配短轨时，一律锯截，钻孔，严禁用乙炔切割或烧孔。换出的调节轨做好标记存放在指定位置，以便在恢复原锁定轨温时使用。 （6）放散地段的调高扣件要恢复原状，轨道几何尺寸按《普速铁路线路修理规则》（TG/GW 102—2019）标准执行。		

【技能提升】

根据表 2-4-2-3 的作业任务，分组完成应力放散作业。评分标准见表 2-4-2-4。

表 2-4-2-4 评分标准

工序	作业步骤	配分	评分标准	扣分	得分
准备工作	1. 确定人数	5	小组点名，根据考勤情况打分，缺勤个人得分为零。		
	2. 工作安排及人员分工	5	能合理分配小组作业人员。得分为作业人员正确率×5分基础分，计算结果保留至小数点后两位。		
	3. 工机具准备及检查	15	选择正确的工具及数量/总计需要选择的工具及数量×15分基础分，计算结果保留至小数点后两位。		
现场作业	1. 设置安全防护	55	正确步骤的总得分/所有操作步骤的总分×55分基础分，计算结果保留至小数点后两位。		
	2. 测量轨温				
	3. 确定调整方案				
	4. 前期检查				
	5. 拆除影响放散设备及夹板扣				
	6. 应力放散：松扣件				
	7. 应力放散：撞轨				
	8. 应力放散：整正				
	9. 应力放散：拧紧螺栓				
验收总结	1. 质量回检	10	根据回检测量情况，判断作业是否正常。判断正确得分，错误不得分。		
	2. 回收工机具材料	10	已回收的工具材料数量/总计需要选择的回收的工具材料数量×10分基础分，计算结果保留至小数点后两位。		
	3. 撤除防护	—	—	—	—
	4. 工作总结	—	—	—	—
合计					

【综合评价】

<table>
<tr><td colspan="5" align="center">小组互评表</td></tr>
<tr><td>分组</td><td>评价项目</td><td colspan="2" align="center">选项</td><td>得分</td></tr>
<tr><td rowspan="2">被评组_____</td><td>操作过程</td><td colspan="2" align="center">完全规范（3分）较规范（2分）
规范（1分）不规范（0分）</td><td></td></tr>
<tr><td>存在问题</td><td colspan="2"></td><td></td></tr>
<tr><td rowspan="2">被评组_____</td><td>操作过程</td><td colspan="2" align="center">完全规范（3分）较规范（2分）
规范（1分）不规范（0分）</td><td></td></tr>
<tr><td>存在问题</td><td colspan="2"></td><td></td></tr>
<tr><td rowspan="2">被评组_____</td><td>操作过程</td><td colspan="2" align="center">完全规范（3分）较规范（2分）
规范（1分）不规范（0分）</td><td></td></tr>
<tr><td>存在问题</td><td colspan="2"></td><td></td></tr>
<tr><td rowspan="2">被评组_____</td><td>操作过程</td><td colspan="2" align="center">完全规范（3分）较规范（2分）
规范（1分）不规范（0分）</td><td></td></tr>
<tr><td>存在问题</td><td colspan="2"></td><td></td></tr>
<tr><td rowspan="2">被评组_____</td><td>操作过程</td><td colspan="2" align="center">完全规范（3分）较规范（2分）
规范（1分）不规范（0分）</td><td></td></tr>
<tr><td>存在问题</td><td colspan="2"></td><td></td></tr>
<tr><td rowspan="3">本组自评</td><td>操作过程</td><td colspan="2" align="center">完全规范（3分）较规范（2分）
规范（1分）不规范（0分）</td><td></td></tr>
<tr><td>存在问题</td><td colspan="2"></td><td></td></tr>
<tr><td>解决措施</td><td colspan="2"></td><td></td></tr>
<tr><td colspan="4" align="center">合计</td><td></td></tr>
</table>

<table>
<tr><td colspan="4" align="center">个人评价表</td></tr>
<tr><td>评价内容</td><td>课堂表现</td><td>选项</td><td>得分</td></tr>
<tr><td rowspan="3">参与状态</td><td>认真倾听老师讲课</td><td>认真（2分）一般（1分）不认真（0分）</td><td></td></tr>
<tr><td>认真倾听同学发言</td><td>认真（2分）一般（1分）不认真（0分）</td><td></td></tr>
<tr><td>大胆表达自己的想法</td><td>大胆（2分）一般（1分）不大胆（0分）</td><td></td></tr>
<tr><td rowspan="3">交流状态</td><td>积极与同学交流、讨论</td><td>积极（2分）一般（1分）不愿意（0分）</td><td></td></tr>
<tr><td>注意听取同学的方法</td><td>认真（2分）一般（1分）不认真（0分）</td><td></td></tr>
<tr><td>愿意与同学合作解决问题</td><td>愿意（2分）一般（1分）不愿意（0分）</td><td></td></tr>
<tr><td rowspan="3">思维状态</td><td>用不同的方法解决问题，
能独立思考，有创造性</td><td>认真（2分）一般（1分）不认真（0分）</td><td></td></tr>
<tr><td>能对数据及图表进行分析，
有条理地说出自己的想法</td><td>认真（2分）一般（1分）不认真（0分）</td><td></td></tr>
<tr><td>解决问题的过程很清楚</td><td>认真（2分）一般（1分）不认真（0分）</td><td></td></tr>
<tr><td>实操状态</td><td>操作过程是否严谨有序</td><td>是（1分）否（0分）</td><td></td></tr>
<tr><td>达成状态</td><td>对本任务的知识掌握情况</td><td>理解并掌握（2分）初步理解（1分）
不明白（0分）</td><td></td></tr>
<tr><td colspan="3" align="center">合计</td><td></td></tr>
</table>

教师综合评价表				
任务名称：			班级：	
课次：			组别：	
模块	评价内容		配分	得分
知识	应力放散的原因		10	
	应力放散计算理论		10	
	应力放散的适用范围		10	
技能	准备工作		15	
	现场作业		15	
	验收总结		15	
素质	数据分析能力		3	
	信息检索能力		3	
	综合分析能力		3	
	学习态度		3	
	专注力		3	
	动手能力		3	
	团队合作参与度		3	
	职业素养		3	
本任务综合评分				
前任务综合评分				
同比增值幅度/%				
备注				

【知识拓展】

一、基本知识

无缝线路的锁定轨温与设计锁定轨温不符或原锁定轨温不明时，应将无缝线路焊接长钢轨全长或部分长度范围内的扣件松开，采取一定的措施使钢轨伸缩，当达到预计的伸缩量（或轨温）时，将线路重新锁定，这项工作称为应力放散。

二、作业标准

1. 适用范围

执行《普速修规》第 3.10.15 条的规定。

2. 标准和质量要求

（1）应每隔 50~100 m 设一位移观测点观测钢轨位移量，及时排除影响放散的障碍，总放散量应达到计算数值，钢轨全长放散均匀或各点位移量在坐标图上的连线呈直线状，锁定轨温应准确。

（2）锁定轨温必须在设计锁定轨温范围以内，左右两股长钢轨的锁定轨温相差不超过 5 ℃。两相邻单元轨节的锁定轨温差不超过 5 ℃，同一区间内单元轨节的最低、最高锁定轨温差不得大于 10 ℃，新轨铺设拉伸时取设计锁定轨温上限值。

（3）缓冲区应为标准轨，且轨缝均匀合适，两端长轨错差不大于 40 mm。接头应使用不低于 10.9 级螺栓，螺栓扭矩应保持 700~1 100 N·m。绝缘接头轨缝不得小于 6 mm。

（4）轨枕螺栓涂油、拧紧，扭矩应达到 80~150 N·m。

（5）缓冲区调节轨及其配件无缺损，配短轨时，一律锯截，钻孔，严禁用乙炔切割或烧孔。换出的调节轨做好标记存放在指定位置，以便在恢复原锁定轨温时使用。

（6）轨道几何尺寸达到《普速修规》作业验收标准，联结零件及防爬设备齐全、有效。

（7）无缝线路应力放散后，应现场规范填写《无缝线路应力放散记录簿》和《无缝线路断开记录表》，当日重新标记位移观测点，按实际锁定轨温及时修改无缝线路技术资料。

（8）跨区间和全区间无缝线路分段或分次放散时，交界处必须重叠放散 50~100 m。

（9）施工前，必须制定施工组织设计，做好技术交底，明确技术标准和安全注意事项。施工后 3 日内再安排全面复紧一次接头螺栓、轨枕螺栓扭矩。

任务三　应力调整

【作业认知】

任务描述

为使钢轨受力均匀一致，避免局部地段应力过大，造成胀轨跑道或断轨，需对无缝线路固定区的应力进行调整，这个工作称为应力调整。

确定应力调整方案　　应力调整作业流程及操作要点

事例助益

2019 年 8 月，江苏丹阳站内 12 条股道中，8 条是无缝线路，最长的达到了 1 200 m。这条线路的应力已经积累到了较高的水平，为了避免可能发生的安全事故，铁路部门决定对此进行一次全面的应力调整。

为了保证调整的效果和安全性，丹阳站铁路部门采用了最新的无缝线路应力调整设备，控制系统采用了最新的计算技术和监测模型，通过对股道数据的实时监测，使应力调整的结果更加准确。

在调整中，工作人员对铁路线路中积累的应力进行了逐一检测，然后结合实际情况和经验，有针对性地对不同的应力点进行调整，使得铁路线路整体的应力达到了更加平衡和合理的状态。调整完成后，工作人员还会对调整的效果和线路的运行状况进行持续的监测和检测，以确保调整的效果持久并能够达到预期。

这起案例表明，在铁路的运营中，无缝线路应力调整是一项重要的工作，它可以有效地保护铁路线路的稳定性和安全性。同时，合理及准确地使用调整设备和控制系统，也能够提高工作的效率和安全性，保障了铁路的正常运营。

课时计划

课时分配见表2-4-3-1。

表2-4-3-1 课时分配

序号	任务内容	参考课时 理论	参考课时 实践	参考课时 合计	教学重点
1	应力调整	2	2	4	应力调整方法

【理论夯实】

工具准备

拨道器、撞轨器、道钉锤、滚筒、活口扳手、套筒扳手、涂油器、道尺、弦线、石笔和轨温计等。

表2-4-3-2 工具数量表

序号	名称	单位	数量	用途	附注
1	万能道尺	把	1	测轨距高低	
2	方枕器	台	3	调整轨枕间距和角度方正	
3	拨道器	台	3	调整轨道位置	
4	撞轨器	台	2	移动钢轨	锤重0.7~1.2 kg
5	锯轨机	台	4	锯轨	
6	记录本	本	1	记录钢轨	检查人本人签字
7	轨温计	个	2	记录轨温	
8	滚筒	台	1	移动钢轨	
9	活口扳手	个	3	拆装夹板	
10	套筒扳手	个	3	拆卸、安装螺栓	隧道需另配
11	道钉锤	个	1	捶打道钉	
12	涂油器	台	1	涂油	
13	钻孔机	台	1	钻孔	

任务内容

一、作业流程

点名与分工—安全预想—工机具检查—设置防护—上道作业—作业质量回检。

二、作业程序与评分标准

应力放散作业流程见表 2-4-3-3。

表 2-4-3-3　应力放散作业流程

工序	作业步骤	操作要点	注意事项
准备工作	1. 确定人数	由工长点名，确认当日作业人员数量和精神状态。	
	2. 工作安排及人员分工	由工长对作业人员进行工作安排和人员分工，工长担当作业负责人，并至少安排 4 人进行作业，同时设置驻站联络员 1 人、现场防护员 1 人。	
	3. 工机具准备及检查	见表 2-4-3-2。	
现场作业	1. 设置安全防护	在封锁命令下达后，现场防护员执行"手比、眼看、口呼"的规定，设置移动停车信号牌。	
	2. 测量轨温	测量作业前、中、后轨温变化是否在允许轨温范围。允许作业轨温参照《普速铁路线路修理规则》（TG/GW 102—2019）。测量方法：RT 型轨温计测轨温，将轨温计放置在被测量的钢轨表面，除去铁锈污物，将仪表吸附在钢轨表面，5 分钟后可以读出仪表的数值即为钢轨的表面温度。	
	3. 确定调整方案	把握季节气温、施工轨温，进行技术性分析，依据现场调查和铺设原始资料、设计放散轨温，计算调整长度，讨论制定应力调整方案。进行施工前的调整，要视季节特点及施工天窗等因素精确计算调整量。	
	4. 前期检查	准备应力调整所需机具，确保状态良好。	
	5. 松开扣件	全部松开轨枕扣件，起道机及撬棍协作，准时抽出轨枕承轨槽上的橡胶垫板并加垫滚筒（置放在放散向异侧），每隔 20 根轨枕置放一个滚筒。	
	6. 应力调整	撞轨并观测，确保现场实际轨温精确记录清晰；撞轨人员听从指挥，精确观测位移。	
	7. 线路恢复	当各百米观测桩到位时停止撞轨，恢复线路一股，隔一紧一，扣件上紧。	
	8. 另一股钢轨调整	按照以上步骤对另一股钢轨调整。	
	9. 复紧螺栓	并对螺栓进行复紧，扭力矩达到要求，恢复轨距杆。	
验收总结	1. 质量回检	由作业负责人对作业质量进行回检，确保质量达到要求。	
	2. 回收工机具材料	清理回收现场旧料和工机具，恢复线路外观，确保场地干净，机具完整，现场无遗留。	

续表

工序	作业步骤	操作要点	注意事项
验收总结	3. 撤除防护	由现场防护员带领作业人员统一沿路肩返回，作业负责人确认人机材无误后，办理撤除防护手续。	
	4. 工作总结	作业人员汇报任务完成情况和设备质量情况，作业负责人对当日作业进行小结。	
作业安全		（1）严格执行天窗修制度。 （2）防护员防护距离不超过 50 m。 （3）注意临线车辆动态，必要时停止作业或及时下道，两线间严禁站人。 （4）跨越线路时严格执行"一站、二看、三确认、四通过"制度和"手比、眼看、口呼"制度。 （5）作业过程中严禁将工机具放置在道心或钢轨引入线上、两线间。 （6）拆模前严禁碰触钢轨。	
质量和标准要求		（1）应每隔 50～100 m 设一位移观测点观测钢轨位移量，及时排除影响放散的障碍，总放散量应达到计算数值，钢轨全长放散均匀或各点位移量在坐标图上的连线呈直线状态，锁定轨温应准确。 （2）锁定轨温必须在设计锁定轨温范围以内，左右两股长钢轨的锁定轨温差不超过 5 ℃，两相邻单元轨节的锁定轨温差不超过 5 ℃，同一区间内单元轨节的最低、最高锁定轨温不得超过 10 ℃。 （3）缓冲区应为标准轨，且轨缝均匀合适，两端长轨错差不大于 40 mm。接头应使用不低于10.9级螺栓，螺栓扭矩应保持 700～1 100 N·m，绝缘接头轨缝不得小于 6 mm。 （4）轨枕螺栓涂油、拧紧，扭矩应达到 80～150 N·m。 （5）缓冲区调节轨及其配件无缺损，配短轨时，一律锯截、钻孔，严禁用乙炔切割或烧孔。换出的调节轨做好标记存放在指定位置，以便在恢复原锁定轨温时使用。 （6）放散地段的调高扣件要恢复原状，轨道几何尺寸按《普速铁路线路修理规则》（TG/GW 102—2019）标准执行。	

【技能提升】

根据表 2-4-3-3 的作业任务，分组完成无缝线路应力调整作业。评分标准见表 2-4-3-4。

表 2-4-3-4　评分标准

工序	作业步骤	配分	评分标准	扣分	得分
准备工作	1. 确定人数	5	小组点名，根据考勤情况打分，缺勤个人得分为零。		
	2. 工作安排及人员分工	5	能合理分配小组作业人员。得分为作业人员正确率×5分基础分，计算结果保留至小数点后两位。		
	3. 工机具准备及检查	15	选择正确的工具及数量/总计需要选择的工具及数量×15 分基础分，计算结果保留至小数点后两位。		

续表

工序	作业步骤	配分	评分标准	扣分	得分
现场作业	1. 设置安全防护	55	正确步骤的总得分/所有操作步骤的总分×55分基础分，计算结果保留至小数点后两位。		
	2. 测量轨温				
	3. 确定调整方案				
	4. 前期检查				
	5. 松开扣件				
	6. 应力调整				
	7. 线路恢复				
	8. 另一股钢轨调整				
	9. 复紧螺栓				
验收总结	1. 质量回检	10	根据回检测量情况，判断作业是否正常。判断正确得分，错误不得分。		
	2. 回收工机具材料	10	已回收的工具材料数量/总计需要选择的回收的工具材料数量×10分基础分，计算结果保留至小数点后两位。		
	3. 撤除防护	—	—	—	—
	4. 工作总结	—	—	—	—
合计					

【综合评价】

小组互评表				
分组	评价项目	选项		得分
被评组 ————	操作过程	完全规范（3分）较规范（2分） 规范（1分）不规范（0分）		
	存在问题			
被评组 ————	操作过程	完全规范（3分）较规范（2分） 规范（1分）不规范（0分）		
	存在问题			
被评组 ————	操作过程	完全规范（3分）较规范（2分） 规范（1分）不规范（0分）		
	存在问题			
被评组 ————	操作过程	完全规范（3分）较规范（2分） 规范（1分）不规范（0分）		
	存在问题			

被评组	操作过程	完全规范（3分）较规范（2分）规范（1分）不规范（0分）	
	存在问题		
本组自评	操作过程	完全规范（3分）较规范（2分）规范（1分）不规范（0分）	
	存在问题		
	解决措施		
		合计	

个人评价表			
评价内容	课堂表现	选项	得分
参与状态	认真倾听老师讲课	认真（2分）一般（1分）不认真（0分）	
	认真倾听同学发言	认真（2分）一般（1分）不认真（0分）	
	大胆表达自己的想法	大胆（2分）一般（1分）不大胆（0分）	
交流状态	积极与同学交流、讨论	积极（2分）一般（1分）不愿意（0分）	
	注意听取同学的方法	认真（2分）一般（1分）不认真（0分）	
	愿意与同学合作解决问题	愿意（2分）一般（1分）不愿意（0分）	
思维状态	用不同的方法解决问题，能独立思考，有创造性	认真（2分）一般（1分）不认真（0分）	
	能对数据及图表进行分析，有条理地说出自己的想法	认真（2分）一般（1分）不认真（0分）	
	解决问题的过程很清楚	认真（2分）一般（1分）不认真（0分）	
实操状态	操作过程是否严谨有序	是（1分）否（0分）	
达成状态	对本任务的知识掌握情况	理解并掌握（2分）初步理解（1分）不明白（0分）	
		合计	

教师综合评价表			
任务名称：		班级：	
课次：		组别：	
模块	评价内容	配分	得分
知识	应力调整的意义	10	
	应力调整的作业流程	10	
技能	准备工作	15	
	现场作业	15	
	验收总结	15	

素质	数据分析能力	3	
	信息检索能力	3	
	综合分析能力	3	
	学习态度	3	
	专注力	3	
	动手能力	3	
	团队合作参与度	3	
	职业素养	3	

本任务综合评分	
前任务综合评分	
同比增值幅度/%	
备注	

【知识拓展】

一、基本知识

1. 应力调整的概念

为使钢轨受力均匀一致，避免局部地段应力过大，造成胀轨、跑道或断轨，需对无缝线路固定区的应力进行调整，称应力调整。

2. 应力调整的原因

（1）锁定轨温改变：施工时锁定轨温不准确、日常运营中线路受到高温或低温极端气候影响、维修作业不当（如违规在高温时段进行大量起拨道作业等）都可能导致实际轨温偏离原锁定轨温，进而使钢轨内部应力不均衡。例如，高温时段若轨温超过锁定轨温较多，钢轨有伸长趋势，内部产生较大的压应力，若应力不均匀就容易引发胀轨跑道隐患；低温时则相反，易产生过大拉应力，可能导致钢轨断裂。

（2）线路不均匀受力：列车荷载的长期作用、桥梁与路基过渡段的差异沉降、道岔区等特殊地段复杂的受力情况等，都会使钢轨不同部位受力不同，应力出现差异，影响无缝线路整体性能。

3. 应力调整作业适用范围

（1）铺设或维修的作业方法不当，使轨条产生不正常的伸缩区段。

（2）固定区或无缝道岔出现严重的不均匀位移，如相邻桩间锁定轨温变化大于 5 ℃ 或局部位移量大于 10 mm 的区段。

（3）夏季线路轨向严重不良，碎弯多的区段。

（4）处理线路故障或施工需要，改变了原锁定轨温的区段。

二、作业标准

（1）线路轨道静态几何不平顺容许偏差管理值，见附录二表1、附录二表2。

（2）道岔轨道静态几何不平顺容许偏差管理值见附录二表3。

（3）《普速铁路线路修理规则》（TG/GW 102—2019）第4.8.8条规定：

在进行无缝线路的应力调整时，必须遵循的具体操作流程、技术标准以及安全措施等。为了确保无缝线路的安全性和稳定性，铁路维护部门需要按照此条规定执行相应的应力调整工作，以防止由于温度变化引起的轨道膨胀或收缩问题，从而保障列车运行的安全。

榜样力量

人物档案

张建平，1986年9月出生，2008年8月入路，上海大机运用检修段机械化维修一车间副主任、工程师，曾获集团公司安全标兵、最美上铁人等称号。

事迹介绍

张建平所在的线路维修车间主要工作是利用大型机械对有砟铁路轨道进行起道、拨道、捣固、动力稳定等作业，提高列车运行的安全性和舒适性。大型养路机械是集电、液、气于一体的复杂设备，车型多、控制系统繁杂，技术革新较快。随着铁路的快速发展，线路养修的标准和要求也在不断提高。他组织团队深入现场，开展精确捣固技术攻关，分析TQI波动原因，每日一分析、每周一小结，从设备标定调试到人员素质提升，形成了一套行之有效的作业标准。

2020年，集团公司管内有多条新线陆续开通，张建平带领团队先后参与连盐、连镇等高铁线路的精调施工，把静态TQI降到了2.2以下，成为全路精调的示范案例。2022年10月，全路首次高铁清筛施工拉开帷幕，张建平带领团队连续鏖战35天。时间紧、任务重、标准高，他时刻盯控动静态标定精度，实时分析现场线路数据，动态调整作业参数，实现线路TQI最低达到1.8，精度远超行业内2.5的目标值。

在做好大机日常养修的基础上，张建平还积极开展技术攻关。为解决捣固车作业中因误操作或突发故障捣坏钢轨的隐患，张建平参与"DWL-48捣稳车捣镐防插钢轨防护装置设计、改进""DCL-32捣固车捣镐防误碰擦改造"两个项目，对18台捣稳车、29台捣固车进行防插改造，有效解决捣固作业中捣伤钢轨的难题。目前，该方案在全路予以推广。

星光不负赶路人。"DWL-48捣稳车捣镐防插钢轨防护装置设计、改进"项目荣获2017年发明专利、第二十九届上海市优秀发明选拔赛职工创新成果银奖。除此以外，张建平的《DWL-48捣稳车卫星小车调试分析》论文还获得集团公司工务系统2017年度科技论文二等奖。

精神之光

从初入铁路的技术"小白",到专业领域里交口称赞的技术专家,张建平的成长离不开他吃苦耐劳、勤于钻研的那股劲儿。**多思多研不多怨,争苦争累不争利**。他凭着对工作的热情,一次次提高精细化维修的上限,一次次消除设备运用中的安全隐患。纵横交错的铁轨是他实现人生价值的舞台,大型机械的轰鸣是他与铁路事业同频共振的曲谱,张建平用善钻研、敢攻坚的实际行动成就了自己的不凡。

项目五　联结零件作业

内容概要

钢轨联结零件常年裸露在大自然中，经受着风雨冻融和列车荷载的作用，容易发生磨损和失效。联结零件的失效，直接影响铁路运输安全，因此，联结零件作业被列为工务系统的重点工作。本项目以接头螺栓涂油和更换接头夹板为主要任务，对联结零件的养护维修进行介绍。

知识目标

（1）掌握接头螺栓涂油和更换接头夹板的作业安全要求。
（2）掌握接头螺栓涂油和更换接头夹板的作业程序。
（3）掌握接头螺栓涂油和更换接头夹板的规范要求。
（4）了解螺栓的编号方法。

能力目标

（1）能熟练掌握接头螺栓涂油和更换接头夹板作业程序。
（2）能够按作业安全要求，小组合作完成接头螺栓涂油和更换接头夹板任务。
（3）能正确地查找需要涂油的螺栓。
（4）能按正确的顺序对螺栓进行拆卸和安装。
（5）能正确填报检查记录表，按规定进行任务的销记。

任务一　接头螺栓涂油

螺栓涂油作业

【作业认知】

任务描述

钢轨接头由于长期处于风吹雨淋的户外,非常容易锈蚀。接头螺栓一旦生锈,将很难拆卸,严重影响夹板的更换。通过对接头螺栓涂油,可以起到有效保护隔层的作用,防止或延缓腐蚀生锈,便于螺栓的松卸和拧紧。

事例助益

2011年4月7日23时55分,××次重联动车组列车正点到站。4月8日0时26分,动车组进入动车运用所进行一级修,0时45分检修机械师检查发现动车组列车底部有异物击打痕迹,其中3轴增压缸防护罩严重变形、吊带折断,构成铁路交通一般C类事故。事故原因是:××工务段利用列车间隔,在上、下行线路进行混凝土轨枕立螺栓改锚作业,作业人员将换下的废弃立螺栓、弹条及改锚工具,装在编织袋中并放于道心,在动车组接近时作业人员匆忙下道,没有将编织袋带出道心。动车组高速通过,加之会车时形成空气流速对撞,风力压强增大等特殊条件下产生巨大压力波,列车底部的负压将股道中装有弹条、螺栓、扣件等金属物件工具的编织袋掀起,并缠绕在运行方向第15辆动车4轴牵引电机连接轴上,瞬间抛射到增压缸防护罩上及车底其他部件上产生撞击,导致事故发生。

课时计划

课时分配见表2-5-1-1。

表2-5-1-1　课时分配

序号	任务内容	参考课时 理论	参考课时 实践	参考课时 合计	教学重点
1	接头螺栓涂油	2	2	4	螺栓安装顺序、扭力矩设置

【理论夯实】

工具准备

活口扳手、长柄扳手、撬棍、钢丝刷、油刷、油桶、长效油脂、刺子、道钉锤等。

任务内容

一、作业流程

点名与分工—安全预想—工机具检查—设置防护—上道作业—作业质量回检。

二、作业程序

接头螺栓涂油作业程序见表 2-5-1-2。

表 2-5-1-2 接头螺栓涂油作业程序

工序	作业步骤	操作要点	注意事项
准备工作	1. 确定人数	由工长点名，确认当日作业人员数量和精神状态。	
	2. 工作安排及人员分工	由工长对作业人员进行工作安排和人员分工。工长担当作业负责人，并安排单人进行作业，同时设置驻站联络员、现场防护员各1人。	
	3. 选择作业工器具和材料	选择需要携带的工器具和材料，并检查工器具状态。	
现场作业	1. 设置安全防护	在封锁命令下达后，现场防护员执行"手比、眼看、口呼"的规定，设置移动停车信号牌。	
	2. 查找需要涂油的螺栓	查找生锈的夹板螺栓。	
	3. 卸下 1 位螺母并取下 1 位螺栓	用活口扳手将接头螺栓拧松，根据夹板所处位置不同，拆卸顺序会有变化。	
	4. 卸下 3 位螺母并取下 3 位螺栓		
	5. 卸下 5 位螺母并取下 5 位螺栓		
	6. 卸下 2 位螺母并取下 2 位螺栓		
	7. 卸下 4 位螺母并取下 4 位螺栓		
	8. 卸下 6 位螺母并取下 6 位螺栓		
	9. 拆卸旧夹板	卸夹板用撬棍插入夹板与轨腰之间卸下夹板。	不得用锤直接敲打。检查钢轨与夹板是否有伤损，如有伤损需进行更换。
	10. 对卸下的螺母、螺栓进行除锈、涂油	用钢刷对螺栓、螺母进行除锈，用毛刷对除锈后的螺栓、螺母进行涂油。	
	11. 安装 1、6 位螺栓并拧上螺母	根据夹板所处位置不同，安装顺序会有变化。	
	12. 安装 2、5 位螺栓并拧上螺母		
	13. 安装 3、4 位螺栓并拧上螺母		
	14. 复紧螺母	将所有螺母复紧。	

续表

工序	作业步骤	操作要点	注意事项
验收总结	1. 作业回检	用道尺检查轨距、水平,目测线路高低是否良好,如果目测较大,再拉弦线确认,确保线路几何形位符合《普速铁路线路修理规则》(TG/GW 102—2019)第6.2.1条和6.2.2条的规定。	
	2. 回收工具	作业完毕后要做好工器具、材料、作业人员的出清工作。	
	3. 撤除防护	由现场防护员带领作业人员统一沿路肩返回,作业负责人确认人机材无误后,办理撤除防护手续。	
	4. 工作总结	作业人员汇报任务完成情况和设备质量情况,作业负责人对当日作业进行小结。	
作业安全	（1）在电气化区段作业时,不得碰伤连接线。 （2）作业过程中按要求使用佩戴劳保用品,多人作业时,保持安全距离,防止工具伤人。 （3）严禁在双线铁路线间摆放机具材料。 （4）作业人员上道作业或穿越线路,必须执行"手比、眼看、口呼"的规定。 （5）卸、紧螺栓时,不得跨站或跨坐在钢轨上,只能站在钢轨一侧进行作业,作业人员必须站稳,防止扳手滑动,摔倒伤人。 （6）在进行绝缘接头螺栓作业时,须与电务配合,扳手需加绝缘套。		
质量要求	（1）接头螺栓齐全、丝扣无损坏,垫圈口朝下、弹性良好。 （2）螺栓除锈干净、无污垢,作用良好,能正常松卸、拧紧。 （3）涂油均匀、油脂不流淌。 （4）螺栓扭矩符合《普速铁路线路修理规则》(TG/GW 102—2019)第3.7.9条的规定,如附录二表4、附录二表5所示,并应保持均匀。		

【技能提升】

根据表2-5-1-2作业程序,分组完成接头螺栓涂油作业。评分标准见表2-5-1-3。

表 2-5-1-3　评分标准

工序	作业步骤	配分	评分标准	扣分	得分
准备工作	1. 确定人数	5	小组点名,根据考勤情况打分。缺勤个人得分为零。		
	2. 工作安排及人员分工	5	能合理分配小组作业人员。得分为作业人员正确率×5分基础分,计算结果保留至小数点后两位。		
	3. 选择作业工器具和材料	15	选择正确的工具及数量/总计需要选择的工具及数量×15分基础分,计算结果保留至小数点后两位。		

续表

工序	作业步骤	配分	评分标准	扣分	得分
现场作业	1. 设置安全防护	55	正确步骤的总得分/所有操作步骤的总分×55 分基础分，计算结果保留至小数点后两位。		
	2. 查找需要涂油的螺栓				
	3. 卸下 1 位螺母并取下 1 位螺栓				
	4. 卸下 3 位螺母并取下 3 位螺栓				
	5. 卸下 5 位螺母并取下 5 位螺栓				
	6. 卸下 2 位螺母并取下 2 位螺栓				
	7. 卸下 4 位螺母并取下 4 位螺栓				
	8. 卸下 6 位螺母并取下 6 位螺栓				
	9. 拆卸旧夹板				
	10. 对卸下的螺母、螺栓进行除锈、涂油				
	11. 安装 1、6 位螺栓并拧上螺母				
	12. 安装 2、5 位螺栓并拧上螺母				
	13. 安装 3、4 位螺栓并拧上螺母				
	14. 复紧螺母				
验收总结	1. 作业回检	10	根据回检测量情况，判断作业是否正常。判断正确得分，错误不得分。		
	2. 回收工具	10	已回收的工具材料数量/总计需要选择回收的工具材料数量×10 分基础分，计算结果保留至小数点后两位。		
	3. 撤除防护	—	—		
	4. 工作总结	—	—		
合计					

【综合评价】

<table>
<tr><th colspan="5">小组互评表</th></tr>
<tr><th>分组</th><th>评价项目</th><th colspan="2">选项</th><th>得分</th></tr>
<tr><td rowspan="2">被评组
_____</td><td>操作过程</td><td colspan="2">完全规范（3分）较规范（2分）
规范（1分）不规范（0分）</td><td></td></tr>
<tr><td>存在问题</td><td colspan="2"></td><td></td></tr>
<tr><td rowspan="2">被评组
_____</td><td>操作过程</td><td colspan="2">完全规范（3分）较规范（2分）
规范（1分）不规范（0分）</td><td></td></tr>
<tr><td>存在问题</td><td colspan="2"></td><td></td></tr>
<tr><td rowspan="2">被评组
_____</td><td>操作过程</td><td colspan="2">完全规范（3分）较规范（2分）
规范（1分）不规范（0分）</td><td></td></tr>
<tr><td>存在问题</td><td colspan="2"></td><td></td></tr>
<tr><td rowspan="2">被评组
_____</td><td>操作过程</td><td colspan="2">完全规范（3分）较规范（2分）
规范（1分）不规范（0分）</td><td></td></tr>
<tr><td>存在问题</td><td colspan="2"></td><td></td></tr>
<tr><td rowspan="2">被评组
_____</td><td>操作过程</td><td colspan="2">完全规范（3分）较规范（2分）
规范（1分）不规范（0分）</td><td></td></tr>
<tr><td>存在问题</td><td colspan="2"></td><td></td></tr>
<tr><td rowspan="3">本组自评</td><td>操作过程</td><td colspan="2">完全规范（3分）较规范（2分）
规范（1分）不规范（0分）</td><td></td></tr>
<tr><td>存在问题</td><td colspan="2"></td><td></td></tr>
<tr><td>解决措施</td><td colspan="2"></td><td></td></tr>
<tr><td colspan="4">合计</td><td></td></tr>
</table>

<table>
<tr><th colspan="4">个人评价表</th></tr>
<tr><th>评价内容</th><th>课堂表现</th><th>选项</th><th>得分</th></tr>
<tr><td rowspan="3">参与状态</td><td>认真倾听老师讲课</td><td>认真（2分）一般（1分）不认真（0分）</td><td></td></tr>
<tr><td>认真倾听同学发言</td><td>认真（2分）一般（1分）不认真（0分）</td><td></td></tr>
<tr><td>大胆表达自己的想法</td><td>大胆（2分）一般（1分）不大胆（0分）</td><td></td></tr>
<tr><td rowspan="3">交流状态</td><td>积极与同学交流、讨论</td><td>积极（2分）一般（1分）不愿意（0分）</td><td></td></tr>
<tr><td>注意听取同学的方法</td><td>认真（2分）一般（1分）不认真（0分）</td><td></td></tr>
<tr><td>愿意与同学合作解决问题</td><td>愿意（2分）一般（1分）不愿意（0分）</td><td></td></tr>
<tr><td rowspan="3">思维状态</td><td>用不同的方法解决问题，能独立思考，有创造性</td><td>认真（2分）一般（1分）不认真（0分）</td><td></td></tr>
<tr><td>能对数据及图表进行分析，有条理地说出自己的想法</td><td>认真（2分）一般（1分）不认真（0分）</td><td></td></tr>
<tr><td>解决问题的过程很清楚</td><td>认真（2分）一般（1分）不认真（0分）</td><td></td></tr>
<tr><td>实操状态</td><td>操作过程是否严谨有序</td><td>是（1分）否（0分）</td><td></td></tr>
<tr><td>达成状态</td><td>对本任务的知识掌握情况</td><td>理解并掌握（2分）初步理解（1分）
不明白（0分）</td><td></td></tr>
<tr><td colspan="3">合计</td><td></td></tr>
</table>

教师综合评价表			
任务名称：		班级：	
课次：		组别：	
模块	评价内容	配分	得分
知识	锈蚀对钢轨的危害	10	
	拆卸安装螺栓的顺序	10	
技能	准备工作	15	
	现场作业	15	
	验收总结	15	
素质	数据分析能力	3	
	信息检索能力	3	
	综合分析能力	3	
	学习态度	3	
	专注力	3	
	动手能力	3	
	团队合作参与度	3	
	职业素养	3	
本任务综合评分			
前任务综合评分			
同比增值幅度/%			
备注			

【知识拓展】

一、涂油作业的注意事项

（1）油脂选择：要根据铁路线路的实际环境（如湿度、温度、是否靠近海边等）和作业要求，选择合适的油脂。不同的油脂在防锈、润滑等方面，性能有所差异，选错油脂可能导致涂油效果不佳。

（2）作业安全：在整个接头螺栓涂油作业过程中，要始终把安全放在首位。作业人员要穿戴好安全帽、防护服、手套等防护用品，严格遵守铁路维修作业的安全规定，在规定的作业时间和区域内进行作业，防止发生安全事故。

（3）定期涂油：接头螺栓涂油不是一次性的工作，需要根据铁路线路的运行情况和环境条件，定期进行涂油作业。一般来说，在湿度较大、温度变化频繁的地区，或者铁路线路繁忙、钢轨振动较大的情况下，涂油的频率要适当提高。

二、作业要求

普通线路接头螺栓、接头防松紧固件扭矩标准见附录二表4、附录二表5。

任务二　更换接头夹板

更换接头夹板作业流程及操作要点

【作业认知】

任务描述

接头作为轨道三大薄弱环节之一，在车辆荷载冲击下，极易产生轨道不平顺的情况，破坏轨道结构的连续性，从而使钢轨掉块剥落、螺纹变形裂孔、夹板产生裂缝甚至折断，危及行车安全。因此，需要及时更换伤损夹板，消除线路接头病害，保证车辆安全行驶。

事例助益

2020年2月8日22时38分，××铁路局货物列车以30 km/h速度运行在××站间时，机后11辆至16辆车在××隧道内脱轨。经调查，事故发生的直接原因是，××线K5+462处下行方向右股钢轨接头处的1#和2#夹板非金属夹杂物、1#夹板拉伸与硬度均不满足有关技术要求，导致两块夹板发生疲劳断裂。夹板断裂后，在车轮的冲击下引发与其相连接的60~50 kg/m异型轨折断并甩头，致使车辆运行至断轨处脱轨。事故发生的重要原因是：××局集团公司××工务段对再用夹板上线使用前未认真鉴定，上线使用后日常检修不到位。因此，在日常养护维修中要及时对伤损的夹板进行更换，确保线路安全。

课时计划

课时分配见表2-5-2-1。

表2-5-2-1　课时分配

序号	任务内容	参考课时			教学重点
		理论	实践	合计	
1	更换接头夹板	2	2	4	螺栓安装顺序、扭力矩设置

【理论夯实】

工具准备

夹板（同类型的）、撬棍、压机、扳手、道钉锤（大锤）、油桶、扁铲、钢丝刷、扫帚、油刷，木枕地段还应带起钉垫、直钉器、道木塞、道钉、衬铁等。

任务内容

一、作业流程

点名与分工—安全预想—工机具检查—设置防护—上道作业—作业质量回检。

二、作业程序

更换接头夹板作业程序见表2-5-2-2。

表2-5-2-2　更换接头夹板作业程序

工序	作业步骤	操作要点	注意事项
准备工作	1. 确定人数	由工长点名，确认当日作业人员数量和精神状态。	
	2. 工作安排及人员分工	由工长对作业人员进行工作安排和人员分工。工长担当作业负责人，并安排单人进行作业，同时设置驻站联络员、现场防护员各1人。	
	3. 选择作业工器具和材料	选择需要携带的工器具和材料，并检查工器具状态。	
现场作业	1. 设置安全防护	在封锁命令下达后，现场防护员执行"手比、眼看、口呼"的规定，设置移动停车信号牌。	
	2. 查找需要更换的夹板	需要更换的夹板会被标记。	
	3. 卸下1位螺母并取下1位螺栓	用活口扳手将接头螺栓拧松，根据夹板所处位置不同，拆卸顺序会有变化。	
	4. 卸下3位螺母并取下3位螺栓	
	5. 卸下5位螺母并取下5位螺栓	
	6. 卸下2位螺母并取下2位螺栓	
	7. 卸下4位螺母并取下4位螺栓	
	8. 卸下6位螺母并取下6位螺栓	
	9. 拆卸旧夹板	卸夹板用撬棍插入夹板与轨腰之间卸下夹板。	不得用锤直接敲打。
	10. 对卸下的螺母、螺栓进行除锈、涂油	用钢刷对螺栓、螺母进行除锈，用毛刷对除锈后的螺栓、螺母进行涂油。	
	11. 安装新夹板	在扣件螺栓和新夹板作用面上均匀涂油，将新夹板孔和钢轨孔串号对齐。	

续表

工序	作业步骤	操作要点	注意事项
现场作业	12. 安装 1、6 位螺栓并拧上螺母	根据夹板所处位置不同，安装顺序会有变化；不得提前上紧螺母。	
	13. 安装 2、5 位螺栓并拧上螺母		
	14. 安装 3、4 位螺栓并拧上螺母		
	15. 复紧螺母	将所有螺母复紧。	
	16. 打钉，上扣件	摆正扣件，拧紧扣件螺栓。	绝缘接头处，钉头或轨距挡板不得贴靠夹板。
验收总结	1. 作业回检	用道尺检查轨距、水平，目测线路高低是否良好，如果目测较大，再拉弦线确认，确保线路几何形位符合《普速铁路线路修理规则》(TG/GW 102—2019) 第 6.2.1 条和 6.2.2 条的规定。	
	2. 回收工具	作业完毕后要做好工器具、材料、作业人员的出清工作。	
	3. 撤除防护	由现场防护员带领作业人员统一沿路肩返回，作业负责人确认人机材无误后，办理撤除防护手续。	
	4. 工作总结	作业人员汇报任务完成情况和设备质量情况，作业负责人对当日作业进行小结。	
作业安全	（1）在电气化区段作业时，不得碰伤连接线。 （2）作业过程中按要求使用佩戴劳保用品，多人作业时，保持安全距离，防止工具伤人。 （3）严禁在双线铁路线间摆放机具材料。 （4）作业人员上道作业或穿越线路，必须执行"手比、眼看、口呼"的规定。 （5）卸、紧螺栓时，不得跨站或跨坐在钢轨上，只能站在钢轨一侧进行作业，作业人员必须站稳，防止扳手滑动，摔倒伤人。 （6）在进行绝缘接头螺栓作业时，须与电务配合，扳手需加绝缘套。		
质量要求	（1）接头螺栓齐全、丝扣无损坏，垫圈口朝下、弹性良好。 （2）螺栓除锈干净、无污垢，作用良好，能正常松卸、拧紧。 （3）涂油均匀、油脂不流淌。 （4）螺栓扭矩符合《普速铁路线路修理规则》(TG/GW 102—2019) 第 3.7.9 条的规定，并应保持均匀。 （5）更换夹板时，对严重锈蚀、丝扣损坏的螺栓、折断或失去弹性的垫圈同时更换。		

【技能提升】

根据表 2-5-2-2 作业程序，分组完成更换接头夹板作业。评分标准见表 2-5-2-3。

表 2-5-2-3　评分标准

工序	作业步骤	配分	评分标准	扣分	得分
准备工作	1. 确定人数	5	小组点名，根据考勤情况打分。缺勤个人得分为零。		
	2. 工作安排及人员分工	5	能合理分配小组作业人员。得分为作业人员正确率×5分基础分，计算结果保留至小数点后两位。		
	3. 选择作业工器具和材料	15	选择正确的工具及数量/总计需要选择的工具及数量×15分基础分，计算结果保留至小数点后两位。		
现场作业	1. 设置安全防护	55	正确步骤的总得分/所有操作步骤的总分×55分基础分，计算结果保留至小数点后两位。		
	2. 查找需要更换的夹板				
	3. 卸下1位螺母并取下1位螺栓				
	4. 卸下3位螺母并取下3位螺栓				
	5. 卸下5位螺母并取下5位螺栓				
	6. 卸下2位螺母并取下2位螺栓				
	7. 卸下4位螺母并取下4位螺栓				
	8. 卸下6位螺母并取下6位螺栓				
	9. 拆卸旧夹板				
	10. 对卸下的螺母、螺栓进行除锈、涂油				
	11. 安装新夹板				
	12. 安装1、6位螺栓并拧上螺母				
	13. 安装2、5位螺栓并拧上螺母				
	14. 安装3、4位螺栓并拧上螺母				
	15. 复紧螺母				
	16. 打钉，上扣件				
验收总结	1. 作业回检	10	根据回检测量情况，判断作业是否正常。判断正确得分，错误不得分。		
	2. 回收工具	10	已回收的工具材料数量/总计需要选择回收的工具材料数量×10分基础分，计算结果保留至小数点后两位。		
	3. 撤除防护	—	—		
	4. 工作总结	—	—		
合计					

【综合评价】

<table>
<tr><td colspan="4" align="center">小组互评表</td><td></td></tr>
<tr><td>分组</td><td>评价项目</td><td colspan="2" align="center">选项</td><td>得分</td></tr>
<tr><td rowspan="2">被评组
————</td><td>操作过程</td><td colspan="2">完全规范（3分）较规范（2分）
规范（1分）不规范（0分）</td><td rowspan="2"></td></tr>
<tr><td>存在问题</td><td colspan="2"></td></tr>
<tr><td rowspan="2">被评组
————</td><td>操作过程</td><td colspan="2">完全规范（3分）较规范（2分）
规范（1分）不规范（0分）</td><td rowspan="2"></td></tr>
<tr><td>存在问题</td><td colspan="2"></td></tr>
<tr><td rowspan="2">被评组
————</td><td>操作过程</td><td colspan="2">完全规范（3分）较规范（2分）
规范（1分）不规范（0分）</td><td rowspan="2"></td></tr>
<tr><td>存在问题</td><td colspan="2"></td></tr>
<tr><td rowspan="2">被评组
————</td><td>操作过程</td><td colspan="2">完全规范（3分）较规范（2分）
规范（1分）不规范（0分）</td><td rowspan="2"></td></tr>
<tr><td>存在问题</td><td colspan="2"></td></tr>
<tr><td rowspan="2">被评组
————</td><td>操作过程</td><td colspan="2">完全规范（3分）较规范（2分）
规范（1分）不规范（0分）</td><td rowspan="2"></td></tr>
<tr><td>存在问题</td><td colspan="2"></td></tr>
<tr><td rowspan="3">本组自评</td><td>操作过程</td><td colspan="2">完全规范（3分）较规范（2分）
规范（1分）不规范（0分）</td><td rowspan="3"></td></tr>
<tr><td>存在问题</td><td colspan="2"></td></tr>
<tr><td>解决措施</td><td colspan="2"></td></tr>
<tr><td colspan="4" align="center">合计</td><td></td></tr>
</table>

<table>
<tr><td colspan="3" align="center">个人评价表</td><td></td></tr>
<tr><td>评价内容</td><td>课堂表现</td><td>选项</td><td>得分</td></tr>
<tr><td rowspan="3">参与状态</td><td>认真倾听老师讲课</td><td>认真（2分）一般（1分）不认真（0分）</td><td></td></tr>
<tr><td>认真倾听同学发言</td><td>认真（2分）一般（1分）不认真（0分）</td><td></td></tr>
<tr><td>大胆表达自己的想法</td><td>大胆（2分）一般（1分）不大胆（0分）</td><td></td></tr>
<tr><td rowspan="3">交流状态</td><td>积极与同学交流、讨论</td><td>积极（2分）一般（1分）不愿意（0分）</td><td></td></tr>
<tr><td>注意听取同学的方法</td><td>认真（2分）一般（1分）不认真（0分）</td><td></td></tr>
<tr><td>愿意与同学合作解决问题</td><td>愿意（2分）一般（1分）不愿意（0分）</td><td></td></tr>
<tr><td rowspan="3">思维状态</td><td>用不同的方法解决问题，能独立思考，有创造性</td><td>认真（2分）一般（1分）不认真（0分）</td><td></td></tr>
<tr><td>能对数据及图表进行分析，有条理地说出自己的想法</td><td>认真（2分）一般（1分）不认真（0分）</td><td></td></tr>
<tr><td>解决问题的过程很清楚</td><td>认真（2分）一般（1分）不认真（0分）</td><td></td></tr>
<tr><td>实操状态</td><td>操作过程是否严谨有序</td><td>是（1分）否（0分）</td><td></td></tr>
<tr><td>达成状态</td><td>对本任务的知识掌握情况</td><td>理解并掌握（2分）初步理解（1分）
不明白（0分）</td><td></td></tr>
<tr><td colspan="3" align="center">合计</td><td></td></tr>
</table>

教师综合评价表			
任务名称：		班级：	
课次：		组别：	
模块	评价内容	配分	得分
知识	螺栓拆卸和安装顺序	10	
	夹板的安装顺序	10	
技能	准备工作	15	
	现场作业	15	
	验收总结	15	
素质	数据分析能力	3	
	信息检索能力	3	
	综合分析能力	3	
	学习态度	3	
	专注力	3	
	动手能力	3	
	团队合作参与度	3	
	职业素养	3	
本任务综合评分			
前任务综合评分			
同比增值幅度/%			
备注			

【知识拓展】

一、更换夹板作业的关键技术

1. 螺栓拧紧力矩控制

必须按照铁路部门规定的拧紧力矩来拧紧夹板螺栓。不同型号、规格的夹板以及不同的铁路线路应用场景，其拧紧力矩都有明确规定。具体见附录二表4、附录二表5。

准确控制拧紧力矩是非常重要的，拧紧力矩过小，会导致螺栓连接不牢固，在列车运行过程中可能出现松动现象，危及铁路线路安全；拧紧力矩过大，则可能会损坏螺栓或螺母，甚至可能导致钢轨变形等问题。

2. 夹板与钢轨贴合度确保

在安装新夹板时，要确保夹板与钢轨的贴合度良好，需要在放置夹板时仔细调整其位置和角度，使其能够紧密贴合在钢轨上。如果夹板与钢轨贴合不好，会影响接头的连接稳定性，在列车运行过程中可能导致夹板松动、钢轨接头变形等问题。

二、作业要求

（1）线路轨道静态几何不平顺容许偏差管理值，见附录二表1、附录二表2。

（2）道岔轨道静态几何不平顺容许偏差管理值，见附录二表3。

（3）普通线路接头螺栓、接头防松紧固件扭矩标准见附录二表4、附录二表5。

榜样力量

人物档案

汪伯华，中共党员，中国铁路南宁局集团有限公司百色工务段工长，先后获得全国劳动模范、全国五一劳动奖章、火车头奖章、新时代铁路榜样、最美铁路人等荣誉。

事迹介绍

1993年10月，年仅21岁的汪伯华开启了自己作为铁路建设者的征程，投身于南昆铁路米花岭隧道的建设工作之中。南昆铁路建成通车后，鉴于铁路线路养护维修工作需要大量线路工，他毫不犹豫地报了名，并于1998年7月正式成为一名线路工。

精益求精，追求卓越

依据工务段线路修理规则，线路轨距容许偏差管理值设定为＋6 mm、－2 mm，轨距变化度率为2‰。然而，汪伯华却将这一标准进一步提升，严格把控在＋1 mm、－1 mm、1‰，并依照这"三个1"的高标准，对线路展开全面而细致的整治工作，使得线路质量得以切实提高。但需注意的是，标准的提高无疑意味着工作量的大幅增加。为了能够全面且精准地掌握工区的线路设备质量状况，别人每月仅需对线路检查一遍，而他却常常要反复检查好几遍，每月更是要测量上万组数据，坚决确保不遗漏任何一处病害，不留下任何一丝隐患。长时间的弯腰重复劳作，致使他患上了腰椎间盘突出等诸多病痛。即便如此，他也从未将自己的标准降低至线路修理规则所要求的数值。

兢兢业业，一丝不苟

"对于工务人而言，线路病害恰似那进入眼中的沙子，不除之而后快便浑身不自在。"在汪伯华担任贵州兴义线路工区工长期间，曾发生过这样两件事：一次巡道作业时，巡线工刘胡宝发现6号道岔左侧有两颗螺帽断裂，可他身上当时仅携带了一颗螺帽，于是便只更换了其中一颗，打算次日再来更换另一颗损坏的螺帽。恰在此时，汪伯华路过此地，在了解事情的来龙去脉后，他当即让刘胡宝守好现场，自己则迅速跑回工区拿上新螺帽，及时对另一颗损坏的螺帽完成了更换。还有一次，忙碌至凌晨的汪伯华刚回到宿舍躺下，便听到列车通过接头时发出异常声响。他二话不说，立即拿起照明灯奔向现场进行检查。经过一番排查，发现是调车线的钢轨有个接头夹板已然断裂，情况万分危急。汪伯华当机立断，迅速采取了防护措施，并更换了新的夹板，及时地消除了这一安全隐患。

勇担当，乐分享

2015年，以汪伯华名字命名的"伯华创新工作室"正式挂牌成立，他由此肩负起了为百色工务段培养工班长的重要使命。在工作室的学习与交流活动中，他毫无保留地将自己所掌握的工作技巧与方法倾囊相授，传授给身边的工友以及年轻骨干们。汪伯华感慨道："这份荣誉让我愈发深切地感受到肩上的责任与担子更加沉重了。"他还表示，在今后的工作中，依然会以更高的标准、更严的要求全力以赴做好线路养护工作，用心发挥好"传帮带"的作用，致力于为行业培育出更多高技能人才。

精神之光

汪伯华，与道尺相伴25年。**在工作上勇于担当，技术上精益求精**。他独创匠人工艺，攻克了一个又一个难题，先后将6个后进工区变成先进班组，为提升山区铁路线路质量，确保旅客平安出行、货物运输畅通作出了贡献。

项目六　动基础作业

> 内容概要

轨枕和道砟是轨下基础部件，在机车车辆不稳定重复荷载作用和自然条件影响下，会造成严重的铁路线路变形，产生弹性变形和永久变形。永久变形包括轨道几何位置的变化和各部件的折损。为了保证火车轨道的质量和设备的完整性，提高工作效率，延长铁路轨道的使用寿命，降低故障的发生率，保护国家和人民的财产生命安全，就必须做好铁路轨道的维护工作。

本项目以轨枕更换和线路清筛换砟以及清挖翻浆为主要内容，对铁路动基础作业进行介绍。

> 知识目标

（1）掌握轨枕失效、道床脏污的判断依据。
（2）掌握轨枕更换和线路清筛换砟以及清挖翻浆的作业程序。
（3）掌握轨枕更换和线路清筛换砟以及清挖翻浆作业的规范要求。

> 能力目标

（1）能熟练判识失效钢轨。
（2）能够按作业安全要求，小组合作完成轨枕更换和线路清筛换砟作业任务。
（3）能正确阐述轨枕更换和线路清筛换砟以及清挖翻浆作业的注意事项和流程。

任务一 单根更换轨枕

单根更换轨枕及操作要点

【作业认知】

任务描述

轨枕是轨道结构中的重要部件，不仅能够将钢轨传递的各种作用力弹性传布于道床上，同时能有效地保持轨道的轨距、方向和位置。因此，按规定及时更换已失效或者不符合规定的轨枕，保证线路结构完整，保持线路质量均衡良好，是铁路工务部门的重要工作。

事例助益

6月16日9时56分，C30304次货物列车运行至××局管内××线K517+364处，后部补机机车及尾前5辆车辆（装载货物为煤，载重均为70 t）脱轨，中断单线正线行车20 h 33 min。事故主要原因：脱轨处线路为300 m半径曲线的缓和曲线，脱轨地点轨枕使用了可调扣板式扣件。由于该种扣件扣压力不易保持，且曲线下股混凝土轨枕挡肩连续破损15处，其中失效9根，严重伤损6根。重载列车低速通过曲线时，曲线下股横向力增大，轨道框架强度不足，轨距瞬间扩大，曲线下股车轮落于钢轨内侧，同时将曲线上股钢轨挤翻。

课时计划

课时分配见表2-6-1-1。

表 2-6-1-1　课时分配

序号	任务内容	参考课时 理论	参考课时 实践	参考课时 合计	教学重点
1	动基础作业	2	2	4	单根更换混凝土轨枕
2	动基础作业	2	2	4	单根更换木枕

【理论夯实】

工具准备

扳手、道尺、耙子、捣镐、铁锹、抬杠抬绳、九齿叉、撬棍、液压起道器、轨温计、扣件拉枪、铁锤、钢丝刷、油桶及备带零配件、记录本等；更换木枕还应带支距尺、开口撬棍、道钉锤、直钉器、起钉器、十字镐、电钻等。

任务内容

单根更换混凝土轨枕作业任务见表2-6-1-2。单根更换木枕作业任务见表2-6-1-3。

表 2-6-1-2　单根更换混凝土轨枕作业任务

工序	作业步骤	操作要点	注意事项
准备工作	1. 确定人数	由工长点名，确认当日作业人员数量和精神状态。	
	2. 工作安排及人员分工	由工长对作业人员进行工作安排和人员分工。工长担当作业负责人，并至少安排 4 人进行更换作业，同时设置驻站联络员、现场防护员各 1 人。	
	3. 工机具准备及检查	抬杠、绳索等工具要认真检查是否牢固，防止扛棒、绳子在拖拉中拉断后伤人。	
现场作业	1. 设置安全防护	驻站联络员提前 40 min 到达车站办理登记手续，了解列车运行情况，及时通知现场防护员；现场防护员根据要求准备好防护标牌，按要求设置防护。	
	2. 测量轨温	需严格执行作业前、作业中、作业后测量轨温的制度。	
	3. 复查换轨处所	根据作业计划单对换轨处进行复查、确认，测量轨枕间距，并在轨枕对应的钢轨腹部做好标记。	
	4. 拆除轨道加强设备	遇有影响作业的轨道加强设备应予以拆除。	
	5. 扒砟	选择便于抽穿、堆放轨枕的一侧，将轨枕盒及边坡道砟扒出，另一侧将轨枕头部和轨枕盒道砟扒出。	扒砟深度保证抽穿轨枕不碰伤轨枕螺栓。
	6. 拆卸扣件	将扣件卸掉，集中放在适当位置。	
	7. 抽出旧枕	用撬棍将旧枕拨入扒好的轨枕盒，用抬枕钳抬至路肩。	
	8. 清理轨底	用三齿耙、道砟叉整平轨枕底部道砟。	清理深度较原轨底道床面低 20 mm 左右，宽度为 300 mm 左右，轨底不洁道砟挖出放在路肩上。
	9. 穿入新枕	用抬枕钳将新枕抬至扒开的轨枕盒内，并用撬棍拨至换入位置。	
	10. 安装扣件	摆正轨枕位置，放好大胶垫，安装尼龙座、轨距挡板、弹条，将扣件安装到位，顶严密靠。	
	11. 方正轨枕位置	使用方尺复核确认轨枕位置，并进行方正。	
	12. 检查高低、水平	用道尺检查高低和水平是否符合要求。	达到要求后复拧扣件。
	13. 捣固作业	适量回砟后，将轨枕底串满，再进行八面捣固，做到均匀排镐，紧密坚实。	
	14. 恢复轨道加强设备	按标准安装拆下的轨道加强设备。	
	15. 材料回收	回填道砟，整理好道床，清扫枕面，回收旧料。	

续表

工序	作业步骤	操作要点	注意事项
验收总结	1. 质量回检	由作业负责人对作业质量进行回检，确认轨距、高低、水平、三角坑、轨向符合要求，并做好记录；对扣件螺栓扭矩进行检查。	
	2. 回收工具	作业完毕后要做好工器具、材料、作业人员的出清工作。	
	3. 撤除防护	作业负责人确认人机料无误后，办理撤除防护手续，按要求销点，开通线路。	
	4. 工作总结	作业人员汇报任务完成情况和设备质量情况，作业负责人对当日作业进行小结，对作业中存在的问题进行点评。	
作业安全	（1）严格执行天窗修制度。 （2）防护员防护距离不超过 50 m。 （3）注意临线车辆动态，必要时停止作业或及时下道，两线间严禁站人。 （4）跨越线路时严格执行"一站、二看、三确认、四通过"制度和"手比、眼看、口呼"制度。 （5）严格执行轨温检测制度，防止超温作业。 （6）作业过程中严禁将工机具放置在道心或钢轨引入线上、两线间，以防联电。		
质量要求	（1）轨枕位置方正、均匀，间距和偏斜误差：正线、到发线不超过 50 mm，站专线不超过 60 mm。 （2）轨底处道床顶面要低于轨枕顶面 20～30 mm；Ⅰ型枕中部道床要掏空，其顶面低于枕底不得小于 20 mm，长度为 200～400 mm；Ⅱ型和Ⅲ型枕中部道床可不掏空，但要保持疏松。 （3）扣件应保持齐全，位置正确，作用良好。扣板、轨距挡板应靠贴轨底边。扣板（弹片）扣件扭矩应保持在 80～140 N·m。弹条扣件的弹条中部前端下颚应靠贴轨距挡板（离缝不大于 1 mm）或扭矩应保持在 80～150 N·m；Ⅲ型扣件后拱内侧距预埋件端部不大于 10 mm，扣压力保持在 8～13.2 kN。 （4）捣固要坚实均匀，换后 2～5 d 应再捣固一遍；轨距、水平、方向、高低应符合作业验收标准，做好道床回填整理工作。		

表 2-6-1-3　单根更换木枕作业任务

工序	作业步骤	操作要点	注意事项
准备工作	1. 确定人数	由工长点名，确认当日作业人员数量和精神状态。	
	2. 工作安排及人员分工	由工长对作业人员进行工作安排和人员分工。工长担当作业负责人，并至少安排 4 人进行更换作业，同时设置驻站联络员、现场防护员各 1 人。	
	3. 工机具准备及检查	抬杠、绳索等工具要认真检查是否牢固，防止扛棒、绳子在拖拉中拉断后伤人。	
现场作业	1. 设置安全防护	驻站联络员提前 40 min 到达车站办理登记手续，了解列车运行情况，及时通知现场防护员；现场防护员根据要求准备好防护标牌，按要求设置防护。	
	2. 测量轨温	需严格执行作业前、作业中、作业后测量轨温的制度。	
	3. 复查换轨处所	根据作业计划单对换轨处所进行复查、确认，测量轨枕间距，并在轨枕对应的钢轨腹部做好标记。	

续表

工序	作业步骤	操作要点	注意事项
现场作业	4. 拆除轨道加强设备	遇有影响作业的轨道加强设备应予以拆除。	
	5. 扒砟	选择便于抽穿、堆放轨枕的一侧,将轨枕盒及边坡道砟扒出,另一侧将轨枕头部和轨枕盒道砟扒出。	扒砟深度一般低于轨底20 mm,不妨碍抽、穿枕木,隧道尤其注意。
	6. 起钉、撤垫板	将起下的道钉、垫板,放置在相邻木枕上。	
	7. 抽出旧枕	用撬棍将旧枕拨入扒好的轨枕盒,用拉枕钳拉出,放在路肩上。	底面朝上,以便干燥后运回。
	8. 清理轨底	用三齿耙、道砟叉整平轨枕底部道砟。	清理深度较原轨底道床面低20 mm左右,宽度为300 mm左右,轨底不洁道砟挖出放在路肩上。
	9. 穿入新枕	用拉枕钳将新枕拉入,拨到间隔点位置。	单侧以左侧枕木头对齐,复线以两线外侧枕木头对齐。
	10. 安装铁垫板	安装铁垫板,使垫板落在木枕中间。	
	11. 钻孔打钉	使用钻机沿垫板孔中心钻好一头钉孔,孔深为100~300 mm。	一人撬起枕木头,另一人打好道钉。另一队量好轨距后再进行钻孔打钉。
	12. 捣固作业	先串后捣,再进行八面捣固,做到均匀排镐,紧密坚实。	当日收工前进行第二遍捣固,根据列车密度,在2~5 d内再次进行捣固。
	13. 恢复轨道加强设备	按标准安装拆下的轨道加强设备。	
	14. 回填整平道床	回填道砟,整理好道床,清扫枕面。	
验收总结	1. 质量回检	由作业负责人对作业质量进行回检,确认轨距、高低、水平、三角坑、轨向符合要求,做好记录。	
	2. 回收工具	作业完毕后要做好工器具、材料、作业人员的出清工作。	
	3. 撤除防护	作业负责人确认人机料无误后,办理撤除防护手续,按要求销点,开通线路。	
	4. 工作总结	作业人员汇报任务完成情况和设备质量情况,作业负责人对当日作业进行小结,对作业中存在的问题进行点评。	

续表

工序	作业步骤	操作要点	注意事项
作业安全	（1）严格执行天窗修制度。 （2）防护员防护距离不超过 50 m。 （3）注意临线车辆动态，必要时要停止作业或及时下道，两线间严禁站人。 （4）跨越线路时严格执行"一站、二看、三确认、四通过"制度和"手比、眼看、口呼"制度。 （5）严格执行轨温检测制度，防止超温作业。 （6）作业过程中严禁将工机具放置在道心或钢轨引入线上、两线间，以防联电。		
质量要求	（1）轨枕位置均匀，间距和偏斜误差：正线、到发线不超过 50 mm，站专线不超过 60 mm。 （2）木枕树心或者大面朝下。 （3）捣固要坚实均匀，换后 2~5 d 应再捣固一遍；轨距、水平、方向、高低应符合作业验收标准，做好道床回填整理工作。		

【技能提升】

根据表 2-6-1-2、表 2-6-1-3 的作业任务，分组完成单根更换失效轨枕作业。评分标准见表 2-6-1-4、表 2-6-1-5。

表 2-6-1-4　更换混凝土轨枕评分标准

工序	作业步骤	配分	评分标准	扣分	得分
准备工作	1. 确定人数	5	小组点名，根据考勤情况打分。缺勤个人得分为零。		
	2. 工作安排及人员分工	5	能合理分配小组作业人员。得分为作业人员正确率×5 分基础分，计算结果保留至小数点后两位。		
	3. 工机具准备及检查	15	选择正确的工具及数量/总计需要选择的工具及数量×15 分基础分，计算结果保留至小数点后两位。		
现场作业	1. 设置安全防护 2. 测量轨温 3. 复查换轨处所 4. 拆除轨道加强设备 5. 扒砟 6. 拆卸扣件 7. 抽出旧枕 8. 清理轨底 9. 穿入新枕 10. 安装扣件 11. 方正轨枕位置	55	正确步骤的总得分/所有操作步骤的总分×55 分基础分，计算结果保留至小数点后两位。		

续表

工序	作业步骤	配分	评分标准	扣分	得分
现场作业	12. 检查高低、水平				
	13. 捣固作业				
	14. 恢复轨道加强设备				
验收总结	1. 质量回检	10	根据回检测量情况,判断作业是否正常。判断正确得分,错误不得分。		
	2. 回收工机具材料	10	已回收的工具材料数量/总计需要选择的回收的工具材料数量×10分基础分,计算结果保留至小数点后两位。		
	3. 撤除防护				
	4. 工作总结				
	合计				

表 2-6-1-5　更换木枕评分标准

工序	作业步骤	配分	评分标准	扣分	得分
准备工作	1. 确定人数	5	小组点名,根据考勤情况打分。缺勤个人得分为零。		
	2. 工作安排及人员分工	5	能合理分配小组作业人员。得分为作业人员正确率×5分基础分,计算结果保留至小数点后两位。		
	3. 工机具准备及检查	15	选择正确的工具及数量/总计需要选择的工具及数量×15分基础分,计算结果保留至小数点后两位。		
现场作业	1. 设置安全防护	55	正确步骤的总得分/所有操作步骤的总分×55分基础分,计算结果保留至小数点后两位。		
	2. 测量轨温				
	3. 复查换轨处所				
	4. 拆除轨道加强设备				
	5. 扒砟				
	6. 起钉、撤垫板				
	7. 抽出旧枕				
	8. 清理轨底				
	9. 穿入新枕				
	10. 安装铁垫板				
	11. 钻孔打钉				
	12. 捣固作业				
	13. 恢复轨道加强设备				
	14. 回填整平道床				

续表

工序	作业步骤	配分	评分标准	扣分	得分
验收总结	1. 质量回检	10	根据回检测量情况，判断作业是否正常。判断正确得分，错误不得分。		
	2. 回收工机具材料	10	已回收的工具材料数量/总计需要选择的回收的工具材料数量×10分基础分，计算结果保留至小数点后两位。		
	3. 撤除防护	—	—	—	—
	4. 工作总结	—	—	—	—
			合计		

【综合评价】

\multicolumn{4}{c	}{小组互评表}	
分组	评价项目	选项		得分
被评组_____	操作过程	完全规范（3分）较规范（2分）规范（1分）不规范（0分）		
	存在问题			
被评组_____	操作过程	完全规范（3分）较规范（2分）规范（1分）不规范（0分）		
	存在问题			
被评组_____	操作过程	完全规范（3分）较规范（2分）规范（1分）不规范（0分）		
	存在问题			
被评组_____	操作过程	完全规范（3分）较规范（2分）规范（1分）不规范（0分）		
	存在问题			
被评组_____	操作过程	完全规范（3分）较规范（2分）规范（1分）不规范（0分）		
	存在问题			
本组自评	操作过程	完全规范（3分）较规范（2分）规范（1分）不规范（0分）		
	存在问题			
	解决措施			
		合计		

个人评价表

评价内容	课堂表现	选项	得分
参与状态	认真倾听老师讲课	认真（2分）一般（1分）不认真（0分）	
	认真倾听同学发言	认真（2分）一般（1分）不认真（0分）	
	大胆表达自己的想法	大胆（2分）一般（1分）不大胆（0分）	
交流状态	积极与同学交流、讨论	积极（2分）一般（1分）不愿意（0分）	
	注意听取同学的方法	认真（2分）一般（1分）不认真（0分）	
	愿意与同学合作解决问题	愿意（2分）一般（1分）不愿意（0分）	
思维状态	用不同的方法解决问题，能独立思考，有创造性	认真（2分）一般（1分）不认真（0分）	
	能对数据及图表进行分析，有条理地说出自己的想法	认真（2分）一般（1分）不认真（0分）	
	解决问题的过程很清楚	认真（2分）一般（1分）不认真（0分）	
实操状态	操作过程是否严谨有序	是（1分）否（0分）	
达成状态	对本任务的知识掌握情况	理解并掌握（2分）初步理解（1分）不明白（0分）	
合计			

教师综合评价表

任务名称：		班级：	
课次：		组别：	

模块	评价内容	配分	得分
知识	换轨安全防护设置要点	10	
	单根更换混凝土轨枕流程	10	
	单根更换木枕流程	10	
技能	准备工作	15	
	现场作业	15	
	验收总结	15	
素质	数据分析能力	3	
	信息检索能力	3	
	综合分析能力	3	
	学习态度	3	
	专注力	3	
	动手能力	3	
	团队合作参与度	3	
	职业素养	3	

本任务综合评分	
前任务综合评分	
同比增值幅度/%	
备注	

【知识拓展】

一、基本知识

（一）作业概念

单根更换轨枕作业是指铁路施工中对损坏或老化严重的单个轨枕进行更换的一种作业方式。作业时，施工人员首先需要使用专业工具将损坏轨枕与铁路路基分离，然后插入新的轨枕，确保新旧轨枕间平稳对接，并对铁路轨道进行复位，恢复铁路线路的平直与稳定。

（二）作业原因

更换失效轨枕，提高轨道框架结构强度。

（三）作业条件

（1）利用维修天窗作业。

（2）无缝线路按实际锁定轨温计算：$-20\ °C$ 以下当日不连续更换；$-20 \sim -10\ °C$ 和 $+10 \sim +20\ °C$ 之间当日连续更换不超过 2 根；$+20\ °C$ 以上禁止更换轨枕作业。

（四）重点控制事项

（1）抽换出旧轨枕要注意不要侵限、损坏线路标志及信号设备。

（2）严格执行天窗修制度，设置好防护，作业人员必须服从防护员指挥，来车前及时撤离线路。

（3）作业完毕后应防止工具材料侵限，做到工完料清。

（4）在抬运混凝土轨枕前要认真检查抬杠和绳索是否牢固，动作要协调，防止扭腰和砸伤脚。

（5）在轨道电路地段作业，撬棍要有绝缘套管，绝缘接头处的扣件不准与其他部位混用。放置能导电的工机具时，不能同时压在两端引入线等部位。

（6）换下的旧轨枕应放在适当的位置，做好回收标记，并及时回收至指定地点或段料库集中堆放。

二、作业标准

应符合线路轨道静态几何不平顺容许偏差管理值，见附录二表1、附录二表2。

三、轨枕失效标准

应保持正线及到发线接头轨枕无失效,其他处所无连续失效(含岔枕)。评定轨枕失效及混凝土枕严重伤损标准如下:

(一)混凝土枕(含混凝土宽枕、混凝土岔枕及短轨枕)失效标准

(1)明显折断。
(2)纵向通裂。
① 挡肩顶角处缝宽大于 1.5 mm。
② 纵向水平裂缝基本贯通(缝宽大于 0.5 mm)。
(3)横裂(或斜裂)接近环状裂纹(残余裂缝宽度大于 0.5 mm 或长度超过 2/3 枕高)。
(4)挡肩破损,接近失去支承能力(破损长度超过挡肩长度的 1/2)。
(5)严重掉块,影响钢轨或扣件正常安装及使用,或影响轨枕其他正常使用功能。

(二)木枕(含木岔枕)失效标准

(1)腐朽失去承压能力,钉孔腐朽无处改孔,不能持钉。
(2)折断或拼接的接合部分离,不能保持轨距。
(3)机械磨损,经削平或除去腐朽木质后,允许速度大于 120 km/h 线路,其厚度不足 140 mm,其他线路不足 100 mm。
(4)劈裂或其他伤损,不能承压、持钉。

(三)混凝土枕严重伤损标准

(1)横裂裂缝长度为枕高的 1/2 ~ 2/3。
(2)纵裂:两螺栓孔间纵裂(挡肩顶角处缝宽大于 1.5 mm);纵向水平裂缝基本贯通(缝宽大于 0.5 mm)。
(3)挡肩破损长度为挡肩长度的 1/3 ~ 1/2。
(4)承轨槽压溃,深度超过 2 mm。
(5)钢筋(或钢丝)外露(钢筋锈蚀长度超过 100 mm)。
(6)斜裂长度为枕高的 1/2 ~ 2/3。

四、木枕使用规定

(1)木枕宽面在下,顶面与底面同宽时,应使树心一面向下。
(2)接头处应使用质量较好的木枕。
(3)木枕铺设前应捆扎。
(4)使用新木枕,应预先钻孔,孔径 12.5 mm,有铁垫板时孔深应为 110 mm,无铁垫板时孔深应为 130 mm。使用螺纹道钉时,应比照普通道钉办理。
(5)改道用的道钉孔木片规格应为长 110 mm、宽 15 mm、厚 5 ~ 10 mm,并应经过防腐处理。

表 2-6-1-6 线路轨道静态几何不平顺容许偏差管理值（混凝土枕线路，mm）
《普速铁路线路修理规则》（TG/GW102—2019）

项目		160 km/h<V_{max} 正线				120 km/h<V_{max}≤160 km/h 正线			80 km/h<V_{max}≤120 km/h 正线			V_{max}≤80 km/h 正线及到发线				其他站线			
		作业验收	计划维修	临时补修	限速(160 km/h)	作业验收	计划维修	临时补修	限速(120 km/h)	作业验收	计划维修	临时补修	限速(80 km/h)	作业验收	计划维修	临时补修	限速(45 km/h)	作业验收	计划维修	临时补修	封锁
轨距		+2 −2	+4 −3	+6 −4	+8 −6	+4 −2	+6 −4	+8 −6	+14 −7	+6 −2	+7 −4	+14 −7	+16 −8	+6 −2	+7 −4	+16 −8	+19 −9	+6 −2	+9 −4	+19 −9	+21 −10
水平		3	5	8	10	4	6	10	14	4	6	14	17	4	6	17	20	5	8	20	22
高低		3	5	8	11	4	6	11	15	4	6	15	19	4	6	19	22	5	8	22	24
轨向（直线）		3	4	7	9	4	6	9	12	4	6	12	15	4	6	15	18	5	8	18	20
三角坑	缓和曲线	3	4	5	6	4	5	6	9	4	5	7	8	4	6	8	9	5	7	9	10
	直线和圆曲线	3	4	6	8	4	6	8	11	4	6	11	13	4	6	13	15	5	8	15	16

注：① 轨距偏差不含曲线上按规定设置的轨距加宽值，但最大轨距（含加宽值和偏差）不得超过 1 456 mm；
② 轨向偏差和高低偏差为 10 m 弦测量的最大矢度值；
③ 三角坑偏差不含曲线超高顺坡造成的扭曲量；检查三角坑时基长，采用轨道检查仪时为 3 m，采用轨距距尺时为 6.25 m，但在延长 18 m 的距离内无超过表列的三角坑；
④ 段管线、岔线按其他站线办理。

表 2-6-1-7 线路轨道静态几何不平顺容许偏差管理值（木枕线路，mm）
《普速铁路线路修理规则》（TG/GW 102—2019）

项目		120 km/h<V_{max}≤160 km/h 正线			80 km/h<V_{max}≤120 km/h 正线			V_{max}≤80 km/h 正线及到发线			其他站线		
		作业验收	计划维修	临时补修	作业验收	计划维修	临时补修	作业验收	计划维修	临时补修	作业验收	计划维修	临时补修
轨距		+4 −2	+6 −4	+8 −4	+6 −2	+7 −4	+8 −4	+6 −2	+8 −4	+9 −4	+6 −2	+9 −4	+10 −4
水平		4	6	8	4	6	9	4	6	10	5	8	11
高低		4	6	8	4	6	9	4	6	10	5	8	11
轨向（直线）		4	6	8	4	6	9	4	6	10	5	8	11
三角坑	缓和曲线	4	5	6	4	5	6	4	6	7	5	7	8
	直线和圆曲线	4	6	8	4	6	8	4	6	9	5	8	10

注：① 轨距偏差不含曲线上按规定设置的轨距加宽值，但最大轨距（含加宽值和偏差）不得超过 1 456 mm；
② 轨向偏差和高低偏差为 10 m 弦测量的最大矢度值；
③ 三角坑偏差不含曲线超高顺坡造成的扭曲量；检查三角坑时基长，采用轨道检查仪应为 3 m，采用轨距距尺时为 6.25 m，但在延长 18 m 的距离内无超过表列的三角坑；
④ 段管线、岔线按其他站线办理。

任务二 线路清筛及换砟

线路清筛及换砟作业流程及操作要点

【作业认知】

任务描述

在铁路系统中，道砟是用作承托路轨枕木的碎石，是常见的道床结构。当道床中道砟破碎的粉末和施工时道砟中混杂的黏性土，因风吹、水冲被带入道床，或者列车的煤灰等与道砟混合在一起，会造成道床不洁，填满道砟空隙时，会形成不透水层，造成排水不畅，出现翻浆冒泥现象；若一直未清筛还会造成道床板结，弹性下降，减震效果变差。因此，工务部门要及时进行线路清筛换砟。一般铁路清筛作业都是由机械完成，但由于某些地段（如桥梁）作业环境受到限制，只能由人工完成线路清筛作业。

事例助益

2009 年 3 月 7 日，××局聊城工务段在××线××黄河桥上行 K489+640 至 K489+900 处进行混凝土枕有砟桥面破底清筛施工时，由于人行道上堆载过多道砟，而与梁体焊接的人行道托架焊缝存在严重的质量问题，造成 K489+640 至 K489+680 单侧人行道突然垮塌，1 名劳务工坠桥身亡。

课时计划

课时分配见表 2-6-2-1。

表 2-6-2-1　课时分配

序号	任务内容	参考课时			教学重点
		理论	实践	合计	
1	动基础作业	2	2	4	人工清筛流程和注意事项

【理论夯实】

工具准备

捣镐、铁锹、四齿耙、铁筛子、土箕、卷尺、轨温计等。

任务内容

铁路道床需要定期进行清筛作业，清理污土，消除板结病害，保证道床排水通畅，恢复道床弹性。一般铁路清筛作业都是由机械完成，但由于某些地段（如桥梁）作业环境受到限制，只能由人工完成线路清筛作业。人工清筛作业任务见表 2-6-2-2。

表 2-6-2-2　人工清筛作业任务

工序	作业步骤	操作要点	注意事项
准备工作	1. 确定人数	由工长点名，确认当日作业人员数量和精神状态。	
	2. 工作安排及人员分工	由工长对作业人员进行工作安排和人员分工。工长担当作业负责人，并至少安排 4 人进行更换作业，同时设置驻站联络员、现场防护员各 1 人。	
	3. 工机具准备及检查	上道前检查工机具的安全性能，作业前后检查，避免侵限或者遗留在线路上。	
现场作业	1. 设置安全防护	驻站联络员提前 40 min 到达车站办理登记手续，了解列车运行情况，及时通知现场防护员；现场防护员根据要求准备好防护标牌，按要求设置防护。	
	2. 测量轨温	需严格执行作业前、作业中、作业后测量轨温的制度。	施工负责人做好记录，确定符合作业轨温条件。
	3. 扒筛	清筛第一根枕孔时，将枕下破底、筛通，将第二根枕孔清筛的石砟回填到第一根枕孔内，依次类推。	两人一组，宜采用分段倒筛法，每组间隔至少 6 根轨枕。
	4. 整理夯实	筛完一孔，回填一孔，夯实整平。	捣固棒进行粗捣，接着用小型捣固机械再次捣固。
	5. 清土转移	筛除的碎石污土按公司要求及时转移到相应场所。	桥、隧线路地段，应采取防护措施，避免污土污染线路或石砟掉在桥涵下。
	6. 销点	当线路达到放行条件后，按要求清理工机料具，撤除防护，销点并开通线路。	
验收总结	1. 质量回检	当放行首列列车通过后，由作业负责人对作业质量进行回检，如达标方可收工。	
	2. 工作总结	作业人员汇报任务完成情况和设备质量情况，作业负责人对当日作业进行小结，对作业中存在的问题进行点评。	
作业安全	（1）严格执行天窗修制度。 （2）防护员防护距离不超过 50 m。 （3）注意临线车辆动态，必要时停止作业或及时下道，两线间严禁站人。 （4）跨越线路时严格执行"一站、二看、三确认、四通过"和"手比、眼看、口呼"制度。 （5）严格执行轨温检测制度，防止超温作业。 （6）作业过程中严禁将工机具放置在道心或钢轨引入线上、两线间，以防联电。		

续表

工序	作业步骤	操作要点	注意事项
质量要求		（1）道床一般清筛轨枕盒，清筛深度为枕底向下 50～100 mm，并做好排水坡。边坡清筛为轨枕头全部道砟，宜使用边坡清筛机施工。清筛后应及时夯实、捣固，轨枕头清筛至轨枕底下 150～200 mm，轨枕头外清筛至路基面。复线线路两线间轨枕头清筛至轨枕底下 50 mm，线路中心轨枕头清筛至轨枕下 100 mm，外侧轨枕头清筛至轨枕底下 150～200 mm。 （2）清筛后道床断面应达到以下要求： ① 道床顶面宽度及边坡坡度： A. 正线无缝线路：V_{max}>160 km/h 时，道床顶面宽度 3.5 m，砟肩堆高 0.15 m，边坡坡度为 1∶1.75；V_{max}≤160 km/h 时，道床顶面宽度 3.4 m，砟肩堆高 0.15 m，边坡坡度为 1∶1.75；曲线半径 R≤600 m 时，曲线外侧道床加宽 0.10 m。 B. 正线普通线路：年通过总质量不小于 8Mt 时，道床顶面宽度 3.1 m，曲线半径 R≤800 m，曲线外侧道床加宽 0.10 m，边坡坡度为 1∶1.75，年通过总质量小于 8Mt 时，道床顶面宽度 3.0 m，曲线半径 R≤600 m，曲线外侧道床加宽 0.10 m，边坡坡度为 1∶1.75。 C. 站线：道床顶面宽度 2.9 m，边坡坡度为 1∶1.50。 ② 道床顶面应低于轨枕顶面 20～30 mm，旧型号混凝土轨枕地段中部道床顶面应凹下并低于枕底不小于 20 mm，凹下部分长度为 200～400 mm。 ③ 无缝线路地段肩宽 400～450 mm，清筛结束地段与未清筛地段，道床软硬不均，收工前必须串实捣固衔接处的轨枕。 （3）清筛所用铁丝筛其孔径不应大于 15 mm，清筛后用同孔径筛子复筛检查，筛出物体积比不超过 5%。 （4）回填石砟要清洁，对 20～30 mm 的小砟不要扒掉，道床作业要求回填饱满和夯实，清筛道床应逐孔倒筛，分层回填夯实，轨枕端部石砟更应注意夯实。	

【技能提升】

根据表 2-6-2-2 的作业任务，分组完成单根更换失效轨枕作业。评分标准见表 2-6-2-3。

表 2-6-2-3　人工清筛作业任务评分标准

工序	作业步骤	配分	评分标准	扣分	得分
准备工作	1. 确定人数	5	小组点名，根据考勤情况打分。缺勤个人得分为零。		
	2. 工作安排及人员分工	5	能合理分配小组作业人员。得分为作业人员正确率×5 分基础分，计算结果保留至小数点后两位。		
	3. 工机具准备及检查	15	选择正确的工具及数量/总计需要选择的工具及数量×15 分基础分，计算结果保留至小数点后两位。		
现场作业	1. 设置安全防护 2. 测量轨温 3. 扒筛 4. 整理夯实 5. 清土转移 6. 销点	55	正确步骤的总得分/所有操作步骤的总分×55 分基础分，计算结果保留至小数点后两位。		

续表

工序	作业步骤	配分	评分标准	扣分	得分
验收总结	1. 质量回检	10	根据回检测量情况，判断作业是否正常。判断正确得分，错误不得分。		
	2. 机具回收	10	已回收的工具材料数量/总计需要选择的回收的工具材料数量×10 分基础分，计算结果保留至小数点后两位。		
	3. 工作总结	—	—	—	—
合计					

【综合评价】

小组互评表

分组	评价项目	选项	得分
被评组____	操作过程	完全规范（3分）较规范（2分）规范（1分）不规范（0分）	
	存在问题		
被评组____	操作过程	完全规范（3分）较规范（2分）规范（1分）不规范（0分）	
	存在问题		
被评组____	操作过程	完全规范（3分）较规范（2分）规范（1分）不规范（0分）	
	存在问题		
被评组____	操作过程	完全规范（3分）较规范（2分）规范（1分）不规范（0分）	
	存在问题		
被评组____	操作过程	完全规范（3分）较规范（2分）规范（1分）不规范（0分）	
	存在问题		
本组自评	操作过程	完全规范（3分）较规范（2分）规范（1分）不规范（0分）	
	存在问题		
	解决措施		
合计			

个人评价表

评价内容	课堂表现	选项	得分
参与状态	认真倾听老师讲课	认真（2分）一般（1分）不认真（0分）	
	认真倾听同学发言	认真（2分）一般（1分）不认真（0分）	
	大胆表达自己的想法	大胆（2分）一般（1分）不大胆（0分）	
交流状态	积极与同学交流、讨论	积极（2分）一般（1分）不愿意（0分）	
	注意听取同学的方法	认真（2分）一般（1分）不认真（0分）	
	愿意与同学合作解决问题	愿意（2分）一般（1分）不愿意（0分）	
思维状态	用不同的方法解决问题，能独立思考，有创造性	认真（2分）一般（1分）不认真（0分）	
	能对数据及图表进行分析，有条理地说出自己的想法	认真（2分）一般（1分）不认真（0分）	
	解决问题的过程很清楚	认真（2分）一般（1分）不认真（0分）	
实操状态	操作过程是否严谨有序	是（1分）否（0分）	
达成状态	对本任务的知识掌握情况	理解并掌握（2分）初步理解（1分）不明白（0分）	
合计			

教师综合评价表

任务名称：		班级：	
课次：		组别：	

模块	评价内容	配分	得分
知识	动基础认知	10	
	人工清筛流程	10	
技能	准备工作	15	
	现场作业	15	
	验收总结	15	
素质	数据分析能力	3	
	信息检索能力	3	
	综合分析能力	3	
	学习态度	3	
	专注力	3	
	动手能力	3	
	团队合作参与度	3	
	职业素养	3	

本任务综合评分	
前任务综合评分	
同比增值幅度/%	
备注	

【知识拓展】

一、基本知识

（一）概　念

线路清筛及换砟是指在铁路线路维护过程中，对既有轨道的清筛和更换砟石（轨道底部的碎石层）的作业。

（二）作业原因

保证铁路线路的稳定性和安全性，提高列车的运行效率。

（三）作业条件

（1）作业负责人由副主任及以上人员担任。

（2）利用施工天窗作业（天窗时间不少于 180 min），车站设驻站联络员、现场设现场防护员，对讲机或有线电话联控。

（3）人工清筛道床作业轨温条件：按实际锁定轨温计算，在 −20 ~ +10 ℃ 之间进行。

二、作业标准

道床顶面宽度及边坡坡度应符合表 2-6-2-4 的规定。

表 2-6-2-4　道床顶面宽度及边坡坡度

线路类别		顶面宽度 /m	曲线外侧加宽/m		砟肩堆高 /m	边坡坡度
			半径	加宽		
正线	无缝线路	V_{max}>160 km/h	3.5	—	—	0.15	1∶1.75
		V_{max}≤160 km/h	3.4	≤800	0.10	0.15	1∶1.75
	普通线路	100 km/h<V_{max}≤120 km/h	3.1	≤600	0.10	—	1∶1.75
		V_{max}≤100 km/h	3.0	≤600	0.10	—	1∶1.75
站线	无缝线路	Ⅲ型混凝土枕	3.4	≤600	0.10	0.15	1∶1.75
		其他轨枕	3.3				
	普通线路	Ⅲ型混凝土枕	3.0	—	—	—	1∶1.5
		其他轨枕	2.9				

轨底处道床顶面应低于轨枕顶面 20 ~ 30 mm。Ⅰ型混凝土轨枕中部道床应掏空，其顶面低于枕底不得小于 20 mm，长度应为 200 ~ 400 mm；Ⅱ型和Ⅲ型混凝土轨枕中部道床应填平，并不高于轨枕顶面。

任务三　人工清挖翻浆

【作业认知】

任务描述

在多雨季节，道床如果排水不良或者板结无法保证通畅，将导致道床局部积水，造成翻浆冒泥。因此，在雨季，除了要防洪外，还有一项日常工作，就是清挖翻浆，需要工人及时对局部道床进行清除疏通更换道砟，以确保道床恢复弹性，列车正常通过。

事例助益

浙赣线某段铁路路基由于雨水浸泡，排水不畅，发生了较大的沉降变形和翻浆冒泥。经过实地勘测，分析影响因素主要有以下两个方面：

（1）该段路基填料土质细腻、有滑感，含有钙质结核和铁锰结核，矿物成分以伊利石为主，拜来石为次。

（2）大气降水特别是强降雨是路基病害发生的诱因，该地区年平均降雨量达 1 000 mm，年最大降水量 1 345 mm，最大日暴雨量可达 276 mm。

课时计划

课时分配见表 2-6-3-1。

表 2-6-3-1　课时分配

序号	任务内容	参考课时 理论	参考课时 实践	参考课时 合计	教学重点
1	动基础作业	2	2	4	人工清挖翻浆流程和注意事项

【理论夯实】

工具准备

液压起道机、捣镐、三齿耙、拉砟耙、扳手、土箕、道尺、钢卷尺、石笔、轨温计、照明设备等。

任务内容

人工清筛作业任务见表 2-6-3-2。

表 2-6-3-2　人工清筛作业任务

工序	作业步骤	操作要点	注意事项
准备工作	1. 确定人数	由工长点名，确认当日作业人员数量和精神状态。	
	2. 工作安排及人员分工	由工长对作业人员进行工作安排和人员分工。工长担当作业负责人，并至少安排 4 人进行更换作业，同时设置驻站联络员、现场防护员各 1 人。	
	3. 工机具准备及检查	上道前检查工机具的安全性能，作业前后检查，避免侵限或者遗留在线路上。	
现场作业	1. 设置安全防护	驻站联络员提前 40 min 到达车站办理登记手续，了解列车运行情况，及时通知现场防护员；现场防护员根据要求准备好防护标牌，按要求设置防护。	
	2. 测量轨温	需严格执行作业前、作业中、作业后测量轨温的制度。	确定符合作业轨温条件。
	3. 道床开挖清泥	开口宽度为 700 mm，将干净的道砟放在路肩，清挖枕木盒、边坡、挖通道心间轨底。	要求见"知识拓展"内容。
	4. 道砟回填	清除污砟，将干净的道砟按照要求回填。	
	5. 起道捣固	填满道砟后，加强捣固，整理清洗轨枕。	对严重地段，清挖完毕后，组织全起全捣，开通后一周内重点做好保养工作。
	6. 污砟转移	清挖出的污砟按公司要求及时转移到相应场所。	
	7. 质量回检	由作业负责人对作业质量进行回检，如达标方可收工。	
	8. 销点	当线路达到放行条件后，按要求清理工机料具，撤除防护，销点并开通线路。	
验收总结	工作总结	作业人员汇报任务完成情况和设备质量情况，作业负责人对当日作业进行小结，对作业中存在的问题进行点评。	
作业安全		（1）严格执行天窗修制度。 （2）防护员防护距离不超过 50 m。 （3）注意邻线车辆动态，必要时停止作业或及时下道，两线间严禁站人。 （4）跨越线路时严格执行"一站、二看、三确认、四通过"和"手比、眼看、口呼"制度。 （5）严格执行轨温检测制度，防止超温作业。 （6）作业过程中严禁将工机具放置在道心或钢轨引入线上、两线间，以防联电。	
质量要求		作业后线路几何尺寸、道床质量符合《普速铁路线路修理规则》(TG/GW 102—2019) 要求。	

【技能提升】

根据表2-6-3-2的作业任务，分组完成人工清筛作业任务。评分标准见表2-6-3-3。

表2-6-3-3 人工清筛作业任务评分标准

工序	作业步骤	配分	评分标准	扣分	得分
准备工作	1. 确定人数	5	小组点名，根据考勤情况打分。缺勤个人得分为零。		
	2. 工作安排及人员分工	5	能合理分配小组作业人员。得分为作业人员正确率×5分基础分，计算结果保留至小数点后两位。		
	3. 工机具准备及检查	15	选择正确的工具及数量/总计需要选择的工具及数量×15分基础分，计算结果保留至小数点后两位。		
现场作业	1. 设置安全防护	55	正确步骤的总得分/所有操作步骤的总分×55分基础分，计算结果保留至小数点后两位。		
	2. 测量轨温				
	3. 道床开挖清泥				
	4. 道砟回填				
	5. 起道捣固				
	6. 污砟转移				
验收总结	1. 质量回检	10	根据回检测量情况，判断作业是否正常。判断正确得分，错误不得分。		
	2. 回收工机具材料	10	已回收的工具材料数量/总计需要选择的回收的工具材料数量×10分基础分，计算结果保留至小数点后两位。		
	3. 销点	—	—	—	—
	4. 工作总结	—	—	—	—
合计					

【综合评价】

小组互评表			
分组	评价项目	选项	得分
被评组 ————	操作过程	完全规范（3分）较规范（2分）规范（1分）不规范（0分）	
	存在问题		

被评组 ————	操作过程	完全规范（3分）较规范（2分） 规范（1分）不规范（0分）	
	存在问题		
被评组 ————	操作过程	完全规范（3分）较规范（2分） 规范（1分）不规范（0分）	
	存在问题		
被评组 ————	操作过程	完全规范（3分）较规范（2分） 规范（1分）不规范（0分）	
	存在问题		
被评组 ————	操作过程	完全规范（3分）较规范（2分） 规范（1分）不规范（0分）	
	存在问题		
本组自评	操作过程	完全规范（3分）较规范（2分） 规范（1分）不规范（0分）	
	存在问题		
	解决措施		
		合计	

个人评价表

评价内容	课堂表现	选项	得分
参与状态	认真倾听老师讲课	认真（2分）一般（1分）不认真（0分）	
	认真倾听同学发言	认真（2分）一般（1分）不认真（0分）	
	大胆表达自己的想法	大胆（2分）一般（1分）不大胆（0分）	
交流状态	积极与同学交流、讨论	积极（2分）一般（1分）不愿意（0分）	
	注意听取同学的方法	认真（2分）一般（1分）不认真（0分）	
	愿意与同学合作解决问题	愿意（2分）一般（1分）不愿意（0分）	
思维状态	用不同的方法解决问题，能独立思考，有创造性	认真（2分）一般（1分）不认真（0分）	
	能对数据及图表进行分析，有条理地说出自己的想法	认真（2分）一般（1分）不认真（0分）	
	解决问题的过程很清楚	认真（2分）一般（1分）不认真（0分）	
实操状态	操作过程是否严谨有序	是（1分）否（0分）	
达成状态	对本任务的知识掌握情况	理解并掌握（2分）初步理解（1分） 不明白（0分）	
		合计	

教师综合评价表				
任务名称：		班级：		
课次：		组别：		
模块	评价内容	配分	得分	
知识	道床病害认知	10		
	人工清挖翻浆流程	10		
技能	准备工作	15		
	现场作业	15		
	验收总结	15		
素质	数据分析能力	3		
	信息检索能力	3		
	综合分析能力	3		
	学习态度	3		
	专注力	3		
	动手能力	3		
	团队合作参与度	3		
	职业素养	3		
本任务综合评分				
前任务综合评分				
同比增值幅度/%				
备注				

【知识拓展】

一、基本知识

（一）概　念

道床开挖及清泥作业是指对道床进行挖掘和处理，清除泥沙等杂质的过程。

（二）作业条件

（1）利用"维修天窗""施工天窗"，由职务不低于副主任的人员担任施工负责人。车站设驻站防护员，作业现场设置现场防护员，160 km/h 及以上线路还应增设远端防护员。

（2）人工清筛道床作业轨温条件：按实际锁定轨温计算，－20 ℃ ~ ＋10 ℃ 进行。

（3）道岔区、轨道区作业必须明确作业范围，与电务有关时，必须通知电务人员配合。

（4）夜间作业时必须备齐备足照明设备。

（三）作业内容

道床开挖及清泥作业内容见表 2-6-3-4。

表 2-6-3-4 道床开挖及清泥

地段	位置	操作要点	备注
复线并行地段	靠路肩一侧道心轨枕盒底下	清挖深度 0.25 m，并垂直枕木头清筛整个边坡至砂垫层或者路基。	
	线路中心轨枕盒底下	清挖深度 0.20 m。	
	靠邻线一侧轨枕底下	清挖深度 0.15 m，宽度不少于 0.6 m，并形成 4% 向路肩一侧的横向流水坡。	
单线地段	线路中心轨枕盒底下	清挖深度 0.20 m。	
	靠路肩两侧轨枕盒底下	清挖深度 0.25 m，垂直枕木头清筛整个边坡至砂垫层或者路基，并形成 4% 向路肩一侧的横向流水坡。	
道岔地段有电务箱台段	—	清挖面做成 4% 向路肩一侧的横向流水坡，将箱台与枕端之间的道床边坡清筛至轨枕盒底下 0.25 m，形成绕过箱台向路肩的流水坡。	
枕木盒及复线并行地段内侧清挖泥		逐孔清挖，逐孔回填。	

二、作业标准

作业后线路几何尺寸、道床质量符合《普速铁路线路修理规则》（TG/GW 102—2019）的要求。

榜样力量

人物档案

张宏杰

中共党员，中国铁路呼和浩特局集团有限公司临河运营维修段治沙桥隧车间主任，曾获得火车头奖章、全路优秀共产党员等荣誉，所在车间先后荣获全国工人先锋号、全国防沙治沙先进集体等称号。

事迹介绍

内蒙古自治区发布大风黄色预警及沙尘暴黄色预警信号，阿拉善左旗戈壁滩黄沙漫天，短时阵风达 9 级以上，最低能见度不足 50 m。持续了一夜的沙尘暴刚退去，与沙害连年抗争的中国铁路呼和浩特局集团有限公司临河运营维修段治沙桥隧车间主任张宏杰，带领清沙队伍在临河至策克铁路 K420 清沙点迅速集结，顶着日头加紧清理线路积沙。

全长 768 km 的临策铁路东起内蒙古自治区巴彦淖尔市临河区，西至阿拉善盟中蒙边境策克口岸，穿越乌兰布和、亚马雷克、巴丹吉林三大沙漠，大部分地段全年降雨量不足 50 mm，沿线有 400 km 处于无人区，沙害地段超 65%。恶劣的自然环境给这里贴上了"气候干燥""沙暴频繁"的标签。在漫漫黄沙中，风沙流遇到路基和轨道的阻挡，常形成积沙，最严重的沙害路段积沙超过钢轨面 1.5 m，曾被治沙专家认为是目前全球遭受沙害最严重的铁路。沙害是这里最大的"敌人"。一天清沙 5 场、两天才睡 6 个小时，车间的小伙子累到腰都直不起来。当时 40 岁出头的张宏杰硬是带领大家咬着牙挺了下来，连续奋战了 3 个月没回过家。即便除夕夜接到清沙命令，他也二话不说带上车间所有人赶赴现场，等清完沙回到车间，准备好的年夜饭早已凉了。"人工清沙就像打游击，治标不治本，来一场大风就把线路全埋了。所以，必须想办法从根本上治沙固沙。"作为治沙带头人，张宏杰凡事都走在前、作表率。他带头总结经验，重新审视治沙思路，以修建防沙网格为核心的工程治沙方法应运而生。试验成功的那一刻，职工们笑了，张宏杰却想哭，压在他肩上的担子实在太重了。

心中有方向，前行有力量。接下来的日子，张宏杰带领职工们开始用"高、中、低"尼龙网格相配套的方式阻沙。"高"就是在线路两侧 30 m 到 40 m 处，安装 1.2 m 到 1.5 m 高的防沙网，形成第一道防沙障，实现阻挡远处流动沙源和稳固线路两侧浮沙的作用。"中"和"低"就是覆盖更细的尼龙网格，根据沙丘大小和沙砾大小扎设成网格，在一些有条件的地方，还用石头垒砌成石方格，以此削减风力、增加沙地表面粗糙度，使风无力携走疏松的沙砾。

"在临策铁路两侧，这样的防沙网格绵延 400 多公里。"张宏杰把这种治沙方法形象地比喻为"用巨网锁死'沙老虎'"。经过 13 年的努力，他们共累计种植灌木 27.23 万穴，人工造林 151.369 hm^2，修建高沙障 965 km、土工网格 2 701.35 hm^2，为筑牢祖国北方生态安全屏障和确保"大漠铁路"安全畅通作出了积极贡献。

精神之光

入路 29 年，从乌吉线、包兰线到临策线，张宏杰的工作生活，离不开戈壁大漠，**艰难困苦压不倒，誓让戈壁变了样**，黄沙中显现出的片片绿地，见证了一代又一代治沙人的辛劳接力。

项目七　巡道故障处理及线路设备验收

内容概要

铁路属于国家重要基础设施，也是国民经济的大动脉，还是人们频繁使用的交通工具之一，对我国经济和社会的发展起着不可取代的重要作用。在列车运行的过程中，安全是第一要务，而运营安全的前提条件是因列车而存在的轨道的安全，因此轨道的安全成为铁路运营安全的永恒话题。本项目以巡道故障处理及线路设备验收为主要内容，进行铁路巡查和小补修以及线路设备验收的介绍。

知识目标

（1）掌握线路、道岔、路基所发生的病害。
（2）掌握线路上发生故障时进行防护及紧急处理的方法。
（3）掌握小补修工作中各项作业的操作。
（4）掌握维修作业验收、综合维修验收程序和标准。

能力目标

（1）能熟练检查线路、道岔、路基所发生的病害。
（2）能熟练完成对线路上发生的故障进行防护及紧急处理（如钢轨折断、胀轨跑道、塌方落石、自然灾害，以及由于各种原因侵入限界危及行车安全等）。
（3）能正确进行小补修工作中各项作业的操作（打紧道钉、拧紧扣件、除草、清理侧沟，更换整修防爬设备和道岔零件等）。
（4）能正确设置防护、显示和使用各种有关信号。
（5）能正确进行维修作业验收、综合维修验收。

任务一　巡道故障处理

【作业认知】

任务描述

春融线路质量变化大；雨季路基容易发生翻浆冒泥、滑坡溜塌、水害等；夏季无缝线路地段由于温度力集中或作业不当，容易发生线路方向不良，甚至发生胀轨跑道；冬季会出现冻害，钢轨、夹板、辙叉折断（即三折）。因此，巡查线路，及时发现危害，处理故障，保证行车安全是一项重要的工作。

事例助益

3月30日发生在郴州市××段的T179次列车脱轨事故，因列车撞上铁轨上的泥石塌方，导致电车起火，5节车厢脱轨侧翻，造成现场1人死亡，127人受伤。据了解，事故发生之前的很长一段时间，工务段职工没有到事发路段巡道检查。

课时计划

课时分配见表2-7-1-1。

表 2-7-1-1　课时分配

序号	任务内容	参考课时			教学重点
		理论	实践	合计	
1	巡道故障处理	2	2	4	巡道故障处理

【理论夯实】

工具准备

巡道故障处理工具清单见表2-7-1-2。

表 2-7-1-2　工具清单

序号	名称	单位	数量	备注
1	背包	个	1	
2	红信号旗	面	3	
3	黄信号旗	面	1	
4	双面信号旗	盏	1	
5	喇叭	个	1	

续表

序号	名称	单位	数量	备注
6	短路铜线	个	1	
7	石笔	支	1	
8	活口扳手	把	1	
9	钢尺	把	1	
10	巡道记录本	本	1	
11	对讲机	部	1	
12	巡回图	张	1	
13	列车时刻表	本	1	
14	GPS设备	台	1	

任务内容

巡道故障处理任务内容见表2-7-1-3。

表 2-7-1-3　巡道故障处理任务内容

常见问题	处理方法	备注
零配件松脱	先确认本线邻线无车，设好防护上线补充或拧紧。	无法处理时，做好记录，并向工区工长报备。
防护栅栏破损	发现破损、缺口及时用铁线、绳子进行临时加固。	做好记录，并向工区工长报备。
普通线路钢轨折断	（1）应立即使用通信设备通知车站值班员或列车司机紧急停车，并及时报告工长和段调度室，果断采取防护措施。 （2）当钢轨折断位置在木枕上，还能钉上道钉时，可在钢轨内外侧各钉一个道钉。 （3）钢轨折断位置在轨枕盒内，断缝处能安上防爬器时，把防爬器安在断缝处，防止钢轨上下和左右错牙。如有轨距杆时可安上轨距杆，以保持轨距。 （4）如断缝处拉开的间隙能穿入螺栓时，可在断缝处用两块夹板穿上螺栓夹紧，再用道钉挤靠于钢轨腹部。	无法处理时，等待段应急抢险人员的到来。
无缝线路钢轨折断	（1）应立即使用通信设备通知车站值班员或列车司机紧急停车，并及时报告工长和段调度室，果断采取防护措施。 （2）找出就近存放的急救保护器，对断轨进行临时加固处理。	无法处理时，等待段应急抢险人员的到来。
夹板折断	（1）应立即使用通信设备通知车站值班员或列车司机紧急停车，并及时报告工长和段调度室，果断采取防护措施。 （2）应立即把钢轨接头前后防爬器全部打紧，并尽快取备用夹板予以更换。	无法处理时，等待段应急抢险人员的到来。

续表

常见问题	处理方法	备注
塌方落石	（1）落石体积不大，不影响行车安全且人力能搬动的，应及时搬出线路。 （2）落石体积较大，影响行车安全时，应立即使用通信设备通知车站值班员或列车司机紧急停车，并按规定设好停车信号防护，报告工区工长和段调度室，然后处理故障，并应注意瞭望列车。	落石或塌方面积较大时，应迅速设好停车信号防护，及时报告工区工长和段调度室，密切注意来车情况，防止列车碰撞落石和坍体，等待段救援抢险人员的到来。
胀轨跑道	发现胀轨跑道，应立即使用通信设备通知车站值班员或列车司机紧急停车，按规定设置停车信号防护，并迅速通知工区工长和段调度室，密切注意来车情况，等待段应急抢险人员到来，严禁冒险放行列车。	

【技能提升】

根据轨道故障处理内容，分组完成场景演练。

【综合评价】

分组	评价项目	选项	得分
小组互评表			
被评组———	操作过程	完全规范（3分）较规范（2分） 规范（1分）不规范（0分）	
	存在问题		
被评组———	操作过程	完全规范（3分）较规范（2分） 规范（1分）不规范（0分）	
	存在问题		
被评组———	操作过程	完全规范（3分）较规范（2分） 规范（1分）不规范（0分）	
	存在问题		
被评组———	操作过程	完全规范（3分）较规范（2分） 规范（1分）不规范（0分）	
	存在问题		
被评组———	操作过程	完全规范（3分）较规范（2分） 规范（1分）不规范（0分）	
	存在问题		
本组自评	操作过程	完全规范（3分）较规范（2分） 规范（1分）不规范（0分）	
	存在问题		
	解决措施		
合计			

个人评价表

评价内容	课堂表现	选项	得分
参与状态	认真倾听老师讲课	认真（2分）一般（1分）不认真（0分）	
	认真倾听同学发言	认真（2分）一般（1分）不认真（0分）	
	大胆表达自己的想法	大胆（2分）一般（1分）不大胆（0分）	
交流状态	积极与同学交流、讨论	积极（2分）一般（1分）不愿意（0分）	
	注意听取同学的方法	认真（2分）一般（1分）不认真（0分）	
	愿意与同学合作解决问题	愿意（2分）一般（1分）不愿意（0分）	
思维状态	用不同的方法解决问题，能独立思考，有创造性	认真（2分）一般（1分）不认真（0分）	
	能对数据及图表进行分析，有条理地说出自己的想法	认真（2分）一般（1分）不认真（0分）	
	解决问题的过程很清楚	认真（2分）一般（1分）不认真（0分）	
实操状态	操作过程是否严谨有序	是（1分）否（0分）	
达成状态	对本任务的知识掌握情况	理解并掌握（2分）初步理解（1分）不明白（0分）	
合计			

教师综合评价表

任务名称：		班级：	
课次：		组别：	

模块	评价内容	配分	得分
知识	线路、道岔、路基常见病害	10	
	故障防护及紧急处理方法	10	
技能	准备工作	15	
	现场作业	15	
	验收总结	15	
素质	数据分析能力	3	
	信息检索能力	3	
	综合分析能力	3	
	学习态度	3	
	专注力	3	
	动手能力	3	
	团队合作参与度	3	
	职业素养	3	
本任务综合评分			
前任务综合评分			
同比增值幅度/%			
备注			

任务二　线路设备验收

【作业认知】

任务描述

线路设备维修验收及质量评定是检验维修作业质量的重要手段，同时也为改善作业与管理提供重要的依据。工务段应按照三级验收程序自下而上逐级验收，参与验收的人员应严格遵守相关规范。

课时计划

课时分配见表 2-7-2-1。

表 2-7-2-1　课时分配

序号	任务内容	参考课时 理论	参考课时 实践	参考课时 合计	教学重点
1	线路设备维修验收及质量评定	2	2	4	线路设备维修验收

【理论夯实】

一、维修作业验收

无论综合维修、经常保养、临时补修，还是整治单项病害，每日作业后，都要对当日的作业项目进行全面检查、验收，失格处所应及时返工，直到达到作业验收标准为止。验收目的主要体现在以下两个方面：

（1）保证作业质量，延长维修周期，确保行车安全。

（2）及时发现作业中出现的问题，不断积累资料，利用质量控制原理，总结作业质量变化规律，及时采取措施予以纠正，不断提高每一次作业合格率。

二、综合维修验收

1. 线路、道岔综合维修验收单位

（1）正线为 1 km（月综合维修不足 1 km 的也可验收），无缝线路为 1 个单元轨条。

（2）站线为 1 股道。

（3）道岔为 1 组。

2. 线路、道岔综合维修验收程序

实行三级验收制，即班组自验，合格后报请车间验收，车间初验达到标准后报请段验收，段最后验收时，要全面查看，重点检测。如与初验结果基本相符，可按初验结果评定质量。如有些项目出入较大时，则应对这些项目重新抽样检查评分，修改原记录，按重新评分结果评定质量。对验收时发现的个别需要重新整修的处所，应提出整修要求，由维修单位负责整修。

三、线路质量评定

线路设备状态评定，是对正线线路设备质量基本状况的检查评定，是考核各级线路设备管理工作和线路设备状态改善情况的基本指标。线路设备状态评定是安排线路大修、维修计划的主要依据。工务段应根据设备变化规律、季节特点以及结合设备日常检查对线路设备状态进行评定，具体办法由铁路局集团公司规定。

【技能提升】

根据维修验收内容，分组完成实训场地线路、道岔的验收演练。

【综合评价】

分组	评价项目	选项	得分
被评组 _____	操作过程	完全规范（3分）较规范（2分）规范（1分）不规范（0分）	
	存在问题		
被评组 _____	操作过程	完全规范（3分）较规范（2分）规范（1分）不规范（0分）	
	存在问题		
被评组 _____	操作过程	完全规范（3分）较规范（2分）规范（1分）不规范（0分）	
	存在问题		
被评组 _____	操作过程	完全规范（3分）较规范（2分）规范（1分）不规范（0分）	
	存在问题		
被评组 _____	操作过程	完全规范（3分）较规范（2分）规范（1分）不规范（0分）	
	存在问题		
本组自评	操作过程	完全规范（3分）较规范（2分）规范（1分）不规范（0分）	
	存在问题		
	解决措施		
合计			

小组互评表

个人评价表

评价内容	课堂表现	选项	得分
参与状态	认真倾听老师讲课	认真（2分）一般（1分）不认真（0分）	
	认真倾听同学发言	认真（2分）一般（1分）不认真（0分）	
	大胆表达自己的想法	大胆（2分）一般（1分）不大胆（0分）	
交流状态	积极与同学交流、讨论	积极（2分）一般（1分）不愿意（0分）	
	注意听取同学的方法	认真（2分）一般（1分）不认真（0分）	
	愿意与同学合作解决问题	愿意（2分）一般（1分）不愿意（0分）	
思维状态	用不同的方法解决问题，能独立思考，有创造性	认真（2分）一般（1分）不认真（0分）	
	能对数据及图表进行分析，有条理地说出自己的想法	认真（2分）一般（1分）不认真（0分）	
	解决问题的过程很清楚	认真（2分）一般（1分）不认真（0分）	
实操状态	操作过程是否严谨有序	是（1分）否（0分）	
达成状态	对本任务的知识掌握情况	理解并掌握（2分）初步理解（1分）不明白（0分）	
合计			

教师综合评价表

任务名称：		班级：	
课次：		组别：	
模块	评价内容	配分	得分
知识	线路设备维修验收标准	10	
	线路设备维修质量评定标准	10	
技能	准备工作	15	
	现场作业	15	
	验收总结	15	
素质	数据分析能力	3	
	信息检索能力	3	
	综合分析能力	3	
	学习态度	3	
	专注力	3	
	动手能力	3	
	团队合作参与度	3	
	职业素养	3	
本任务综合评分			
前任务综合评分			
同比增值幅度/%			
备注			

【知识拓展】

一、计划维修验收标准

（一）线路计划维修验收评分标准

满分为100分，100~85分为优良，85（不含）~60分为合格，60分以下为失格。失格线路整修复验后，在60分及以上者为合格。线路大型养路机械捣固维修按表2-7-2-2的规定进行验收评分，其他单项维修由铁路局集团公司规定。

表2-7-2-2　线路计划维修作业验收评分标准

项目	内容	编号	扣分条件（正线及到发线）	扣分条件（其他站线）	抽验数量	单位	扣分/分	说明
轨道几何尺寸	轨距、水平、三角坑	1	超过作业验收标准容许偏差管理值	同左	连续检测100 m	处	4	选择质量较差地段，有曲线时检测一个曲线的正矢，曲线正矢超过作业验收标准容许偏差每处扣4分，超过计划维修容许偏差每处扣41分
		2	超过计划维修容许偏差管理值	同左		处	41	
		3	轨距变化率（不含规定的递减率）允许速度大于120 km/h，线路大于1‰，其他线路大于2‰	轨距变化率（不含规定的递减率）大于3‰		处	2	
	轨向、高低	4	超过作业验收标准容许偏差管理值	同左	全面查看，重点检测	处	4	
		5	超过计划维修容许偏差管理值	同左		处	41	
钢轨	接头错牙	6	轨面及内侧错牙大于1 mm	轨面及内侧错牙大于2 mm	全面查看，重点检测	处	4	错牙大于3 mm时扣41分
	接头相对	7	直线偏差大于40 mm，曲线偏差大于40 mm加缩短轨缩短量的一半	直线偏差大于60 mm，曲线偏差大于60 mm加缩短轨缩短量的一半	全面查看，重点检测	处	4	轨缝在调整轨缝轨温限制范围以内检查
	轨缝	8	连续瞎缝或大于构造轨缝，普通绝缘接头轨缝小于6 mm	同左	全面查看，重点检测	处	8	
		9	轨端肥边大于2 mm	同左	全面查看，重点检测	处	8	含胶接绝缘钢轨
	焊缝	10	新焊接的焊缝不符合《钢轨焊接》(TB/T 1632.1~TB/T 1632.4)的标准；原焊缝打磨后，不符合钢轨打磨作业验收标准		全面检测	处	8	

续表

项目	内容	编号	扣分条件 正线及到发线	扣分条件 其他站线	抽验数量	单位	扣分/分	说明
轨枕	位置	11	位置、间距偏差或偏斜大于 50 mm	位置、间距偏差或偏斜大于 60 mm	全面查看，重点检测	处	1	枕上或枕下离缝大于 2 mm 者为吊板，枕下暗吊板不明显者，可拔起道钉或松开扣件查看
轨枕	失效	12	接头或焊缝处失效，其他处连续失效	同左	全面查看	处	8	
轨枕	修理	13	应修混凝土枕未修，木枕应削平及劈裂者未修	同左	全面查看	根	1	
轨枕	空吊率	14	大于 8%	大于 12%	连续检测 50 头	每增 1%	2	
联结零件	接头螺栓	15	缺少/松动或扭矩不符合规定	同左	全面查看，抽测 4 个接头扭矩	个	16/2	
联结零件	扣件、道钉	16	铁垫板、轨下垫板缺少	同左	连续查 100 头	块	2	
联结零件	扣件、道钉	17	轨下垫板、轨下调高垫板失效（含偏斜、窜出）超过 8%	轨下垫板、轨下调高垫板失效（含偏斜、窜出）超过 16%	连续查看，检测 100 头	每增 1%	1	
联结零件	扣件、道钉	18	道钉、扣件缺少	同左	连续查看 100 头	个	2	单股同侧钢轨连 2 缺少扣 4 分，连 3 缺少扣 16 分，连 4 缺少扣 41 分；一组扣件的零件不全，按缺少一个计算
联结零件	扣件、道钉	19	道钉浮离或扣板（轨距挡板）前、后离缝大于 2 mm，超过 8% 者	道钉浮离或扣板（轨距挡板）前、后离缝大于 2 mm，超过 12% 者	连续检测 50 个	每增 2%	1	
联结零件	扣件、道钉	20	扣件扭矩（扣压力）或弹条扣件中部前端下颚离缝、Ⅲ型弹条小圆弧内侧与预埋铁座端部相距不符合标准，超过 8% 者	扣件扭矩（扣压力）或弹条扣件中部前端下颚离缝、Ⅲ型弹条小圆弧内侧与预埋铁座端部相距不符合标准，超过 12% 者	连续检测 50 个	每增 1%	1	

234

续表

项目	内容	编号	扣分条件 正线及到发线	扣分条件 其他站线	抽验数量	单位	扣分/分	说明
轨道加强设备	轨距杆、轨撑	21	缺损或松动	同左	全面查看，重点检测	根、个	2	区间正线无观测桩或观测桩不起作用按爬行超限计算；站内线路爬行检查道岔及绝缘接头前后
轨道加强设备	防爬设备	22	防爬器缺损、松动或离缝大于2 mm	同左	连续查看，检测50个	个	2	
轨道加强设备	防爬设备	23	支撑缺损、失效、尺寸不符合标准	同左	连续查看，检测50个	个	1	
轨道加强设备	线路爬行	24	普通线路爬行量大于20 mm，无缝线路位移观测无记录	同左	全面检测	km	41	
护轨	护轨与基本轨间距	25	护轨与基本轨间距离不符合规定	同左	全面查看，重点检测	处	2	
护轨	护轨与基本轨高差	26	顶面高出基本轨5 mm，低于基本轨25 mm	同左	全面查看，重点检测	处	4	
护轨	护轨轨底	27	轨底悬空大于5 mm处所超过8%	同左	连续查看，检测50头	处	1	
护轨	梭头	28	梭头各部联结松动，尖端底部悬出桥枕大于5 mm	同左	全面检测	处	4	
护轨	扣件、道钉	29	护轨垫板设置不符合规定，厚度大于30 mm处所超过8%	同左	连续检测50块	块	1	
护轨	扣件、道钉	30	护轨道钉或扣件缺少、道钉浮离2 mm或扭矩不符合规定者超过8%	同左	连续检测50个	个	1	
道床	脏污	31	枕盒或边坡清筛深度不足，清筛不洁/翻浆冒泥	同左	全面查看，重点扒开道床检查	每10 m/孔	2/41	按工务段下达的计划验收
道床	尺寸	32	I型混凝土枕中部道床凹下尺寸不符合规定	同左	连续查看，检测100 m	每10 m	1	
道床	外观	33	道床断面不符合标准、不均匀、不整齐、有杂草	同左	全面查看	每10 m	1	
路基	路肩	34	不平整、有杂草	不平整	全面查看	每20 m	1	单侧计算
路基	排水	35	有反坡、弃土未清理	同左	全面查看	每10 m	2	单侧计算

续表

项目	内容	编号	扣分条件 正线及到发线	扣分条件 其他站线	抽验数量	单位	扣分/分	说明
道口	铺面	36	不平整、松动	同左	查看检测	块	4	
道口	轮缘槽	37	尺寸不符合规定	同左	查看检测	处	16	
道口	防护设施	38	缺损、歪斜	同左	全面查看	处	2	
标志标记	标志	39	缺损、歪斜、错误、字迹不清	同左	全面查看	个	2	
标志标记	标记	40	钢轨上标记不全、位置不对、不清晰或错误	同左	全面查看	处	1	

（二）道岔计划维修验收评分标准

满分为100分，100～85分为优良，85（不含）～60分为合格，60分以下为失格。失格线路整修复验后，在60分及以上者为合格。道岔大型养路机械捣固维修按表2-7-2-3的规定进行验收评分，其他单项维修由铁路局集团公司规定。

表2-7-2-3　道岔计划维修作业验收评分标准

项目	内容	编号	扣分条件 正线及到发线道岔	扣分条件 其他站线道岔	抽验数量	单位	扣分/分	说明
轨道几何尺寸	轨距、水平、三角坑、支距	1	超过作业验收标准容许偏差管理值	同左	全面检测	处	4	同时检测两线间距小于5.2 m的连接曲线轨向，用10 m弦测量。连续正矢差超过2mm，每处扣4分
轨道几何尺寸	轨距、水平、三角坑、支距	2	超过计划维修容许偏差管理值	同左		处	41	
轨道几何尺寸	轨距、水平、三角坑、支距	3	轨距变化率（不含构造轨距加宽顺坡）允许速度大于120 km/h，线路大于1‰，其他线路大于2‰	轨距变化率（不含构造轨距加宽顺坡）大于3‰		处	2	
轨道几何尺寸	轨向、高低	4	超过作业验收标准容许偏差管理值	同左	全面查看，	处	4	
轨道几何尺寸	轨向、高低	5	超过计划维修容许偏差管理值	同左	重点检测	处	41	
	查照间隔	6	超过容许限度	同左	全面检测	处	41	尖趾距离指可动心轨辙叉长心轨尖端至叉趾的距离
	护背距离	7	超过容许限度	同左	全面检测	处	41	
	尖趾距离	8	超过容许限度	同左	全面检测	处	41	
钢轨	尖轨、可动心轨靠贴	9	尖轨尖端与基本轨、可动心轨尖端与翼轨不靠贴	同左	全面检查	组	41	不靠贴指二者之间的缝隙大于1 mm
钢轨	接头错牙	10	轨顶面或内侧面错牙大于1 mm	同左	全面查看，重点检测	处	4	错牙大于3 mm时扣41分

续表

项目	内容	编号	扣分条件 正线及到发线道岔	扣分条件 其他站线道岔	抽验数量	单位	扣分/分	说明
钢轨	轨缝	11	连续瞎缝或大于构造轨缝,普通绝缘接头轨缝小于6 mm	同左	全面查看,重点检测	处	8	轨缝在调整轨缝轨温限制范围以内检查
钢轨	轨缝	12	轨端肥边大于2 mm	同左	全面查看,重点检测	处	8	含胶接绝缘钢轨
岔枕	位置	13	位置或间距偏差大于40 mm(钢枕为20 mm)	位置或间距偏差大于50 mm	全面查看,重点检测	处	2	枕上或枕下离缝大于2 mm者为吊板,枕下暗吊板可根据道床与岔枕间状态判断,不明显者可扒开道床查看
岔枕	失效	14	接头处失效,其他处连续失效	同左	全面查看,重点检测	处	8	枕上或枕下离缝大于2 mm者为吊板,枕下暗吊板可根据道床与岔枕间状态判断,不明显者可扒开道床查看
岔枕	修理	15	应修混凝土岔枕未修,木岔枕未削平或劈裂未修	同左	全面查看	根	2	枕上或枕下离缝大于2 mm者为吊板,枕下暗吊板可根据道床与岔枕间状态判断,不明显者可扒开道床查看
岔枕	空吊率	16	大于8%(钢枕不得有空吊)	大于12%	连续检测50头	每增1%	2	枕上或枕下离缝大于2 mm者为吊板,枕下暗吊板可根据道床与岔枕间状态判断,不明显者可扒开道床查看
联结零件	滑床板	17	尖轨、可动心轨与滑床板缝隙大于2 mm	同左	查看检测	块	2	
联结零件	滑床板	18	滑床板及护轨弹片上反或离缝大于2 mm,销钉离缝大于5 mm	同左	查看检测	块	2	
联结零件	螺栓	19	接头、连杆、顶铁、间隔铁螺栓缺少/顶铁离缝大于2 mm	同左	全面查看	个、块	16/8	
联结零件	螺栓	20	接头螺栓松动或扭矩不符合规定,连杆、顶铁、间隔铁及护轨螺栓松动	同左	查看检测	个、块	2	
联结零件	螺栓	21	心轨凸缘或轨护螺栓缺少、松动	同左	查看检测	个	41	
联结零件	螺栓	22	长心轨与短心轨联结螺栓缺少、松动	同左	查看检测	个	41	
联结零件	螺栓	23	其他各种螺栓或螺栓开口销缺少、松动	同左	查看检测	个	1	
联结零件	铁垫板	24	铁垫板、橡胶垫板、橡胶垫片缺少	同左	连续查看50块	块	2	
联结零件	胶垫	25	橡胶垫板或橡胶垫片失效超过8%	橡胶垫板或橡胶垫片失效超过12%	连续查看,检测50块	每增1%	1	
联结零件	道钉、扣件	26	道钉、扣件缺少	同左	连续查看50个	个	2	一组扣件的零件不全,按缺少一个计算

续表

项目	内容	编号	扣分条件 正线及到发线道岔	扣分条件 其他站线道岔	抽验数量	单位	扣分/分	说明
联结零件	道钉、扣件	27	扣件扭矩（扣压力）或弹条扣件中部前端下颚离缝不符合标准，超过8%者	扣件扭矩（扣压力）或弹条扣件中部前端下颚离缝不符合标准，超过12%者	连续查看，检测50个	每增1%	1	
联结零件	辊轮	28	辊轮缺失或失效	同左	全面查看	处	41	
联结零件	辊轮	29	在尖轨密贴状态下，辊轮与尖轨轨底的间隙超出1~2 mm；在尖轨斥离状态下，滑床台上表面与尖轨轨底的间隙超出1~3 mm	同左	全面查看，检测	处	8	
轨道加强设备	轨撑、轨距杆	30	转辙或辙叉部位轨撑离缝大于2 mm，其他部位轨撑或轨距杆缺损、松动	同左	查看检查	个、根	2	轨撑离缝系指轨撑与轨头下颚或轨撑与垫板挡肩之间的间隙
轨道加强设备	防爬设备	31	防爬器缺损、松动或离缝大于2 mm，支撑缺损、失效、尺寸不符合标准	同左	查看检查	个	2	
轨道加强设备	爬行	32	道岔两尖轨尖端相错量大于20 mm、无缝道岔位移无观测记录	同左	检测	组	41	
道床	脏污	33	枕盒内或边坡道床不洁/翻浆冒泥	同左	全面查看、重点扒开检查	组/空	6/41	
道床	外观	34	道床断面不符合标准、不均匀、不整齐、有杂草	同左	全面查看	组	4	
路基	路肩	35	不平整、有大草	同左	全面查看	组	2	
路基	排水	36	有反坡、弃土未清理	同左	全面查看	组	4	
标志标记	标志	37	警冲标损坏或不清晰	同左	查看检查	组	8	警冲标缺少或位置不对扣41分
标志标记	标记	38	钢轨上标记不全、位置不对、不清晰或错误	同左	全面查看	处	1	含钢轨编号、轨距、支距、钢轨伤损等标记

3. 线路设备状态评定评分标准

满分为100分，100~85分为优良，85（不含）~60分为合格，60分以下为失格。线路设备状态评定评分标准见表2-7-2-5。

表 2-7-2-5　线路设备状态评定评分标准

编号	项目	扣 分 条 件	计 算 单 位	扣分/分	说　　明
1	慢行	线路设备不良（不含路基）	处	41	检查时现存慢行处所
2	道床	翻浆冒泥	每延长 10 m	4	
		道床不洁率大于 25%（在枕盒底边向下 100 mm 处取样）	每延长 100 m	8	道床不洁率指通过边长 25 mm 筛孔的颗粒的质量比
3	轨枕	木枕失效率超过 8%	每增 1%	8	
		混凝土枕失效率超过 4%	每增 1%	8	
4	钢轨	一年内新生轻伤钢轨（不含曲线磨耗）	根	2	长轨中 2 个焊缝间为 1 根
		现存曲线磨耗轻伤钢轨	每延长 100 m	4	按单股计算
		一年内新生重伤钢轨（不含焊缝）	根	20	长轨中 2 个焊缝间为 1 根
		无缝线路现存重伤钢轨（不含焊缝）	根	20	同上
		无缝线路现存重伤焊缝	个	20	

线路、道岔（调节器）日常保持状态评定，是考核线路、道岔（调节器）质量的基本指标，也是安排维修计划的主要依据之一。线路、道岔（调节器）的日常保持状态评定应由工务段组织，采取定期抽样的办法进行。具体评定标准、组织办法暂由铁路局集团公司规定试用。

榜样力量

人物档案

李玉斌

中共党员，中国铁路郑州局集团有限公司洛阳工务段杨连第桥隧工区工长，曾获得全国铁路"最美春运人"、河南省"河南好人"、郑州局集团公司"安全功臣"等荣誉。

事迹介绍

奋斗成就最美传承。在陇海铁路上，有一座跨越深谷、巍峨耸立的铁路大桥——杨连第桥。这座大桥以中国人民志愿军一级战斗英雄杨连第烈士的名字命名。如今值守这座桥的，是郑州局集团公司洛阳工务段杨连第桥隧工区工长李玉斌。

李玉斌的爷爷是新中国第一代铁路人，守护大桥 18 年直到退休。后来，李玉斌的父亲也在这里扎根，一干就是 38 年。2008 年，听着英雄桥故事长大的李玉斌来到工区报到，父亲反复叮嘱他："要接好班，守好桥，比我们干得更好。"

信念坚定、爱岗敬业、勇于攀登、拼搏奉献，杨连第烈士的事迹激励李玉斌祖孙三代接续奋斗。手握接力棒，李玉斌以实际行动延续守护英雄桥的责任与使命。

一根安全绳，挂在 45 m 高的大桥上，检查、除锈、刷漆……这就是李玉斌的工作日常，大家亲切地称他为"秋千哥"。14 年来，李玉斌和工友们先后发现、防止安全隐患 200 余件，管内路段未发生一起行车安全事故，确保了英雄桥和管内 35 座桥梁、10 座隧道、118 座涵洞的安全万无一失。

大桥旁建起的杨连第烈士纪念馆是中国铁路和河南省爱国主义教育基地，李玉斌主动请缨，当起了义务讲解员。他走到学校、政府机关、企业讲述英雄故事，几年下来义务讲解 300 多场，1 万多人接受精神的洗礼。每次站在杨连第烈士纪念碑前，李玉斌都无比坚定："英雄桥的故事，我会一直讲下去！"

精神之光

杨连第在这里完成的登高壮举，已过去 70 多年，一代又一代铁路人用奉献和担当丰富着杨连第**"登高精神"**的时代内涵。

附录一　作业词典

1. 暗坑、吊板：轨底与铁垫板、胶垫或铁垫板与轨枕间有 2 mm 以上间隙现象。
2. 拨道：曲线轨道经机车车辆的行走和冲撞造成超限或发生方向变化时，使轨道方向复原并符合标准的修正方法。
3. 查照间隔：护轨作用边到辙叉心作用边的垂直距离，最小不得小于 1 391 mm。
4. 岔枕：铁路道岔上的专用轨枕。主要用于道岔牵引点处，可将道岔电务转换杆件置于枕内，有利于大机养护作业。
5. 超高：铁路曲线上外轨与内轨的高度差，又可称为曲线外轨超高。
6. 捣固：利用捣固车对轨道进行自动抄平、起拨道、道砟捣固作业，提高道床石砟的密实度，增加轨道的稳定性，消除轨道的方向偏差，左右水平偏差和前后高低偏差，使轨道线路达到线路设计标准和线路维修规则的要求，保证列车的安全运行的作业。
7. 到发线：用于接发旅客列车与货物列车的线路。到发线有效长度是指能停放货物列车而不影响相邻股道作业的最大长度，为 650～1 050 m。
8. 道岔：机车车辆从一股轨道转入或越过另外一股轨道时不可或缺的线路设备，是铁路轨道的重要组成部分。
9. 道岔侧线：道岔中从主线分出来的轨道。
10. 道岔后长：道岔中心至道岔终端在道岔基线上的投影长度。
11. 道岔基线：单开道岔指道岔主线中心线，对称道岔指对称轴线，其他道岔指作为基准的直线。
12. 道岔理论长度：尖轨理论尖端至辙叉心轨理论尖端在道岔基线的投影长度。
13. 道岔前部理论长度：尖轨理论尖端至道岔中心在道岔基线上的投影长度。
14. 道岔前长：道岔始端至道岔中心在道岔基线上的投影长度。
15. 道岔全长：道岔始端至道岔终端在道岔基线上的投影线。
16. 道岔始端：尖轨尖端前的基本轨端轨缝中心。
17. 道岔中心：辙叉跟端侧股中心线（中心线为曲线时，为切线）与道岔始端轨道中心线的交点。
18. 道岔终端：离道岔始端最远的辙叉跟端轨缝中心。
19. 道岔主线：单开道岔和三开道岔中的直线轨道，其他道岔中主要方向的轨道。
20. 道床：轨道的重要组成部分，是轨道框架的基础。道床通常指的是铁路轨枕下面，路基面上铺设的石砟（道砟）垫层，主要作用是支撑轨枕，把轨枕上部的巨大压力均匀地传递给路基面，并固定轨枕的位置，阻止轨枕纵向或横向移动。道床在大大减少路基变形的同时还缓和了机车车辆轮对钢轨的冲击，便于排水。

21. 道钉：铁路扣件的组成部分、铁路轨道运输中常用的铁路配件，其作用是固定铁路轨道，使得铁路轨道更好地压紧在铁路路基上，使其具有较高的稳定性和平衡性，以保证列车的平稳运行。

22. 道口：公路与铁路的平面交叉。

23. 低接头：钢轨接头处的轨端顶面压溃伤或轨端弯曲造成凹陷现象。

24. 垫板修正：采用垫（撤）轨下垫板方法调整轨道高低平顺度，消灭线路高低、水平及三角坑病害。

25. 鹅头：曲线头或尾偏离应有的平面位置，向曲线外侧凸出，越出直线方向，状似鹅头的现象。

26. 翻浆冒泥：由于路基土质不良，受地面水和地下水浸湿变软，在列车冲击作用下，以泥浆形态挤道床，并向上冒出，导致基床变形的现象。

27. 反弯：曲线头或尾部的直线线路存在与曲线方向相反的弯曲。

28. 改道：为了改正超限或接近超限的轨距及其变化率，消除线路方向不良，直线以左股为标准股，曲线以上股为标准股，按规定的轨距值改动另一股钢轨位置的作业称为改道。

29. 钢轨：铁路轨道的主要组成部件。它的功用在于引导机车车辆的车轮前进，承受车轮的巨大压力，并传递到轨枕上。钢轨必须为车轮提供连续、平顺和阻力最小的滚动表面。在电气化铁道或自动闭塞区段，钢轨还可兼作轨道电路之用。其断面可以大致划分为轨头、轨腰、轨底三个部分，如附图 1 所示。

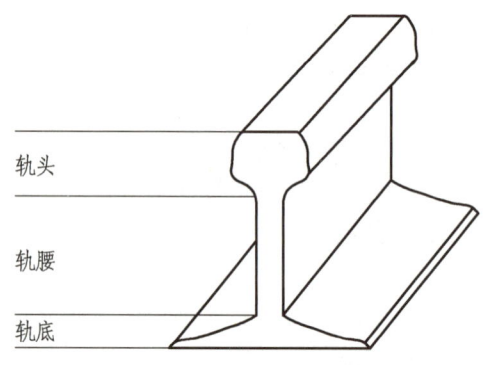

附图 1　钢轨断面示意

30. 钢轨错牙：两钢轨接头处轨面上下或左右错开的现象。

31. 钢轨肥边：钢轨轨头被碾压变形向两侧挤出，超过轨头标准垂直面的现象。一般出现在道岔尖轨处，因列车车辆对基本轨、尖轨的串击挤压，使其边缘肥大，统称为肥边。

32. 钢轨磨耗：车轮与钢轨相互摩擦，导致轨头逐渐被垂直或侧面磨耗的现象。

33. 固定区：无缝线路长轨条中部承受大小相等的温度力，钢轨不能伸缩，称为固定区。

34. 轨道不平顺：两根钢轨在高低和左右方向与钢轨理想位置几何尺寸的偏差。

35. 轨道爬行：钢轨或钢轨连同轨枕一起纵向移动现象。

36. 轨道三大薄弱环节：接头、曲线、道岔。

37. 轨道顺坡率：轨道交通车辆行驶于曲线上时，为平衡离心力，满足旅客舒适要求，提高线路的稳定性和安全性，曲线地段轨道结构需设置轨道超高。超高设置分为全超高和半超高，全超高采用内轨不动，外轨抬高超高值的方式；半超高采用内轨降低一半超高值，外轨抬高一半超高值的方式。抬高外侧钢轨的坡度就是超高顺坡率，即超高除以缓和曲线长度就是超高顺坡率。

38. 轨缝：两轨端间留作钢轨热胀冷缩的缝隙。

39. 轨面白光带：车轮踏面在钢轨上滑动、滚动，轮缘和钢轨间相互作用，会在轨面上留下一道亮痕，这道亮痕称之为轨面光带。

40. 轨温：钢轨的温度。钢轨温度与气温不同，影响轨温的因素较多，它与气候变化、风力大小、日照强度、钢轨所处地段和测量部位等有关。

41. 核伤：轨头横向疲劳裂纹俗称轨头核伤，简称核伤，是指在列车荷载的反复作用下，在轨头内部出现极为复杂的应力分布和应力状态，使细小裂纹横向扩展成核伤，直至核伤周围的钢材强度不足以抵抗轮载作用下的应力，钢轨发生突然脆断。轨头核伤是对行车威胁最大的一种钢伤损，是最危险的钢轨伤损。

42. 护背距离：辙叉的护轨（三开道岔中为翼轨）工作边至翼轨（钝角辙叉的护轨）工作边之间为保证行车安全的最大距离不得大于 1 348 mm。

43. 护轨：在轨道上钢轨内侧加铺的不承受车轮竖直荷载的钢轨，即曲线防脱线单（双）侧护轨，此类护轨一般在线形差、速度高的地铁中多见，国铁除道岔以外基本见不到。此类护轨作用原理是通过挤压车轮内侧限制车轴横移防止对面的车轮爬轨脱轨。

大桥等用防护性护轨，国铁最多见，地铁罕见，如附图 2 所示。其作用是当列车脱轨后，限制落在基本轨内侧的车轮继续横移，使列车在敏感区间不翻车。

附图 2　护轨

44. 缓冲区：无缝线路伸缩区两端用来调节轨缝的钢轨，称为缓冲区。

45. 缓和曲线：设置在直线与圆曲线之间或半径相差较大的两个转向相同的圆曲线之间的一种曲率连续变化的曲线。

46. 基本轨前长：尖轨尖端前的基本轨在道岔基线上的投影长度。

47. 几何尺寸：一般指轨道几何形位，轨道各部分的几何形状、相对位置和基本尺寸的总称。包括：轨距、水平、扭曲（亦称"三角坑"）、高低、轨向、轨底坡。

48. 建筑限界：为保证各种交通的正常运行与安全，而规定的与交通线路中心线垂直的极限横断面轮廓，是根据行车车辆、道路附属设备以及其他服务系统所需空间制定的。

49. 接头夹板：又称鱼尾板，是指钢轨接头的联结板。

根据夹板所处位置不同，拧紧螺栓顺序如下：

（1）直线地段（附图3）。

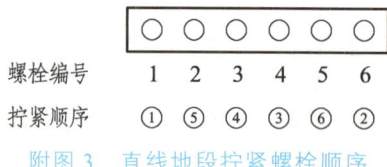

附图3　直线地段拧紧螺栓顺序

（2）曲线地段（附图4）。

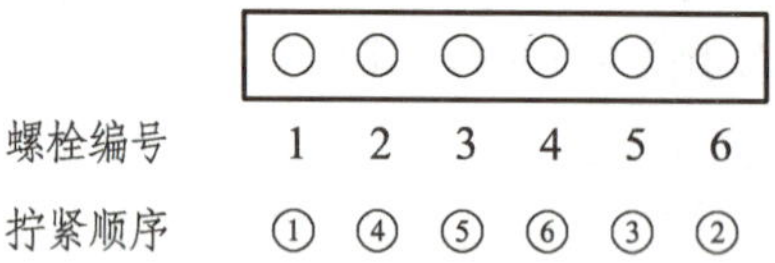

附图4　直线地段拧紧螺栓顺序

50. 接头螺栓：又称鱼尾螺栓，是钢轨接头夹板的紧固件。

51. 警冲标：用来指示机车车辆停车时，不准向道岔方向或线路交叉点方向越过，以防止停留在该线上的机车车辆与邻线上的机车车辆发生侧面冲突的标志，如附图5所示。

附图5　警冲标

52. 爬行：又称线路爬行，钢轨沿线路纵向的蠕动现象。

53. 起道：为使轨道线路纵断面符合技术要求而将轨道的两股钢轨或单股钢轨用起道机顶起，并在轨枕下捣入、垫入道砟，或在钢轨底部与轨枕之间垫入调高垫板的线路作业，称为起道作业。

54. 清筛：道砟清筛是将枕底至30～40cm深范围内的脏污道砟挖出并进行筛分，筛分后的合格道砟回填到线路上，并补入部分新砟构成洁净道床。清筛是恢复道床性能的重要手段，尤其是在翻浆冒泥和运输煤、矿石等货物列车长期通行地段，必须定期进行清筛。

55. 曲线正矢：钢轨在曲线轨道上弯曲成弧形，其半径大小可用一根 20 m 长的绳线拉伸在钢轨的前后两端，而测量绳子中部距钢轨的矢度，称为正矢。

56. 三不密扣件：扣板或轨距挡板与轨底、铁座，铁座与小胶垫离缝。

57. 三够一清：够长、够密、够深，轨底要清。

"够长"——自轨底中心向两侧各扒开 400～450 mm；

"够深"——不起道手工捣固时，一般扒至轨枕底以下 10～20 mm；起道量为 10 mm 时，扒至轨枕底平；起道量超过 10 mm 时，枕底应有留砟量，留砟量应为起道高度的两倍；

"够宽"——捣固区应扒至距被捣固轨枕侧面约 100 mm；

"一清"——轨底道砟应扒清、扒通，以便加强轨底镐。

58. 三角坑：左右两轨顶面相对轨道平面的扭曲，用相距一定基长水平的代数差表示。三角坑是在 18 m 范围内，两股钢轨存在三个及以上的坑洼或突起。若以左股为基准股，在右股上出现负—正—负或正—负—正的交替水平差就叫作三角坑（左股比右轨高为正，比右股低为负）。在正或负的三个数值中符号相反，数值最大的两数绝对值之和即为三角坑的值。

59. 蛇行：由于铁道车辆的轮对具有一定锥度，只要有一个初始激扰，轮对就会围绕轨道中心线一边横移一边摇头向前运动，就像蛇的运动状态一样，所以形象地称之为蛇行运动。

60. 伸缩区：在固定区两端，温度力是变化的，在克服道床纵向阻力阶段，钢轨有少量的伸缩，称为伸缩区。

61. 失稳（胀轨跑道）：无缝线路在夏季高温季节，由于钢轨内部存在巨大压力，引起轨道的横向变形，在外来因素（列车动力或人为因素）干扰下，轨道弯曲变形突然增大的现象。

62. 水平：两股钢轨的顶面应位于同一水平或保持一定的相对高差。

63. 锁定轨温：线路锁定时（即铺设或维修时）的钢轨温度称为锁定轨温。

64. 施工锁定轨温：在铺无缝线路过程中，将长轨条始终端落槽就位时的平均轨温称为施工锁定轨温。

65. 锁定线路：无缝线路上长钢轨的两端用钢轨联结零件和防爬设备加以强制性固定，其他部分采用强度大的中间联结零件和防爬设备使之紧扣于钢筋混凝土轨枕之上，称为锁定线路。

66. 天窗：列车运行图中不铺画列车运行线或调整、抽减列车运行，为施工和维修作业预留的时间，按用途分为施工天窗和维修天窗。

67. 无缝线路：也叫长钢轨线路，是把若干根标准长度的钢轨经焊接成为 1 000～2 000 m 而铺设的铁路线路。也指将钢轨焊接起来的线路，称焊接长轨线路，又因长轨中有存在巨大的温度力，故也称温度应力式无缝线路。按焊接长轨条长度不同而有普通无缝线路和跨区间无缝线路。

68. 五捣三稳：大型机械捣固车捣固线路 5 遍，稳定车稳定线路 3 遍。

69. 线路防爬设备：用以提高轨道纵向阻力，防止线路爬行的附属设备，由防爬器和防爬撑组成。

70. 线路高低：两股钢轨轨顶所在平面（即轨面）在线路纵向应保持平顺。

71. 响墩：一种紧急铁路信号装置，通过火车碾爆产生巨响，以提醒司机紧急停车。

72. 应力调整：不改变长轨条原有的长度而在有伸缩的部分地段，将应力调整均匀。

73. 应力放散：温度应力式长轨线路的钢轨锁定后，不能随温度的变化而自由伸缩。在轨温与锁定轨温不同时，轨内产生相应的温度应力，温差大，应力亦相应增大。为了使温度应力控制在一定范围内，避免钢轨强度和线路稳定性被破坏而采取定期放松夹板和扣件放散应力的措施，这种作业程序称为应力放散。

74. 胀轨跑道：无缝线路因轨温升高丧失稳定而变形，称为胀轨。胀轨的最后结果是使轨道膨曲，称为跑道。胀轨跑道多发生在曲线，特别是较小半径的曲线地段。

75. 辙叉：使车轮由一股钢轨越过另一股钢轨的设备，由叉心、翼轨和联结零件组成。

76. 辙叉跟端：辙叉（不包括钝角辙叉）心轨伸出的一端。

77. 辙叉跟长：辙叉心轨理论尖端至辙叉跟端的工作边长度。

78. 辙叉心轨理论尖端：辙叉心轨两工作边延长线的交点。心轨的实际尖端为辙叉心轨尖端。

79. 辙叉趾端：辙叉（不包括钝角辙叉）与导轨相连接的一端。

80. 辙叉趾宽：辙叉趾端两翼轨工作边的距离。

81. 辙叉趾长：辙叉心轨理论尖端至辙叉趾端的工作边长度。

82. 正线：为载客运营并贯通车站的线路，当线路分叉时，可细分为干线和支线。一般情况下，在正线上分岔以侧向运行的线路为支线，直向运行线路为干线。支线通过配线连接干线，可混合运行，也可独立运行。由于主线与支线有主次地位之分，所以干线、支线应单独正名，但其技术标准没有区分。

83. 转辙器：引导机车车辆沿主线方向或侧线方向行驶的线路设备，由两根基本轨、两根尖轨、各种联结零件及道岔转换设备组成。

附录二 规范标准

表1 线路轨道静态几何不平顺容许偏差管理值（混凝土枕线路）
[《普速铁路线路修理规则》（TG/GW 102—2019）]　　　　　单位：mm

项目		160 km/h<V_{max} 正线			120 km/h<V_{max}≤160 km/h 正线			80 km/h<V_{max}≤120 km/h 正线			V_{max}≤80 km/h 正线及到发线			其他站线			
		作业验收	计划维修	临时补修	作业验收	计划维修	临时补修	作业验收	计划维修	临时补修	作业验收	计划维修	临时补修	作业验收	计划维修	临时补修	封锁
				限速(160 km/h)			限速(120 km/h)			限速(80 km/h)			限速(45 km/h)				
轨距		+2 −2	+4 −3	+6 −4	+8 −6	+4 −2	+6 −4	+8 −6	+14 −7	+6 −2	+7 −4	+14 −7	+16 −8	+6 −2	+7 −4	+16 −8	+19 −9	+6 −2	+9 −4	+19 −9	+21 −10
水平		3	5	8	10	4	6	10	14	4	6	14	17	4	6	17	20	5	8	20	22
高低		3	5	8	11	4	6	11	15	4	6	15	19	4	6	19	22	5	8	22	24
轨向（直线）		3	4	7	9	4	6	9	12	4	6	12	15	4	6	15	18	5	8	18	20
三角坑	缓和曲线	3	4	5	6	4	5	6	7	4	5	7	8	4	6	8	9	5	7	9	10
	直线和圆曲线	3	4	6	8	4	6	8	11	4	6	11	13	4	6	13	15	5	8	15	16

注：① 轨距偏差不含曲线上按规定设置的轨距加宽值，但最大轨距（含加宽值和偏差）不得超过 1 456 mm。
② 轨向偏差和高低偏差为 10 m 弦测量的最大矢度值。
③ 三角坑偏差不含曲线超高顺坡造成的扭曲量；检查三角坑时基长，采用轨道检查仪为 3 m，采用轨距尺时为 6.25 m，但在延长 18 m 的距离内无超过表列的三角坑。
④ 段管线、岔线按其他站线办理。

表2 线路轨道静态几何不平顺容许偏差管理值（木枕线路）
[《普速铁路线路修理规则》（TG/GW 102—2019）]　　　　　单位：mm

项目	120 km/h<V_{max}≤160 km/h 正线			80 km/h<V_{max}≤120 km/h 正线			V_{max}≤80 km/h 正线及到发线			其他站线		
	作业验收	计划维修	临时补修	作业验收	计划维修	临时补修	作业验收	计划维修	临时补修	作业验收	计划维修	临时补修
轨距	+4 −2	+6 −4	+8 −4	+6 −2	+7 −4	+8 −4	+6 −2	+8 −4	+9 −4	+6 −2	+9 −4	+10 −4
水平	4	6	8	4	6	9	4	6	10	5	8	11
高低	4	6	8	4	6	9	4	6	10	5	8	11

续表

项目		120 km/h<V_{max}≤160 km/h 正线			80 km/h<V_{max}≤120 km/h 正线			V_{max}≤80 km/h 正线及到发线			其他站线		
		作业验收	计划维修	临时补修	作业验收	计划维修	临时补修	作业验收	计划维修	临时补修	作业验收	计划维修	临时补修
轨向（直线）		4	6	8	4	6	9	4	6	10	5	8	11
三角坑	缓和曲线	4	5	6	4	5	6	4	6	7	5	7	8
	直线和圆曲线	4	6	8	4	6	8	4	6	9	5	8	10

注：① 轨距偏差不含曲线上按规定设置的轨距加宽值，但最大轨距（含加宽值和偏差）不得超过 1 456 mm。
② 轨向偏差和高低偏差为 10 m 弦测量的最大矢度值。
③ 三角坑偏差不含曲线超高顺坡造成的扭曲量；检查三角坑时基长，采用轨道检查仪应为 3 m，采用轨距尺时为 6.25 m，但在延长 18 m 的距离内无超过表列的三角坑。
④ 段管线、岔线按其他站线办理。

表3　道岔轨道静态几何不平顺容许偏差管理值
[《普速铁路线路修理规则》(TG/GW 102—2019)]　　　　　　　　单位：mm

项目		160 km/h<V_{max} 正线			120 km/h<V_{max}≤160 km/h 正线			80 km/h<V_{ax}≤120 km/h 正线			V_{max}≤80 km/h 正线及到发线			其他站线		
		作业验收	计划维修	临时补修	作业验收	计划维修	临时补修	作业验收	计划维修	临时补修	作业验收	计划维修	临时补修	作业验收	计划维修	临时补修
轨距		+2 −2	+4 −2	+5 −2	+3 −2	+4 −2	+6 −2	+3 −2	+5 −3	+6 −3	+3 −2	+5 −3	+6 −3	+3 −2	+5 −3	+6 −3
水平		3	5	7	4	5	8	4	6	8	4	6	9	6	8	10
高低		3	5	8	4	6	8	4	6	8	4	6	9	6	8	10
轨向	直线	3	4	6	4	5	8	4	6	8	4	6	9	6	8	10
	支距	2	3	4	3	4	4	2	3	4	2	3	4	3	4	4
三角坑		3	4	6	4	5	8	4	6	8	4	6	9	6	8	10

注：① 支距偏差为现场支距与计算支距之差。
② 导曲线下股高于上股的限值：作业验收为 0，计划维修为 2 mm，临时补修为 3 mm。
③ 三角坑偏差不含曲线超高顺坡造成的扭曲量；检查三角坑时基长，采用轨道检查仪时为 3 m，采用轨距尺时按规定位置检查，但在延长 18 m 的距离内无超过表列的三角坑。
④ 轨距偏差不含构造轨距加宽值，尖轨尖处轨距作业验收的容许偏差管理值为 ±1 mm。
⑤ 段管线、岔线道岔按其他站线道岔办理。

表4　普通线路接头螺栓扭矩标准《普速铁路线路修理规则》(TG/GW 102—2019)

项目	单位	25 m 钢轨						12.5 m 钢轨	
		最高、最低轨温差>85 ℃			最高、最低轨温差≤85 ℃				
钢轨	kg/m	60 及以上	50	43	60 及以上	50	43	50	43
螺栓等级	—	10.9	10.9	8.8	10.9	8.8	8.8	8.8	8.8
扭矩	N·m	700	600	600	500	400	400	400	400
C 值	mm	6			4			2	

注：① C 值为接头阻力及道床阻力限制钢轨自由伸缩的数值。
② 小于 43 kg/m 钢轨比照 43 kg/m 钢轨办理。
③ 高强度绝缘接头螺栓扭矩不小于 700 N·m。

表5 接头防松紧固件扭矩标准《普速铁路线路修理规则》
（TG/GW 102—2019）

防松螺母类型	8级	10级	12级
扭矩/(N·m)	400~600	600~1 000	900~1 100

参考文献

[1] 荣佑范. 铁路线路维修与大修[M]. 北京：中国铁道出版社，2006.

[2] 李明华. 铁道工务[M]. 北京：中国铁道出版社，2006.

[3] 佘贵川，曾孟彬. 大型养路机械运用管理[M]. 北京：中国铁道出版社，2008.

[4] 范钦爱，苏志新. 提速道岔的铺设与养护[M]. 北京：中国铁道出版社，2007.

[5] 郑松富，连一平，史小薇. 电气化铁路安全常识问答[M]. 3版. 北京：中国铁道出版社，2009.

[6] 国家铁路局. 铁路线路设计规范：TB 10098—2017[S]. 北京：中国铁道出版社，2017.

[7] 中国铁路总公司. 普速铁路线路修理规则：TG/GW 102—2019[S]. 北京：中国铁道出版社有限公司，2019.

[8] 中国铁路总公司. 普速铁路工务安全规则：TG/GW 101—2014[S]. 北京：中国铁道出版社，2014.

[9] 国家铁路局. 钢轨焊接 第1部分：通用技术条件：TB/T 1632.1—2014[S]. 北京：中国铁道出版社，2014.

[10] 国家铁路局. 钢轨焊接 第3部分：铝热焊接：TB/T 1632.3—2019[S]. 北京：中国铁道出版社，2019.

[11] 陈醒. 对铁路道岔结构及维修养护措施的分析[J]. 中国设备工程，2022.

[12] 刘建华，冯毅. 单开道岔结构与维修养护[M]. 北京：中国铁道出版社，2013.

[13] 《铁路职工岗位培训教材》编审委员会. 铁路线路工[M]. 北京：中国铁道出版社，2010.

[14] 杨辉，王洋杰. 高速铁路道岔病害的成因分析及整治措施[J]. 高速铁路技术，2017（3）.

[15] 王军朝. 铁路线路维修与养护的研究分析[J]. 人民交通，2018（4）.

[16] 中国铁路总公司. 中国高速铁路工务技术[M]. 北京：中国铁道出版社，2013.

[17] 范钦爱，苏自新. 提速道岔的铺设与养护[M]. 北京：中国铁道出版社，2007.

[18] 王保国，张可新，杨桉，等. 高速铁路基础设施维护管理及综合维修体系研究[J]. 中国铁路，2019（3）.